D1676865

Petra Niehaus

Das Handbuch der astrologischen Biografiearbeit

Petra Niehaus

Das Handbuch der astrologischen Biografiearbeit

Freiburg im Breisgau

Die Deutsche Bibliothek – CIP-Einheitsaufnahme

Niehaus, Petra:
Das Handbuch der astrologischen Biografiearbeit /
Petra Niehaus. –
1. Aufl. – Freiburg im Breisgau : Ebertin, 1998
ISBN 3-87186-091-3

Mit 8 Zeichnungen von Martin Garms

1. Auflage 1998
ISBN 3-87186-091-3

Einband: Berres & Stenzel, Freiburg im Breisgau
Satz: Typomedia Satztechnik GmbH, Ostfildern
Druck und Bindung: Clausen & Bosse, Leck
Printed in Germany

Gewidmet allen AstrologiestudentInnen auf ihrem Weg.

Inhalt

Die Autorin 13

Vorwort 14

Grundlegendes zu astrologische Biografiearbeit 17

Beobachtung schulen 17 – Astrologie lernen 18 – Lebensfäden aufrollen 18 – Historisch denken 18 – Neurosen erkennen 19 – Mythen auflösen 19 – Die Angst vor der Vergangenheit auflösen 19 – Mitgefühl entwickeln 20 – Universelles Mitgefühl entwickeln 20 – Loslassen 21 – Abschied nehmen 22

Was für die Biografiearbeit gebraucht wird 23

Die Motivation 23 – Die astrologischen Mittel 24 – Materialsammlung zu unserer Geschichte 25 – Der zeitliche Rahmen 25 – Der benötigte Raum 26 – Arbeit in der Gruppe 26 – Das Schreiben 27 – Malerei und Gestaltung 28 – Entspannung und Sammlung 30

1. Teil: *Rückwärts*

Die Lebensgeschichte *rückwärts* schreiben 31

Zurück zu den Anfängen 32 – Das rückwärtsgerichtete Schreiben der Lebensgeschichte 32 – Die Vorgehensweise 34 – Wenn keine Erinnerung kommt 35 – Frei assoziieren 36 – Wenn Schmerzen kommen 37 – Wenn Ärger hochkommt 37 – Wenn du nichts mehr verstehst 37

Übungen zur rückwärtsgerichteten Erinnerung – einen Überblick über das eigene Leben gewinnen 39

Empfängnis und Geburt 47

Die perinatale Matrix 48 – Das Geburtsbild aus systemischer Sicht 56 – Mit den Planeten-Figuren sprechen 57

Unsere Eltern 63

Die Mutter 63 – Der Vater 70 – Die Eltern – Das Combin der Eltern 72

Unsere Eltern und wir 77

2. Teil: *Vorwärts*

Die Lebensgeschichte *vorwärts* schreiben 83

Die astrologischen Techniken 85

Transitbetrachtungen für Erwachsene 86

Allgemeine astrologische Phasen 99

Frühkindliches Transitgeschehen 101
Von der Geburt bis zum dritten Lebensjahr 101 – Transite in den ersten drei Lebensjahren 103

Sonnenbogendirektionen 106
Der progressive Mond 110
Solare 116
Die Wiederkehr der Sonne 116 – Die Vorgehensweise bei der Solardeutung 117 – Der Zyklus des Solar-MCs 118 – Die einzelnen Solarphasen 122 – Mondrhythmik 122 – Untersuchungen anhand der Solare 123

Der Kreislauf des Lebens 129
Lebensgeschichte und Geschlecht 129 – Männliche Identität 129 – Weibliche Identität 130 – Auf der Suche nach dem wahren Selbst 131 – Auf der Suche nach dem abgespaltenen Teil 131 – Der Lebenslauf ist kreisförmig 132

Der Felderkreis der Astrologie 134
Die Felderwanderung 134 – Die retrograde Felderwanderung 135 – Der Weg ins 1. Feld ist auch der Weg ins 12. Feld 135 – Den retrograden Feldern folgen 139 – Auf zwei Wegen gleichzeitig 141

Der *Weg* durch die Geschichte 143
Die direktionale Wanderung durch die 12 Felder 143

Das Entstehen einer Ich-Idee – Das 1. Feld 145
Die Zeit von 0–6 Jahren 145 – Das 1. Feld in unserer Lebensgeschichte 145 – Das 1. Feld im Felderkreis 148 – Fragen zur Zeit des 1. Feldes 151 – Übungen zum 1. Feld 153

Selbstwert, die Verfestigung des Ich – Das 2. Feld 162
Die Zeit von 6–12 Jahren 162 – Das 2. Feld in unserer Lebensgeschichte 162 – Das 2. Feld im Felderkreis 164 – Fragen zur Zeit des 2. Feldes 165 – Übungen zum 2. Feld 168

Lernen und Kontakt – Das 3. Feld 172
Die Zeit von 12–18 Jahren 172 – Das 3. Feld in unserer Lebensgeschichte 172 – Das 3. Feld im Felderkreis 173 – Fragen zur Zeit des 3. Feldes 175 – Übungen zum 3. Feld 177

Seelische Selbstfindung – Das 4. Feld 180
Die Zeit von 18–24 Jahren 180 – Das 4. Feld im Felderkreis 180 – Fragen zur Zeit des 4. Feldes 182 – Übungen zum 4. Feld 183

Geistige Selbstfindung, unterscheiden lernen – Das 5. Feld 187
Die Zeit von 24–30 Jahren 187 – Das 5. Feld im Felderkreis 187 – Fragen zur Zeit des 5. Feldes 189 – Übungen zum 5. Feld 191

Selbstanalyse und Perfektionierung – Das 6. Feld 200
Die Zeit von 30–36 Jahren 200 – Das 6. Feld im Felderkreis 200 – Fragen zur Zeit des 6. Feldes 202 – Übungen zum 6. Feld 203

Über den Horizont blicken, gerecht sein – Das 7. Feld 205
Die Zeit von 36–42 Jahren 205 – Das 7. Feld im Felderkreis 205 – Fragen zur Zeit des 7. Feldes 208 – Übungen zum 7. Feld 209

Fixierungen loslassen – Das 8. Feld 212
Die Zeit von 42–48 Jahren 212 – Das 8. Feld im Felderkreis 212 – Fragen zur Zeit des 8. Feldes 216 – Übungen zum 8. Feld 217

Geistige Erweiterung – Das 9. Feld 219
Die Zeit von 48–54 Jahren 219 – Das 9. Feld im Felderkreis 220 – Fragen zur Zeit des 9. Feldes 222 – Übungen zum 9. Feld 223

Meisterschaft erlangen – Das 10. Feld 224
Die Zeit von 54–60 Jahren 224 – Das 10. Feld im Felderkreis 224 – Fragen zur Zeit des 10. Feldes 226 – Übungen zum 10. Feld 227

Freiheit und Offenheit – Das 11. Feld 229
Die Zeit von 60–66 Jahren 229 – Das 11. Feld im Felderkreis 230 – Übungen zum 11. Feld 231

Gelassenheit, kosmisches Sein – Das 12. Feld 232
Die Zeit von 66–72 Jahren 232 – Das 12. Feld im Felderkreis 232 – Übungen zum 12. Feld 233

3. Teil: *Heimwärts*

Das Geburtsbild beschreiben: *Heimwärts* kommen 236
Die Felder 236 – Die Planeten 236 – Sonne 237 – Mond 238 – Merkur 239 – Venus 240 – Mars 240 – Jupiter 241 – Saturn 242 – Uranus 242 – Neptun 243 – Pluto 244

Beispiele aus der Biografiearbeit 245
Krebsaszendent 245 – Annette Bogun: Zwillinge-IC 248 – Bernd Schnitzler: Sonne und Saturn im Steinbock 250 – Ingrid Werner: Geschichte und Werden des Steinbockmondes 254 – Hannelore Kühl: Fischemerkur 261 – Bernd Schnitzler: Fischevenus 263 – Boris Lessenich: Fischemars 266 – Boris Lessenich: Jupiter im Widder 269 – Uranus im Krebs 271 – Neptun in der Waage 274 – Pluto im Löwen 276

Die Elemente 279
Erde 280 – Das neurotische Erdelement 280 – Wasser 281 – Das neurotische Wasserelement 282 – Feuer 282 – Das neurotische Feuerelement 283 – Luft 284 – Das neurotische Luftelement 284 – Raum 285

Literatur 286

Übersicht über die Übungen 290

Danke

Mein herzlichster Dank gilt Hans Hinrich Taeger. Er hat seine SchülerInnen zum Abschluß ihrer astrologischen Jahre des Lernens schon vor über 15 Jahren eine Eigenanalyse schreiben lassen. Von ihm ging die Initiative und Idee aus, die ich nur über all die Jahre weiterverfolgt habe. Ich empfinde es als großes Glück, seine Schülerin gewesen zu sein.

Ich bedanke mich bei Akong Rinpoche und seinem TherapeutInnenteam: Carol Sagar, Brion Sweeny, Dorothee Gunne und Edie Irwin. Im Rahmen meines Trainings in buddhistischer Therapie (Tara-Rokpa-Prozeß) lernte ich, den Weg der Selbstanalyse, des Verständnisses für mich selbst und andere mit immer mehr Hinwendung, Mitgefühl und Kreativität zu gehen. Ich empfinde es als großes Glück, in diesem Prozeß zu sein.

Ich bedanke mich bei meiner allerliebsten Freundin und Kollegin Ingrid Werner, mit der ich all die Jahre des frauenbewegten, astrologischen und buddhistischen Lernens teilte, die mir ein Schatz an Inspiration ist in ihrer erdhaften, kritischen, an Erfahrung orientierten Umgehensweise mit Astrologie. Sie hat mich das astrologische Spüren gelehrt. Ich empfinde es als großes Glück, mit ihr zu lernen und zu lehren.

Ich bedanke mich bei meinen Eltern, die mir mein Leben schenkten, mich großzogen und mir all das gaben, was ich zum Wachsen brauchte. Ich bekenne, es war nicht immer so, aber heute empfinde ich es als großes Glück, ihre Tochter zu sein.

Ich bedanke mich bei meiner Schwester Beate, die mich all die Jahre meines Lebens begleitet hat. Sie war mein Schutz, meine Hilfe zu überleben, meine Herausforderung weiterzugehen. Sie ist ein ungeheurer Quell an Inspiration und Lebensweisheit. Ich empfinde es als großes Glück, eine solch wunderbare Schwester zu haben.

Ich bedanke mich bei all denen, die mir für das Buch ihre Erfahrungen mit der Biografiearbeit zur Verfügung stellten. Ich weiß, es ist nicht einfach, seine Lebensgeschichte aufzuarbeiten, um so tiefer ist meine Bewunderung für alle, die diesen Weg gehen. Ich danke Annette, Beate, Bernd, Boris, Hanne und Ingrid für ihre Beiträge zu diesem Buch. Ich danke Uller. Und ich danke den Berliner und Aachener BiografieschreiberInnen für ihr Feedback. Ich empfinde es als großes Glück, mit euch auf dem astrologischen Pfad des Forschens und Lernens weiterzugehen.

Und schließlich danke ich meiner kleinen Familie, Dirk und Demian. Was ein Glück, daß es euch gibt!

Radix

Petra Maria Niehaus

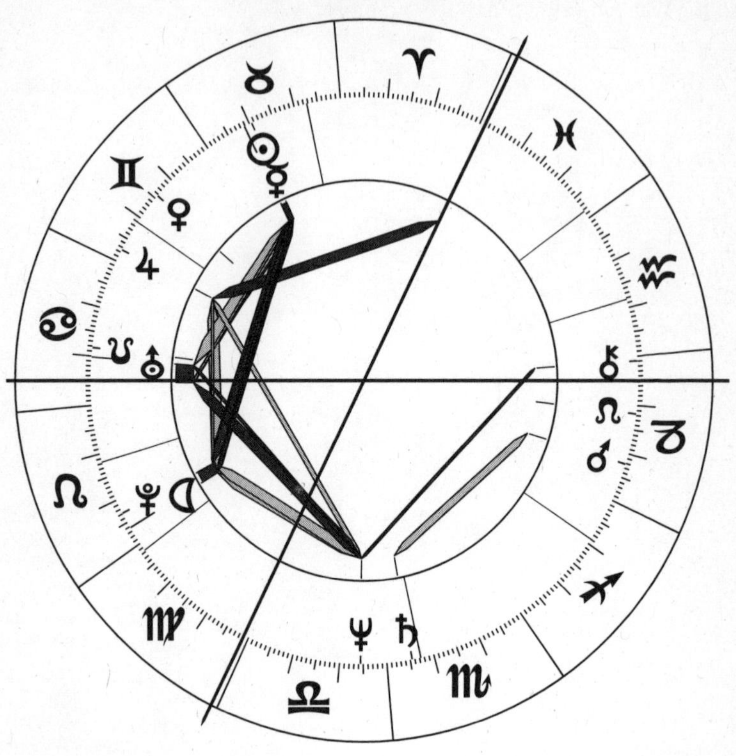

☉	19° 08' ♉
☽	25° 50' ♌
☿	20° 48' ♉
♀	13° 55' ♊
♂	7° 29' ♑
♃	27° 06' ♊
♄	5° R 01' ♏
♅	19° 49' ♋
♆	24° R 01' ♎
♇	22° 31' ♌
☊	17° R 54' ♑
⚷	28° R 40' ♑

A	25° 08' ♋
2	11° 20' ♌
3	1° 16' ♍
M	28° 32' ♓
11	6° 53' ♉
12	20° 40' ♊

Petra Niehaus
10. 5. 1954, 9:16 MEZ
Köln-Mülheim, 7E00, 50N58

Häuser nach Placidus

Die Autorin

Dieses Buch ist aus der Perspektive meines Geburtsbildes geschrieben (siehe Abb. links). Ich bin geboren am 10.05.54 in Köln-Mühlheim um 9.16 Uhr (die Standesamtzeit ist 9.20 Uhr).

Ich danke insbesondere meiner Stiersonne, die über ein schier unerschöpfliches Durchhaltevermögen verfügt, und am Biografie-Thema drangeblieben ist über all die Jahre. Ihre Stärke ist die Verwertung. Ich habe nichts Neues erfunden, der Verdienst gebührt all denen, die vor mir schon auf verschiedene Weise zur Biografiearbeit tätig waren. Zum zweiten danke ich meinem Löwemond, er ist »exhibitionistisch« genug, um mich selbst zum Thema zu machen. Ich wünsche mir sehr, daß dies nützlich ist zum Verständnis der astrologischen Techniken und der Möglichkeiten, die in der Biografiearbeit stecken.

Vorwort

Herzlich Willkommen!

Du willst dich und dein Geburtsbild, die Astrologie verstehen im Spiegel deiner Familie und deiner Lebensgeschichte. Dazu lade ich dich mit diesem Buch ein. Ich sag dir gleich, daß das Arbeit bedeutet. Doch planetarische ReisebegleiterInnen stehen bereit, dich auf deinem Weg in deine Geschichte zu unterstützen!
Die Sonne gibt dir das nötige Licht,
Mond kocht dir einen Tee,
Merkur schleppt alle nötigen Informationen herbei,
Mars gibt dir die Entschiedenheit und den Mut, dich dir selbst und deiner Vergangenheit zu stellen und
Venus schließlich sorgt dafür, daß du dich nicht alleine fühlst, da sind andere auf demselben Weg.

Die Astrologie ist ein wunderbares und hilfreiches Instrumentarium, um dich mit deinen verschiedenen Anteilen bekannt und vertraut zu machen, um dich als die oder den zu erkennen und zu benennen, die oder der du bist, mit all deinen Widersprüchen, Macken und Neurosen, deiner Liebenswürdigkeit und Weisheit. Die astrologische Biografiearbeit kann dich dabei unterstützen, deinen Werdegang in diesem Leben mit allen Beteiligten zu rekapitulieren und zu würdigen, eine gründliche Inventur zu machen. Wenn wir um uns wissen, werden wir für uns selbst weniger interessant in unserem Kreisen um uns selbst. Wir lassen uns mehr los. Da kommt Abstand auf, eine gute Distanz eröffnet sich, mit der wir im Leben leichter und erleichtert weitergehen können. Mehr passiert nicht.

»Ich habe viel loslassen können, weil ich es noch einmal emotional durchlebt und vor allem schriftlich fixiert habe. Nun ist es jederzeit greifbar, muß nicht zwanghaft in der Erinnerung festgehalten werden und weiter eiternde Wunden verursachen. Ich fühle mich freier.« Das Wichtigste an der Arbeit war, »den Kampf gegen meine Kindheitsmisere aufzugeben und zu erkennen, daß sie eher meiner Sichtweise entspringt und weniger Realitätsanspruch hat, als ich bisher glaubte. Der Kampf gegen Windmühlen hat aufgehört.« (Annette)

Astrologische Biografiearbeit spricht nur uns an, die wir vom

Medium Astrologie begeistert sind. Gerade der Wunsch, vom astrologischen Bücherwissen, von der Kochbuchebene herunterzukommen, beflügelt. Herauszubekommen, wieviel wirklich dran ist an unserem astrologischen Wissen, motiviert. Mit Hilfe der Überprüfung der eigenen Geschichte und ihrer Daten, »fällt das schwammige Deuten weg. Nach der inneren Befragung kommt das Horoskop Stück für Stück herausgeschält hervor.« (Kathrin)

»Ich verstehe die astrologischen Methoden besser, besonders die Direktionen waren sehr auslöse-treffsicher. Die Arbeit hat mich die Feinheit der Astrologie spüren lassen. Ich verstehe mein Geburtsbild besser und kann es deutlicher auf verschiedenen Ebenen betrachten (familiärer Hintergrund, eigene Wahrnehmung, Anlagen, Aufgaben etc.).« (Bernd) Weniger passiert nicht.

Leider ist die Astrologie kein universitärer (o. ä.) Fachbereich. Es gibt eine Hülle und Fülle an Methoden, Meinungen und Spekulationen. Da ist wenig Raum, Zeit und Geld vorhanden, um astrologisch zu forschen. Hier können wir mit der astrologischen Biografiearbeit zumindest eine Lücke schließen: Wir erarbeiten konsequent und tiefgründig Astrologie an uns selbst. Wenn wir schon nicht in der Breite forschen können, ist es zumindest möglich, in die Tiefe zu gehen. Wir qualifizieren uns selbst und müssen das tun – auf jeden Fall, wenn wir vorhaben, andere astrologisch zu beraten oder Kurse zu geben.

Sei also herzlich eingeladen zu einer astrologisch-persönlichen Entdeckungsreise. Wie gesagt, es gibt genügend planetarische Begleitung. Und dann sind auch noch wir – die wir diesen Prozeß durchlaufen haben – da, um dich und euch zu unterstützen, dir und euch z. B. beim Aufbau einer Biografiegruppe zu helfen oder euch in den bisherigen Angeboten willkommen zu heißen.

Gute Reise!

Grundlegendes zur astrologischen Biografiearbeit

Die astrologische Bildersprache ist eine Fremdsprache, die erlernt werden will. Wer mit diesem Buch arbeiten möchte, braucht Grundkenntnisse dieser Sprache. Wir haben vielleicht Kurse besucht, uns mit Handbüchern die wesentlichen Vokabeln angeeignet, doch reichhaltig und vielfältig wird unser Wortschatz und unsere Aussprache erst vor Ort. Englisch wird am besten in England gelernt, Astrologie lernen wir im Land der Sterne.

Wo liegt dieses Land?

Unsere UrahnInnen – die BegründerInnen der Astrologie – wußten hierüber Bescheid. Seitdem es Menschen gibt, beobachteten sie die Phänomene des Himmels und der Natur und lebten in ihnen, waren verbunden mit ihnen. Sie lebten mit dem Auf- und Untergehen von Sonne und Mond, mit den Zyklen, die sich dazu in der Natur fanden, mit dem Kreisen der Wandelsterne (Planeten). Sie beobachteten, lebten, lernten, zogen Schlüsse, sahen Himmel und Erde als Eines, bereiteten sich mit Hilfe ihrer Beobachtungen auf die kommende Zeit vor. Das Land der Sterne ist oben im Himmel und in uns – in Einem. Unser Beobachtungsposten ist auf der Erde: Von hier richtet sich der Blick in die Sterne und gleichzeitig und gleichermaßen auf die Welt, auf uns selbst. Wir brauchen erfahrene LehrerInnen, die uns die Augen öffnen, unseren Blick klären, denn mit *diesen* – unseren – Augen erforschen wir die Sterne, die Natur und uns selbst.

Dieses Land ist ein Beobachtungsposten, der in uns selbst liegt. Astrologie vor Ort zu lernen, bedeutet, sich zunächst intensiv mit sich selbst und den Beobachtungen am eigenen Leben und der Umgebung zu befassen und die Entdeckungen mit anderen Reisenden auszutauschen.

Beobachtung schulen

Zunächst beobachten wir uns selbst und unsere Umgebung und bringen dies in Bezug zum Lauf der Planeten. Dann beobachten wir andere Menschen, wir studieren ihre Geburtsbilder, ihre ganz persönliche Geschichte, ihre Biografie. Dann stellen wir fest, daß es bei aller Individualität Ähnlichkeiten und Gesetzmäßigkeiten gibt, daß Planeten ihre Rhythmen haben und wir – auch heute noch – mit dieser Rhythmik in Verbindung stehen.

Astrologie lernen

Astrologische Biografiearbeit ist hilfreich, um die astrologischen Prinzipien und Techniken an uns selbst zu überprüfen. Die Transite unserer Leben zu rekapitulieren, Progressionen zu überprüfen, Sonnenbogendirektionen zu sortieren, Solare zu verstehen und all diese Techniken gegeneinander abzugrenzen und miteinander zu kombinieren, unser Geburtsbild zu deuten, ist mit Hilfe unseres eigenen Lebenslaufs am besten zu realisieren, denn niemanden kennen wir so gut wie uns selbst.

Lebensfäden aufrollen

Da die meisten von uns aber aus einer ganz persönlichen Fragestellung zur Astrologie kommen, ist sie auch ein Instrumentarium, um unserem Leid, unseren Ängsten, unserem Unwissen und unseren Fragen auf die Spur zu kommen. Befassen wir uns mit unserem Werdegang, unserer Herkunft, kann sich entschlüsseln, wozu wir hier sind, was wir zu tun haben – so wie im Geburtsbild der Weg vom IC (dem tiefsten Punkt) zum MC (dem Zenit) zu gehen ist. Durch die Biografiearbeit entdecken wir den roten Faden unseres Lebens. Wir können erkennen, wo wir stehen, welche Konflikte in unserem Leben ungelöst sind, welche Themen wieder und wieder und wieder auftauchen und auf Bearbeitung warten. Wir sehen den Fluß unseres Lebens mit seinen Unterbrechungen, wir sehen, welche Lebensthemen und Talente wir nicht gelebt haben.

Historisch denken

Durch die Biografiearbeit können wir uns üben, uns als Wesen mit Geschichte zu betrachten, die in einer bestimmten Zeit groß geworden sind und von Eltern großgezogen wurden, die wiederum eine Geschichte haben. Wir können uns in einem historischen Umfeld, im jeweiligen Zeitgeist entdecken. Ob wir Kriegskinder, Nachkriegskinder oder 68er Kinder sind, macht einfach einen riesigen

Unterschied. Gleichzeitig leben wir mit all unseren Prozessen in einer Welt, mit der wir verbunden sind, von der wir durchdrungen und abhängig sind, für die wir Verantwortung tragen, ob wir uns dessen bewußt sind oder nicht. In der Astrologie gibt es die überpersönlichen, langsam laufenden Planeten, die die Zugehörigkeit zu kollektiven Prozessen verdeutlichen.

Neurosen erkennen

Darüber hinaus finden wir bei einer gründlichen Untersuchung aller astrologischen Faktoren mit Sicherheit Hinweise, die uns helfen, krankmachende, neurotische und suchtbildende Faktoren zu erkennen und anzugehen. Wir kennen zwar niemanden so gut wie uns selbst, sind aber auch für niemanden so blind wie für uns. Biografiearbeit hilft uns, die Bedingtheit und Zwangsläufigkeit unseres Lebens besser zu verstehen, die blinden Flecken mit Farbe zu versehen, damit wir uns annehmen und mögen lernen und Verantwortung für uns selbst übernehmen. In diesem Sinne wirkt astrologische Biografiearbeit therapeutisch. Da wir mit ihr einen recht diziplinierten, langsamen Weg gehen, werden wir auf keinen Fall schnelle Lösungen erzielen.

Mythen auflösen

Wir haben uns mit den Jahren ein Selbstbild zugelegt, einen Mythos von uns selbst geschaffen, der für unser Überleben nötig war, und dem wir auf die ein oder andere Weise huldigen. Von dieser Mythenbildung waren und sind natürlich auch unsere Eltern und Verwandten betroffen. Es ist zu Vergröberungen, Festlegungen und Stilisierungen gekommen. Bei der Biografiearbeit geht es darum, diese Mythen zu zerstören, um die lebendigen, vielschichtigen und widersprüchlichen Prozesse, die bei uns allen ablaufen, würdigen zu können. Gleichzeitig geht es auch darum, mit überkommenen astrologischen Mythen und Stereotypen aufzuräumen.

Die Angst vor der Vergangenheit auflösen

Da uns unsere Selbstbilder unverzichtbar erscheinen, werden wir Schmerzen erleiden, wenn wir sie antasten. Oft haben wir Angst, unsere Vergangenheit zu konfrontieren, weil wir denken, daß wir es nicht ertragen können, uns zu erinnern. Doch: Wir überleben das!

Unsere Angst zeigt uns, daß wir gelitten haben. In der Arbeit geht es darum, zunächst unsere Angst zu würdigen, denn sie will uns schützen. Aber dann gehen wir vorsichtig weiter, weil wir wissen, daß wir alte Muster auflösen müssen, um nicht wieder und wieder und wieder alte Schmerzen zu reproduzieren. Wir erinnern uns und lösen uns langsam, gewinnen Abstand.

Wir schreiben *Heute*. Uns mit der Vergangenheit zu befassen, bedeutet gleichzeitig, uns dem Heute zu widmen: Alles, was war, ist jetzt, da gibt es keine Trennung. So ist die Biografiearbeit keine morbide Rückschau, sondern ein Prozeß voller Gegenwärtigkeit.

Mitgefühl entwickeln

Je mehr wir erkennen, welchen Bedingungen unsere Eltern unterworfen waren, als wir auf die Welt kamen – schließlich beschreibt das *Geburts*bild den Moment der Geburt! –, je mehr wir uns mit ihrer Lebenssituation befassen und diese verstehen, umso mehr Mitgefühl kommt auf – für sie und für uns. Durch die Biografiearbeit lernen wir, mit unserer Herkunftsfamilie und unserer Sippe Frieden zu schließen.

Eine Biografie zu schreiben heißt, über viele Menschen zu schreiben: Es kommen ja nicht nur die Eltern, Geschwister, Omas, Opas, Onkel und Tanten vor, sondern all unsere FreundInnen, unsere Geliebten, Ehefrauen und -männer und unsere Kinder. Wir schauen auf SportsfreundInnen, MitschülerInnen, LehrerInnen, KommilitonInnen, ProfessorInnen, KollegInnen, ChefInnen, MeisterInnen. Wir erinnern uns an unsere Idole und HeldInnen. All die anderen werden in ihrem Beitrag zu unserer Entwicklung gewürdigt. Durch die Biografiearbeit können wir Projektionen und Schuldzuweisungen zurücknehmen lernen, und wir sehen, daß es uns allein nicht gibt, daß wir immer in einem Beziehungsgeflecht lebten und leben. Wir werden eine Fülle von Geburtsbildern untersuchen, Composite und Combine erstellen und uns auch auf diese Weise vertieft mit astrologischen Prinzipien auseinandersetzen.

Universelles Mitgefühl entwickeln

Je tiefer wir in die astrologische Welt eintauchen, umso mehr erkennen wir, daß alle Menschen mit denselben Faktoren zu tun haben, daß alle unsere Geburtsbilder 360 Grad rund sind, mit Tierkreis und Planeten und Aspekten bestückt, daß für uns alle die Planeten sich weiter drehen, wir alle uns in denselben Rhythmen und Zyklen bewegen. Wir erkennen, daß alle Menschen gleich sind: Alle haben eine Sonne, einen Merkur, einen Pluto, alle hatten Eltern, die wiederum Eltern hatten. Und unser Mitgefühl dehnt sich nach und nach auf sie alle aus.

Loslassen

Eine Biografie zu schreiben bedeutet, einmal im Leben sich selbst voll und ganz in den Mittelpunkt der Aufmerksamkeit zu stellen, einmal sich selbst so wichtig zu nehmen, auf kluge Weise egoistisch zu sein, daß ein eigenes Buch daraus wird. Welcher Titel wäre für das Buch angemessen? Für all unsere Kämpfe, Krisen, Krankheiten, all die Erkenntnisse, die Freude, die FreundInnen, all das Glück und die Großzügigkeit, die uns zuteil wurde?

In dem Moment, in dem das Buch abgeschlossen ist, es sozusagen aus der Hand gegeben werden kann, ist etwas Wunderbares geschehen:

Wir haben uns eine Geschichte geschrieben!

Es ist eine Geschichte, und nicht mehr als das. Es ist eine Variante von Leben, die wie die Leben aller von Höhe- und Tiefpunkten durchzogen ist. Es ist eine Story unter vielen, eine wunderbare und einzigartige und zugleich ziemlich gewöhnliche Geschichte.

Das übermäßige Ernstnehmen dessen, was wir erlitten haben, die heftigen Emotionen, die starren Identifikationen, die Anhaftung an schmerzhafte wie glückliche Erfahrung, der Selbsthaß, kann sich lösen zu mehr Annahme, mehr Akzeptanz, mehr Gelassenheit: *So war es eben!*

Die nächsten Schritte, die zu tun sind, warten auf uns. Die Arbeit dient der Deidentifikation, der zweiten Entbindung, einem Loslassen und einem gelösteren Weiterschreiten in die Zukunft. Vor allem aber dient sie dazu, *Frieden zu schließen!*

Im Buddhismus heißt es, daß wir jedes Wesen betrachten und behandeln sollen, als wäre es unsere Mutter. Auf diese Aufforderung reagieren wir im Westen ziemlich allergisch. Die Dankbarkeit für das, was Mutter und Vater für uns getan haben, hält sich in Grenzen, ganz im Gegenteil. Viele von uns sind über weite Strecken voll von Haß, Ablehnung und Vorwurf. Hier dient die astrologische Biografiearbeit einer Bereinigung – was auch immer unsere Eltern getan haben, egal wie wir sie und wie wir uns behandelt haben, *alles* läßt sich bereinigen. Es braucht nur den Wunsch dazu und das Durchhaltevermögen auf dem Weg, Verständnis zu gewinnen. Auch hier fangen wir mit uns selbst an: Zunächst werden wir parteilich für uns selbst. Wir stellen uns auf die Seite des gekränkten, mißhandelten und gequälten Kindes in uns. Wir begleiten es, wir ziehen es in uns hoch, wir heilen es durch unsere heutige Liebe. Und wir stärken diese Liebe, indem wir sie auf unsere Eltern, auf alle, die uns kränkten, ausdehnen. Es geht dabei um Akzeptanz und Respekt. Wir müssen nicht gut finden, was sie taten, wir dürfen sie aber weder beurteilen und erst recht nicht verurteilen. Unser eigenes Geburtsbild und das unserer Eltern, unserer Familie etc. verstehen zu können, die anderen in ihrem Sosein akzeptieren zu können, ist Basisarbeit für uns als (zukünftige) beratende AstrologInnen.

Dies steht am Anfang des astrologischen Weges: der Wunsch nach Akzeptanz und Zuwendung, Liebe. Auch wenn wir sie nur unzureichend erfahren haben, können wir damit beginnen, unser Herz zu öffnen – gerade jetzt.

Abschied nehmen

Im Laufe des biografischen Forschens werden wir spüren, mit welchen Menschen wir noch schmerzhaft verbunden sind, auch wenn sie uns längst verließen, auch wenn wir uns scheiden ließen, auch wenn sie gestorben sind. Es gibt Geschichten, die erzählen wir wieder und wieder, ohne daß sich was ändert. Es gibt Beziehungen, über die können wir kaum etwas niederschreiben, so sehr schmerzt uns, daß wir nicht zusammenkamen, daß es zu einer Trennung kam etc. Diese unabgeschlossenen Beziehungen sind belastend für uns (oft auch für unsere Kinder), belassen uns voller Sehnsucht, voller Groll, voller Abhängigkeit. Mit ihnen machen wir uns das Leben schwer und verhindern neue Begegnungen. Hier ist es nötig, rituell und explizit Abschied zu nehmen (eine offizielle Scheidung oder eine konventionelle Beerdigung z.B. reichen manchmal nicht aus). Wie wir unseren Abschied gestalten, ist etwas ganz persönliches. Wir können ein eigenes Ritual für uns erfinden – es vollziehen – und dann weitergehen.

Was für die Biografiearbeit gebraucht wird

Die Motivation

Bevor wir mit dem Schreiben anfangen, ist es nötig, unsere Motivation zu klären. Der Nutzen der Biografiearbeit ist nur dann gegeben, wenn wir selbst uns ganz und gar freiwillig dafür entschieden haben und uns mit Begeisterung ans Werk machen. Diese mag uns unterwegs zwar öfters verlorengehen, aber das angestrebte Ziel sollten wir nicht aus den Augen verlieren.

Wenn wir AstrologInnen sind bzw. werden wollen, sollten wir auf jeden Fall unsere eigene Lebensgeschichte mit Hilfe der Astrologie – unseres Instrumentariums – bearbeitet haben. Meine Motivation für dieses Buch liegt gerade auch darin, die Ausbildungskriterien für kommende Astrologie-StudentInnen insofern zu erweitern, daß eine biografische Eigenanalyse zum Standard wird. Um als PsychologIn zu arbeiten, bedarf es einer eigenen Analyse, jede/r TherapeutIn durchläuft intensiv die eigene Therapieform, bevor andere behandelt werden. Doch in der Astrologie, einem Bereich, der hohe Anforderungen an die Verantwortlichkeit im Umgang mit dem »Klientel« stellt, gibt es keine Ausbildungsrichtlinien, die eine gründliche astrologische Selbsterforschung beinhalten. Hier sind wir z. Z. noch als LehrerInnen und StudentInnen der Astrologie gefordert, selbständig einen Weg zu gestalten, der Sinn macht und der uns persönlich herausfordert, hinterfragt und wachsen läßt.

Unsere Motivation für die Biografiearbeit kann um so tiefgründiger sein, je mehr wir sehen, daß wir die Arbeit nicht nur für uns, sondern auch für alle anderen machen, mit denen wir in Berührung kommen und kamen. Bevor wir weitere Gäste, bzw. KlientInnen ins Haus bitten, räumen wir sozusagen auf. Biografiearbeit bedeutet, nicht nur die Wände neu zu tünchen, sondern das Haus von Grund auf zu entrümpeln. Manchmal muß sogar im Keller der Boden aufgebrochen werden, um alte Leichen zu bergen. Manchen von uns machen die groben Aufräumarbeiten richtig Spaß, sie lieben es, bis zu den Knien im Dreck zu stehen, andere gehen eher mit spitzen Fingern an die Arbeit. Wie auch immer wir unsere Arbeit bewerkstelligen, wichtig ist zu sehen, daß sie nicht nur uns nützt, sondern auch anderen: Wir reinigen unsere alte, beschmutzte Brille, Verständnis für uns und die anderen Beteiligten stellt sich ein, klarere Sicht, mehr Lebendigkeit und Leichtigkeit.

Wir können jede unserer Sitzungen, die wir für die Biografiearbeit aufwenden, mit einer Bitte beginnen: »Möge die Arbeit, die ich hier vollbringe, nicht nur für mich selbst von Nutzen sein, sondern auch für alle anderen.«

Die astrologischen Mittel

In der astrologischen Biografiearbeit bearbeiten wir unsere Lebensgeschichte mit Hilfe astrologischer Techniken.

Voraussetzung für die Arbeit ist eine Kenntnis der grundlegenden astrologischen Prinzipien. Wir sollten mit der astrologischen Bildersprache einigermaßen vertraut sein, die Grundlagen der Deutung kennen, in Prognosetechniken eingeführt sein.

Es ist nicht nötig, diese Techniken perfekt zu beherrschen! Gerade durch die Biografiearbeit entsteht vielleicht erst die Lust, tiefer ins astrologische Wissen einzutauchen, das astrologische Handwerkszeug virtuoser anwenden zu können.

Es reicht nicht (wie z.B. in der anthroposophischen Biografiearbeit), nur etwas Allgemeines über Planetenzyklen – generelle Abschnitte im menschlichen Lebenslauf – zu wissen.

Bevor wir die Arbeit beginnen, legen wir uns unsere astrologischen Werkzeuge zurecht:

- unser Geburtsbild,
- die Geburtsbilder unserer Eltern und Geschwister, wenn möglich unserer Großeltern und anderer Personen, die für uns die Elternrolle übernahmen,
- die Transite unseres Lebens,
- die Sonnenbogendirektionen unseres Lebens,
- die Sekundärprogressionen unseres Lebens,
- die Solare unseres Lebens,
- PartnerInnenvergleich/Combin mit den wichtigsten Bezugspersonen,
- die Geburtsbilder unserer PartnerInnen und Kinder, wenn wir selbst in einer Beziehung sind und/oder Familie haben,
- ein Composit.

Materialsammlung zu unserer Geschichte

Bevor wir zu schreiben beginnen, legen wir eine Kiste mit Fundstücken aus unserer Geschichte an:

- alte Fotos von uns,
- Tagebücher,
- noch vorhandene alte Lieblingsbücher und Spielzeug,
- Gemaltes und Gebasteltes,
- Briefe,
- Krankengeschichte,
- Schulhefte,
- Zeugnisse und Urkunden, Ausweise, Mietverträge,
- alte Lieblingsmusik.

Je nach Materialmenge legen wir für jedes Lebensjahr eine Kiste oder ein Fach an, und ordnen nach und nach alle Fundstücke zu. Eine besondere Kiste brauchen wir für

- Grundriß der Wohnung, bzw. der Wohnungen, in denen wir groß wurden,
- wenn möglich einen Stadtplan unseres Herkunftsortes,
- Fotos unserer Eltern, bevor wir geboren wurden, von ihnen als Jugendliche, als Kinder etc.,
- Fotos der anderen Familienangehörigen,
- Stammbaum,
- eine Tageszeitung unseres Geburtstages und eine politische Chronik unseres Geburtsjahres und anderer Jahre, die uns wichtig erscheinen.

Je nach Alter kommt da eine Menge Material zusammen. Ergänzt wird dies durch klärende Gespräche mit Familienangehörigen, wenn diese dadurch nicht übermäßig belastet werden.

Der zeitliche Rahmen

Wenn wir unsere Biografie bearbeiten wollen, brauchen wir Zeit. Am besten ist es, täglich eine Stunde für die Erinnerungsarbeit und für das Aufschreiben zu investieren. Um unser Geburtsbild und unsere Geschichte anhand der astrologischen Faktoren zu bearbeiten brauchen wir dann ungefähr 1 ½–2 Jahre. Tägliches Schreiben ist hilfreich, um am Ball bzw. im Fluß zu bleiben. Das werden wir aber kaum schaffen.

Viele nehmen sich am Wochenende Zeit. Manche haben richtige Schreibanfälle, um dann wieder Pause zu machen, bis der nächste Anfall kommt. Wir sollten aber einplanen, daß wir mindestens drei Stunden Zeit pro Woche brauchen werden.

Unser Alter spielt für die Biografiearbeit eine nicht unwesentliche Rolle. Wenn wir um die sechzig oder älter sind, werden wir wahrscheinlich von der Materialfülle erschlagen sein. Wir sind dann aber auch reif genug, einen eigenen – gestraffteren – Weg zu gestalten, wie wir die Biografie schreiben und bearbeiten.

Für diejenigen, die jünger sind als 29 Jahre und die Saturnwiederkehr noch nicht durchlaufen haben, ist es durchaus ein Problem, Abstand zu sich selbst zu gewinnen. Es ist einfach noch ein bißchen früh. Natürlich ist es auch dann schon sinnvoll, die eigene Lebensgeschichte zu sortieren und Erinnerungen einzusammeln und aufzuschreiben. Doch es scheint nötig, eine große Portion Geduld mit sich zu haben, weil das Leben da draußen tobt und wir noch eher geneigt sind, dort mitzuspielen, als uns zum Schreiben zurückzuziehen.

Der benötigte Raum

Wir brauchen nicht nur Zeit, sondern auch Raum, d.h. einen animierenden Arbeitsplatz, an dem wir auch Malzeug, andere Hilfsmittel und unsere »historischen« Fundstücke bereithalten können. Manche stellen ihr Zimmer um, bevor sie sich an die Arbeit machen, andere merken jetzt, wie sehr sie sich in der Wohnung beschränkt hatten, daß es gar keinen Platz für sie gibt und dieser erst neu eingerichtet werden muß.

Arbeit in der Gruppe

Am sinnvollsten und einfachsten ist es, jemanden Qualifiziertes einzuladen, der/die eine Gesamtgruppe von vielleicht 15 Leuten in die Biografiearbeit einführen und sie durch den Schreibprozeß begleiten kann.

Ein Einführungswochenende und 4–5 Wochenenden reichen im Laufe des Prozesses von maximal 2 Jahren, bei denen die nächsten Schritte vorgestellt werden, wichtige Übungen gemeinsam praktiziert werden, Hindernisse und Widerstände und hilfreiche Gegenmittel gemeinsam besprochen werden können.

Die Gruppe sollte aber weitgehend autonom arbeiten, nicht psychoorientiert sein, sondern nur und ausschließlich solidarisch ermutigend und stützend helfen, daß alle vorankommen im Schreibprozeß, und z.B. die im Buch vorgeschlagenen Übungen gemeinsam gemacht werden. Die Gruppe sollte sich als Kreis von Gleichgesinnten und UnterstützerInnen verstehen.

Für die laufende Arbeit sind Kleingruppen von 3–6 TeilnehmerInnen, die sich alle zwei Wochen treffen, sinnvoll. Die Kursleitung sollte ab und zu an diesen Kleingruppenabenden teilnehmen.

Generell aber ist die Biografiearbeit eine persönliche – auch einsame – Arbeit, die von uns Einsatz, Disziplin und Spaß an der Entdeckungsreise verlangt.

Den größten Teil der Arbeit machen wir alleine, und wir werden uns phasenweise von der Umwelt, unseren Bezugspersonen und vor allem von den normalen Ablenkungen des Alltags zurückziehen.

Es ist aber auch möglich, die Arbeit neben den initiierenden und begleitenden Wochenenden alleine zu machen. Hier sind zwar die Anforderungen an Selbstdisziplin höher – eine Gruppe bietet auf jeden Fall einen wiederkehrenden Haltepunkt –, aber manche arbeiten ja auch lieber alleine oder sind aufgrund ihrer Wohnlage und Lebenssituation nicht in der Lage, an einer kontinuierlichen Gruppe teilzuhaben.

Das Schreiben

Nicht umsonst schreiben wir unsere Geschichte. Schreiben – das wissen wir aus der Astrologie – ist ein Mittel Merkurs, des Planeten, der für Kommunikation, Wahrnehmungs-, Denk- und -Sprachmuster steht, der zwischen uns und der Umwelt und zwischen allen Instanzen in uns vermittelt.

Schreiben erleichtert die Erinnerung.
Schreiben hilft dabei, eine gewisse Ordnung in unser Denk- und Fühlchaos zu bringen.
Schreiben ermöglicht, Ängste zu bannen.
Schreiben ermöglicht Distanz, wir lernen uns so von uns selbst zu trennen, um uns dann im Spiegel des von uns Geschriebenen zu betrachten.
Schreibend können wir uns an uns annähern, die Sprachlosigkeit und Fremdheit überwinden, können wir Worte finden, uns selbst finden.
Schreibend können wir unsere Wahrnehmung von uns selbst verändern, uns beschreiben und dabei neu erschaffen – denn wir sind, was und wie wir wahrnehmen.

Schreiben ist zudem ein ungeheuer befriedigender Akt, wenn wir nach und nach Seite um Seite füllen, Kapitel um Kapitel fertigstellen und sehen, wie *unser* Buch wächst, in dem wir dann eines Tages lesen können.

Merkur steht nicht umsonst immer dicht bei der Sonne, dem Zentrum unserer Identität. Gerade er kann ihr zuarbeiten, ihr helfen, sich selbst zu bestimmen.

Die Schreibweise

Manche von uns schreiben lieber mit der Hand, andere am Computer bzw. der Schreibmaschine.

Die Handschrift

Die Handschrift ist am sinnlichsten und besinnlichsten. Gedanken werden direkt in Bewegung umgesetzt, und auch die Art, wie wir schreiben, kann uns Aufschluß geben über unsere Befindlichkeit. Handschrift ist einfach: Wir können überall und zu jeder Tageszeit und ohne Umstände schreiben. Unsere Beziehung zum Papier ist unmittelbar und ungestört. Es ist möglich, in einem Tagebuch zu schreiben, dann empfiehlt es sich, die Seite neben dem Text für Nachträge, die astrologischen Bezüge, Kommentare und Korrekturen freizulassen. Sinnvoll ist auch ein Ordner, in dem die auf losen Blättern geschriebenen Texte eingeordnet werden können. Hier lassen sich Nachträge, Photos und Bilder einfach dazuheften.

Maschinenschrift

Am Computer können wir schneller schreiben. Wir können dem Fluß der Gedanken eher folgen und das, was wir geschrieben haben, hinterher immer noch lesen. Im Computer können wir beliebig Kapitel über Kapitel anlegen und Änderungsarbeiten durchführen, was toll ist, weil wir nichts durchstreichen oder überkleben müssen, was aber auch verhängnisvoll sein kann: Es fällt schwerer, einen definitiven Punkt unter die Sache zu setzen.

Malerei und Gestaltung

Wenn wir uns auf die Suche nach unserer Geschichte und den in ihr verborgenen Räumen machen, können wir kreative Mittel einsetzen, die die Erinnerungsarbeit unterstützen. Diese können auch, vor allem wenn es um unbewußte Ebenen und schwer zu verbalisierende Lebensphasen (Mond/Pluto/Neptun) geht, an die Stelle des Aufschreibens treten.

Bei meiner eigenen Eigenanalyse kam ich damals an die Stelle, über meine Mond/Pluto-Konjunktion schreiben zu müssen. Und es kam nichts. Ich saß am Tisch und stierte vor mich hin, von qualvollen Kopfschmerzen ergriffen, die mich für vier Tage nicht verließen. Schließlich griff ich nach meinem Malkasten (den ich ewig nicht benützt hatte) und malte das, wofür ich keine Worte finden konnte. Welch eine Entlastung! Rot und Schwarz ergossen sich über das Papier und nahmen den Druck mit sich fort. Der Stau löste sich, bis ich schließlich durch die Beschreibung des Bildes in der Lage war, Worte für diesen qualvollen Zustand zu finden. Doch das Bild sprach auch für sich, und ich wußte, daß ich nie in dieser Tiefe formulieren könnte, was es an Gefühlen transportierte.

Wenn es um das Erfassen von Familienkonstellationen oder Beziehungen geht, lassen sich die Beteiligten in Ton oder Knete formen und in Position zueinander bringen. Das Spielen mit Materialien und Farben ermöglicht einen völlig anderen Zugang zu unserer Innenwelt mit ihren verborgenen Anteilen. Und das Spielen kann einfach Spaß machen und entspannend wirken, neben dem manchmal doch anstrengenden *Nach*-Denken und -Forschen. Wenn wir unsere Lebensgeschichte betrachten, in unsere Kindheit eintauchen, werden wir auch zu dem – natürlichen – kreativen Teil in uns vorstoßen, zu unserem Kind, das matschen will, das spielen will. Wir sollten für es alles Nötige bereitstellen.

Darüberhinaus ist die künstlerische Arbeit eine Entlastung, wenn wir beim Erinnern in Wut geraten, verzweifelt und verzagt sind. Die Gefühle, die auf dem Weg hochkommen, können durch Malerei und Gestaltung eine Ausdrucksform, ein Ventil bekommen.

Wer eher einen Bezug zu Musik hat, kann zu seinen Konstellationen passende Musikstücke auswählen. Im Gegensatz zum erinnernden und analytischen Aufschreiben unserer Geschichte und unseres Geburtsbildes, können Gedichte – obwohl auch sprachlich – auf ganz andere Weise innere Bilder transportieren. Auch sie zeigen manchmal wesentlich deutlicher und intensiver, was zu bestimmten Zeiten mit uns losgewesen ist bzw. beschreiben uns besser.

Entspannung und Sammlung

Bevor wir uns zum Schreiben hinsetzen, können wir all das nutzen, was wir sonst auch machen, wenn wir Entspannung suchen. Damit sollten wir – wenn möglich – jede Sitzung beginnen: spazieren gehen, Musik hören, Yoga machen, Tiefenentspannung, stilles Sitzen. Ist ein bißchen mehr an Entspannung und Sammlung da, dann widmen wir uns nach und nach dem anstehenden Zeitraum: Wir visualisieren, kontemplieren, erinnern uns und schreiben auf, was uns einfällt, malen dazu. Wir können uns auf ein großes Blatt die Jahreszahl des Zeitraums, den wir behandeln, schreiben und es gut sichtbar vor uns hinlegen. Wann immer wir abschweifen, wenden wir unseren Blick wieder diesem Blatt zu.

Hilfreich ist oft auch eine Massagesitzung vor dem Schreiben. In Gruppen können sich die TeilnehmerInnen gegenseitig massieren. Bei vorsichtiger und sanfter Vorgehensweise geht das auch ohne große Vorkenntnisse. Gerade die Erdbetonten unter uns erfahren Berührung und Massage als öffnend und erinnerungslösend. Erinnerung steckt in unserem Körper.

1. Teil: Rückwärts

Die Lebensgeschichte *rückwärts* schreiben

Für astrologisch Versierte ist es zwingend nötig, sich der eigenen Geschichte zunächst *ohne* astrologische Hilfmittel, ohne Ephemeride und Progressionen zu nähern, um sich die Erinnerung nicht durch (auch noch so gute) Konzepte zu verstellen. Wer gerade erst in die Astrologie eingestiegen ist, der oder die kann auch mit astrologischen Mitteln arbeiten. Generell ist es aber empfehlenswert, zumindest den ersten Durchgang an Erinnerungsarbeit frei von astrologischen Hilfsmitteln zu machen.

Bei meiner ersten Biografiearbeit (1982/83) bei Hans Hinrich Taeger war ich kaum zwei Jahre mit astrologischen Prinzipien vertraut, und ich hatte gerade etwas von Transiten gehört. Ich war bei der Eigenanalyse im Grunde auf zwei Ebenen tätig: mein Leben zu überblicken *und* Astrologie zu erlernen. Die astrologischen Konzepte waren auf jeden Fall noch nicht fest eingesessen und gaben Raum und Inspiration. Die Vorgehensweise war nicht streng festgelegt. Wir sollten unsere Lebensgeschichte aufarbeiten (mit Transiten und Direktionen), die Planeten in Zeichen und Feldern und mit Aspekten beschreiben, die Mandala-Energieanalyse nachvollziehen (Elemente, Kreuze etc.), die Beziehung zu unseren Eltern, Geschwistern und einer von uns selbst gewählten Person beschreiben. Zusätzlich war ein wichtiges Solar und Lunar/Solar zu beschreiben.

1991 kam ich zu Akong Rinpoche, einem tibetisch-buddhistischen Meister, der mit seinem TherapeutInnen-Team ein Training in buddhistischer Therapie anbot. Der erste Abschnitt des Trainings hieß »Back to the Beginnings«, »Zurück zu den Anfängen«, den ich allen empfehlen möchte, die auch ohne Astrologie ihre Lebensgeschichte aufarbeiten wollen. Es ging darum, die eigene Lebensgeschichte zu rekapitulieren und mehr Mitgefühl für sich und die anderen zu entwickeln. Kein Problem, dachte ich, hatte ich doch schon meine Eigenanalyse im Gepäck. Doch die Methode, die hier vorgestellt wurde, unterschied sich sehr von der, die ich kennengelernt hatte (außerdem waren seit meiner Eigenanalyse bereits über sieben Jahre vergangen).

Zurück zu den Anfängen

»Back to the Beginnings« bedeutet:

1. Erinnerungsarbeit (schreibend und malend) von heute aus rückwärts bis zum 1. Lebensjahr.
2. Erinnerungsarbeit (schreibend und malend) vom ersten Lebensjahr bis heute.
3. Erinnerungsarbeit hauptsächlich zur emotionalen Erinnerung (vor allem malend) von heute zurück zur Geburt.
4. Ein Retreat, in dem wir unsere Empfängnis und Geburt nachempfinden.

Ich möchte nicht auf diesen ganzen Prozeß eingehen, der zudem noch eingebettet ist in eine Struktur aus Übungen. Wichtig erscheint mir aber im Rahmen der Biografiearbeit, daß Akong Rinpoches Vorgehensweise das Erinnerungsvermögen extrem schult – man macht immerhin drei Durchläufe. Zudem hat die rückwärts gerichtete Schreibweise einen großen Vorteil: Beim Schreiben werden wir langsam jünger und kleiner, und gewohnte Kausalitäten (ich bin so, weil ich früher so und so behandelt wurde ...) kommen nicht zum Zuge. Ursachen und Wirkungen dürfen sich noch einmal neu zeigen. Bei einer Erfahrung mit negativem Ausgang vergessen wir z.B. all die positiven Aspekte, die auf dem Weg lagen.

Wir tendieren auch dazu, Erinnerungen zu selektieren. Machen wir diese gründliche Art der Rekapitulation, kommen angenehme wie unangenehme Erinnerungen gleichermaßen zum Zuge und erlösen uns von übermäßiger positiver wie negativer VeteranInnenmentalität. Zudem werden uns zeitliche Ungenauigkeiten eher auffallen. Wir werden schlichtweg differenzierter.

Das rückwärtsgerichtete Schreiben der Lebensgeschichte

Mit dem ersten Übungsschritt für das rückwärtsorientierte Schreiben können wir sofort beginnen:

Übung
Einen Tag erinnern

Voraussetzung: Setze dich an einen entspannenden Ort, halte Schreibzeug bereit.

Schließe die Augen und nimm einige tiefe Atemzüge, die es dir ermöglichen, dich zu sammeln. Gib dir fünf Minuten zum Atmen, zum Spüren, daß du dort bist, wo du bist.

Dann geh in deiner Erinnerung zurück an den gestrigen Morgen.
Wann und wie bist du aufgewacht?
Was war dein erster Impuls, was waren deine ersten Gedanken, deine ersten Handlungen?

Geh dann den ganzen Tag durch.

Welche Begegnungen gab es?
Welchen Tätigkeiten, welcher Arbeit bist du nachgegangen?
Was hat dich beschäftigt?
Was hast du geschafft?
Warst du einkaufen?
Wann hast du dich entspannt, gespielt, Musik gehört?
Hast du meditiert?
Wie war das, in deinem Körper zu sein? Was hast du gegessen?
Hast du gebadet, geduscht, Sport getrieben? Gab es körperliche Begegnungen?
Warst du in der Natur?
Was war schön und angenehm – gut?
Was war irritierend, langweilig, abtörnend – nervig?
Wie ging der gestrige Tag zu Ende, wie bist du eingeschlafen?

Schreib diesen einen Tag auf.

Beim Rückwärtserinnern nehmen wir pro Sitzung kleine Päckchen von einem Tag (in der ersten Woche), einer Woche (zweite bis vierte Woche), einem Monat (ab zweitem Monat), später drei Monaten, die wir zurückgehen, und die wir dann als Einheiten natürlich vorwärts erinnern und aufschreiben. Als praktisch hat sich gezeigt, Jahreszeit für Jahreszeit zurückzugehen. Dann sollte jedes Jahr kurz zusammengefaßt werden.

Es wird auch vorgeschlagen, sich für frühe Zeiten, an die man sich nicht erinnern kann, vorzustellen, wie normalerweise ein Kind in diesem Alter wäre, wie groß es wäre, was es spielen würde, welche Fähigkeiten es hätte etc., so daß über die Imagination eigene Erinnerungen wachwerden können. Akong Rinpoche schlug auch vor, nach bestimmten Zeiteinheiten innezuhalten, das Geschriebene noch einmal zu lesen und eine Bewertung zu formulieren. (Er läßt alle fünf Jahre richtige Noten verteilen.) Wir beurteilen sowieso laufend, und wir sollten die Biografiearbeit dazu nützen, unsere *eigenen* Bewertungskriterien herauszufinden, eindeutig und klar Stellung zu beziehen zum eigenen Leben und dem, was wir taten, was uns widerfuhr, und was wir daran als positiv und negativ erachten.

Zum Abschluß des Rückwärtserinnerns wird eine Zusammenfassung mit Bewertung geschrieben, bei der wir uns so objektiv, so freundlich, gerecht und mitfühlend wie eben möglich betrachten sollten. Das Geschriebene sollte noch einmal gelesen werden, als handele es sich um die Autobiografie einer anderen Person. Zum Schluß wird ein passender Titel für die eigene Geschichte gefunden.

Akong Rinpoches Weg ist ein Weg zu universellem Mitgefühl, wobei wir mit der Person anfangen, der wir am nächsten stehen: uns selbst. Auch seine Entspannungs-, Visualisierungs- und Kontemplationsübungen, die die Schreibarbeit begleiten, haben universelles Mitgefühl zum Ziel. Wer tiefer in diese Vorgehensweise eintauchen möchte, lese Akong Rinpoches Buch *Den Tiger zähmen,* 1993 erschienen im Theseus Verlag, in dem einige der von ihm vorgeschlagenen Übungen beschrieben sind.

Die Vorgehensweise

In der astrologischen Biografiearbeit, so wie ich sie hier vorstelle, wählen wir den rückwärtsgerichteten Weg und schreiben uns so an den Anfangspunkt unseres Geburtsbilds heran, denn hier ist der optimale Verbindungspunkt zwischen einer reinen Erinnerungsarbeit und dem astroanalytischen Weg.

1. Rückwärts bis zur Geburt schreiben ohne astrologische Hilfsmittel! Das wird dich ca. ein gutes halbes Jahr kosten.
   Alle sieben Jahre (bei Saturnkonjunktionen, -quadraten, -oppositionen) eine Beurteilung des Erfahrenen vom Standpunkt der

Gegenwart schreiben. Um diese Aspekte zeitlich zuzuordnen, müßten wir am Anfang doch einmal eine Ephemeride in die Hand nehmen.
2. Die Geburt mit ihren Umständen, der Situation und Befindlichkeit der Eltern und umgebenden Personen rekapitulieren.
3. Ab der Geburt mit Transiten, Sekundärprogressionen, Sonnenbogendirektionen und Solaren in Kapiteln im direktionalen Felderrhythmus (in 6er Schritten) oder ebenfalls im Saturnrhythmus vorwärts schreiben und malen bis heute.
   Einige schreiben auch ihre Geschichte von der Geburt bis heute zunächst einfach nur auf und nehmen erst nach deren Fertigstellung die Astrologie zuhilfe.
4. Die Beziehung zu Eltern (falls bedeutsam Großeltern) und Geschwistern und eine wichtige Beziehung (plus evtl. Kind/er) beschreiben.
5. Das gesamte *Geburtsbild* als *Frucht* und *Essenz* all dieser Untersuchungen darlegen.

Um freiweg schreiben zu können und nicht auf künftige LeserInnen und Beurteilende zu schielen, läßt sich die Arbeit in zwei Teile spalten: einen privaten Teil, der die Erinnerungsarbeit mit all ihren Intimitäten einschließt, und einen astroanalytischen Teil, der auch anderen zeigt, wie wir uns mit uns selbst im Rahmen von Astrologie auseinandergesetzt haben. Dieser Teil ließe sich dann als Prüfungsarbeit im Rahmen einer Astrologieausbildung verwenden.

Wenn keine Erinnerung kommt

Auf dem Weg des ersten Aufschreibens können wir uns helfen, indem wir zu Beginn eine grobe Struktur unseres Lebens mit ihren Daten erstellen. Sie kann Anhaltspunkte bieten, wenn wir uns verlieren, bzw. wenn nichts kommt. Wir können in einen Fotofächer Fotografien von uns rückwärts – jünger werdend – einordnen und uns von diesen Bildern begleiten lassen.

Wenn wir Lücken haben in der Erinnerung, können wir über die entsprechende Zeit nachdenken und dann ein Bild malen, vielleicht hilft uns das, auch formulieren zu können, was da war, vielleicht bleibt aber auch etwas im ersten Durchgang im Dunkeln, was wir erst später erinnern können.

Bleiben große Erinnerungslücken von ganzen Jahren und von unserer Kleinkindzeit, brauchen wir Gespräche mit der Familie, Verwandten, der alten Nachbarschaft. Wir werden nach Hause reisen und uns von der alten Umgebung inspirieren lassen müssen. Geh dann die Wege, die du früher gegangen bist, geh den alten Weg zum Kindergarten, zum Milchmann, zum Einkaufen, zur Kirche, zum Friedhof...

Frei assoziieren

Wenn wir beim Schreiben nicht weiterkommen, können wir eine Übung anwenden, die der Förderung der Schreibfähigkeit generell dient.

Übung
Cluster bilden

Voraussetzung: Stift und Papier

In ihrem Buch *Garantiert schreiben lernen* stellt Gabriele Rico ihre Vorgehensweise vor. Wir können uns davon für unsere Arbeit inspirieren lassen: Schreibe ein Wort, das Kernwort, auf ein Blatt. Z.B. Angst, Windel, Mutter, Schule etc. Laß dann einfach Wörter kommen. Konzentriere dich nicht, laß dich treiben und schreib den nächsten Begriff auf, der kommt. Mach das zügig. Kreise die Begriffe ein, verbinde diese umrandeten Wörter miteinander. Wenn dir ein andersartiger Begriff einfällt, dann fange in der Mitte neu an, verbinde diesen Begriff mit dem Kernwort und mache hier weiter, bis wieder ein neuer Begriff kommt, der eine neue Assoziationskette auslöst. Wenn nichts mehr kommt, mach Pfeile zwischen den Wörtern, wo es paßt, kreise wichtige Wörter noch mal dick ein und laß dich treiben, ob vielleicht doch noch ein Begriff kommt, der wieder eine neue Kette auslösen kann. Zu manchen Themen kommen nur wenige Wörter, zu anderen gibt es kaum ein Halten. Wenn du spürst, daß ein Impuls zum Schreiben kommt, laß das Clusterbilden sein und widme dich dem Text. Schreibe dann zu deinem Thema – angeregt vom Cluster, aus dem du im weiteren die Begriffe übernimmst, die sich ins Ganze einfügen.

Wenn Schmerzen kommen

Wenn beim Schreiben alte Schmerzen aufbrechen, brauchen wir u. U. einfach nur Trost angesichts dessen, was wir erlitten haben. Da könnte ein/e Freund/in helfen oder auch die Gruppe mit ihrer stabilisierenden Wirkung.

Wen gibt's, wer für dich dasein könnte, während du deine Erinnerungen schreibst?

Wenn du in einer Beziehung lebst, Familie und Kinder hast, plane mit ein, daß du manchmal nicht so wie immer funktionieren kannst. Du leistest Schwerarbeit. Das müssen die anderen wissen – sie bewegen sich im Hier und Jetzt, gehen nach vorne, während du dich rückwärts, an den Anfang deines Lebens schreibst.

Schmerzen lassen sich lösen und abgeben, wenn wir sie ausdrücken, indem wir ein Bild malen.

Wenn Ärger hochkommt

Auch Wut wird uns packen. Wut auf andere, die uns schlecht behandelten, uns terrorisierten, uns verließen, uns betrogen ... Diese Wut können wir in einem *Wutbrief* (Übung siehe S. 66) bearbeiten. Und auch hier ist die Malerei sehr hilfreich.

Sind wir auf uns selbst nachhaltig sauer, weil wir jemanden belogen oder gequält haben, weil wir naiv und blöd waren, weil wir Chancen verpaßten, weil wir die Schule abbrachen oder uns mit Drogen oder anderen Süchten phasenweise ruinierten, dann können wir uns vorstellen, daß wir uns zu uns selbst an den Tisch setzen und uns so liebevoll wie möglich mit unserem anderen Teil – dem, der versagt hat – unterhalten. Wir versuchen, den anderen Teil zu sehen und ihm all unser Verständnis und unsere Liebe zukommen zu lassen. Hör dir aufmerksam zu, wie du damals warst, laß dich anrühren von dir, weine mit dir, laß Bewegung zu.

Wenn Du nichts mehr verstehst

In manchen Phasen unseres Lebens waren wir in einer katastrophalen Verfassung, und wir finden einfach nicht heraus, was in *unserem* Leben los war.

Dann lohnt es sich zu schauen, was hat meine Mutter, was hat mein Vater erlebt, als er so alt war, wie ich jetzt auf meinem Erinnerungsstrang bin. Unsere Identifikation mit und Abhängigkeit von unseren Eltern und anderen aus der Familie kann so weit bzw. so tief gehen, daß wir in derselben Lebensphase *ihre* schmerzhaften, unerledigten Gefühle aufgreifen und weiterleben.

Übungen zur rückwärtsgerichteten Erinnerung – einen Überblick über das eigene Leben gewinnen

Die erste Reaktion zur Biografiearbeit ist bei vielen: »Ich kann mich doch nur an wenige Dinge erinnern.« Oft brauchen wir zunächst Unterstützung, um Erinnerungen freizulegen. Uns fällt aber beim Tun mehr und mehr ein, wir schulen geradezu unser Erinnerungsvermögen. Es geht nicht darum, jedes Detail aus unserem Leben zu wissen, sondern ein Gefühl für den Fluß unseres Lebens herzustellen. Im folgenden finden sich Übungen, die helfen, sich von heute aus an die eigene Geschichte heranzuwagen, sich zu inspirieren und zu erinnern, um einen Überblick über die eigene Geschichte zu erlangen.

Übung
***Kleiner werden* – eine Visualisierung**

Voraussetzung: Eine Person muß diese Visualisierung anleiten. Decken und Kissen.

Zu Beginn liegen wir bequem und entspannt auf unseren Decken.
Wir spüren unseren Körper mit dem Alter, so wie es jetzt gerade ist. Ohne zu bewerten oder zu beurteilen, nehmen wir einfach nur unseren Körper wahr (dabei gehen wir ihn langsam von unten nach oben durch) und wie es sich anfühlt, das Alter zu haben, das wir heute haben.
Dann gehen wir langsam zurück. Wenn wir in einer Gruppe üben, gehen alle zunächst zurück bis zum Alter der/des Jüngsten, von da aus geht es dann gemeinsam weiter. Wir gehen Jahr um Jahr in unserer Körpererinnerung zurück: Welches Körpergefühl hatten wir, als wir 50 waren, welche Frisur trugen wir, welche äußeren Attribute waren wichtig, wie standen wir im Leben, als wir 50 waren. Welche Falten, Gebrechen, Krankheiten hatten wir. Was fühlte sich für unseren Körper angenehm und gut an?

Dann gehen wir zurück über 49, 48, 47, bis 45 Jahre. So gut wir es können, spüren wir die damalige körperliche Befindlichkeit auf, und gehen dem nach, was sich verändert hat. Wie war es, 45 zu sein?
Wir gehen weiter zurück bis 40. Verweilen kurz bei jedem Jahr und bei jeder Veränderung, die uns einfällt.
Wir gehen zurück bis 35. Vielleicht haben wir ein Kind bekommen, vielleicht hatten wir eine lustvolle sexuelle Beziehung, wir spüren in unseren Körper hinein, wie das damals war, wie wir waren, bis wir 35 waren.
Dann gehen wir weiter Jahr um Jahr zurück, bis 30. Wir registrieren Unfälle, schwere Krankheiten, Gewichtsschwankungen, wir registrieren aber auch, daß unser Körper sich jetzt schon wesentlich jünger anfühlt, vielleicht straffer ist und dynamischer.
Wir gehen zurück bis 25, spüren, wie es war, so jung zu sein, einen jünger werdenden Körper zu haben, erinnern uns an unser Körpergefühl, das wir mit uns alleine und auch mit anderen hatten. Vielleicht fällt uns ein, welchen Sport wir getrieben haben, bei welchen Tätigkeiten wir uns körperlich richtig gut fühlten.
Dann gehen wir durch die Jahre zurück bis 20, werden zu jungen Leuten. Wie war das, immer mehr auf eigenen Füßen zu stehen?
Dann gehen wir zurück durch die Jahre bis 15. Wir besinnen uns auf unseren Teenagerkörper, der schon fast die Form eines Erwachsenen hat. Welche Erinnerungen kommen uns zu 18, 17, 16? Zu unserer ersten sexuellen Begegnung. Wie mochten wir uns körperlich, womit haderten wir? Welche Übergriffe haben wir erlebt, welche Risiken sind wir eingegangen? Dann gehen wir durch die Jahre der Pubertät zurück, diese Jahre heftigen Umbruchs. Unsere Brüste werden kleiner und verschwinden, der Penis wird wieder zum Penis eines Jungen, eines Kindes. Unsere Körper werden wieder zu Kinderkörpern. Auf dem Weg zurück fallen uns vielleicht Pickel und Akne ein, Körperhaare, die wieder verschwinden, und einen glatten Kinderkörper auftauchen lassen. Wir werden wieder 10.
Und dann werden wir langsam jünger und jünger, werden kleiner und kleiner, die Schuh- und Kleidergrößen schrumpfen, unser Körperbau verändert sich mehr und mehr hin zu einem Kind, von 8, 7, 6 Jahren. Wir erinnern uns an die Einschulung, wie das war, ein Schulkind zu werden, welche körperlichen

Vorlieben und Abneigungen wir damals hatten, welche Art der Bewegung, des Sports wir mochten. Erinnern wir uns an Zahnlücken?
Dann geht es weiter zurück, wir werden zu Kindergartenkindern, die vielleicht toben, sich schon hinauswagen in die Welt, und dann wieder an die Eltern ankuscheln. Wie waren wir mit 5, 4, 3?
Wie war das, ein Kind zu sein, das schon so viel kann, das alleine auf's Klo geht, schon getrennt ist von seinen Eltern und doch noch so sehr auf sie angewiesen? Wir werden kleiner, werden 2, wir können jetzt laufen und schon eine Menge Wörter, wie war das mit 2, dann mit 1? Wann haben wir laufen gelernt, spüren wir noch die haltenden, helfenden Hände? Wie war das vorher, als wir noch nicht laufen, erst krabbeln konnten, als wir uns mühsam aufrichteten, als wir nur herumrollen konnten, gewickelt und gewindelt und gefüttert wurden? Als wir im Kinderwagen durch die Welt geschoben wurden, immer getragen werden mußten, als wir noch ganz Körper und ganz mit dem Körper unserer Mutter verbunden waren? Wie war das, gestillt zu werden, am Fläschchen, am Schnuller zu nuckeln? Wir lassen körperliche Erinnerungen kommen, zurück bis zu der Zeit, als wir gerade auf der Welt waren, als wir gerade in den Armen unserer Mutter gelandet waren nach den Kämpfen unserer Geburt, und sie uns anschaute und hielt.

Übung
Lebenskurve

Voraussetzung: Ein großes Blatt Papier, Stift

Nach der Übung *Kleiner werden* läßt sich diese *Übung* anschließen:

Auf einem großen Blatt machen wir eine Skala, auf der wir unten in der Waagerechten von links nach rechts alle Jahre unseres Lebens abzeichnen. In der Senkrechten machen wir eine Skala von *minus Zehn* bis *plus Zehn* für die Befindlichkeit. Minus Zehn wäre ein Katastrophengefühl, Plus Zehn wäre ein absolutes Highlight.
Wir machen bei jedem Jahr ein Kreuzchen für die entsprechende Befindlichkeit, die wir damit verbinden. Vielleicht war

bei 40 unser Tiefpunkt, dann kommt ein Kreuz zu Minus 9 oder 10, bei 38 war es noch viel besser, da zeichnen wir vielleicht ein Kreuz ein bei Plus 2, etc.
Wir überlassen uns dieser Zuordnung für eine halbe Stunde.
Zum Schluß verbinden wir all die Punkte und erhalten so eine Kurve, eine »Fieberkurve« unsers Lebens.
Wenn wir in einer Gruppe sind, setzen wir uns mit einer anderen Person hin und tauschen mit ihr aus, was uns diese Kurve sagt, welche Erinnerungen uns gekommen sind, und wo Schwierigkeiten aufgetaucht sind.

Übung
Ein Seil als Lebenslinie

Voraussetzung: lange Kordeln

Wir können unsere Lebenslinie auch mit einem Seil auslegen, das wir von rechts nach links laufen lassen, von heute zurück bis zur Geburt. Wenn wir ein zweites Seil mitlaufen lassen, kann dieses eventuelle Ambivalenzen ausdrücken. Bestimmte Zeiten waren sowohl gut als auch schlecht, es gäbe dann z.B. einen Zacken nach unten und einen nach oben. Die Ausschläge des Seils könnten dann mit kleinen Zetteln mit Jahreszahlen bestückt werden. Nach Fertigstellung sollte dann ein Foto oder eine Zeichnung dieser Lebenslinie gemacht werden.

Übung
Mein Lebensraum – eine Phantasiereise

Vorausetzung: Papier und Stift, Decken

Lege dich zunächst hin und entspanne.

Auf der Suche nach einem Überblick über dein Leben wirst du die verschiedenen Phasen als Zimmer, als Räume aufsuchen. Du kannst auch nur einen, zwei oder drei Räume betreten, je nach zu Verfügung stehender Zeit, je nach Befindlichkeit und je nach Intention.

Vor dir siehst du eine Zimmertür.

Auf ihr steht: *Meine Gegenwart.* Du öffnest diese Tür, registrierst dabei, wie sie aussieht und kommst in einen Raum, der deinen Jetztzustand, den gegenwärtigen Lebensraum, widerspiegelt. Schau dich in diesem Raum um, dem Raum einer erwachsenen Frau, eines erwachsenen Mannes. Welche Gegenstände und welche Personen sind im Raum, welche Atmosphäre strahlt er aus, wie ist er möbliert, was beinhaltet er? Was würdest du am liebsten hier tun? Verweile fünf Minuten. Laß den Raum auf dich wirken.
Wende dich der Tür des nächsten Zimmers zu und betrete es. *Mein Leben als junge/r Erwachsene/r.* Nimm wieder die Atmosphäre wahr, Dinge, Menschen, Bilder, was immer in diesem Raum in dir entsteht. Nimm dich hier wahr. Verweile fünf Minuten. Verlasse auch diesen Raum.
Der nächste Raum heißt: *Meine Pubertät.* Wie ändert sich dein Gefühl von Raum zu Raum? Nimm diese Veränderungen wahr. Nimm dich wahr in der Atmosphäre dieses Raumes mit den ihm eigenen Menschen und Gegenständen. Nimm dich wahr in deinem veränderten Körper, einem in starker Veränderung begriffenen Körper. Nimm die Interessen wahr, die dich zu dieser Zeit beflügelt haben. Worauf hättest du Lust? Verweile fünf Minuten. Auch dieser Raum wird verlassen.
Der vorletzte Raum, den du betrittst, heißt: *Meine Kindheit.* Nimm die Dinge und Menschen dieses Raumes wahr, wie fühlt es sich dort an? Wie fühlst du dich dort in einem Kinderkörper, als Kind unter Kindern, als Kind unter Erwachsenen? Welche Impulse steigen in dir auf? Verweile fünf Minuten. Dann verläßt du auch diesen Raum.
Das letzte Zimmer, das du heute betrittst, heißt: *Meine Baby- und Kleinkindjahre.* Betrachte die Tür mit ihrer Aufschrift und dann den Raum mit den Menschen, die darin vorkommen, Dinge, Kleidung, Spielzeug, und laß die Atmosphäre dieses Babyraumes auf dich wirken. Wie fühlst du dich dort in einem Babykörper, als Kleinkind unter Geschwistern, oder alleine mit Mutter und Vater? Verweile fünf Minuten. Verlasse auch diesen Raum.
Betrachte noch einmal kurz alle Räume. Diese Räume zusammen ergeben ein Lebenshaus. Laß ein Bild entstehen von einem umgebenden Raum, der alle deine Zimmer enthalten kann. Vielleicht ist es ein wirkliches Haus, in dem die Räume

nebeneinander oder übereinander gruppiert sind, vielleicht ist es eine Landschaft?
Beende die Übung in dem dir angemessenen Tempo. Streck dich und reck dich und komm in die Gegenwart zurück. Setz dich auf und schreib deine wichtigsten Eindrücke aus den verschiedenen Räumen nieder. Wenn es möglich ist, mache eine Skizze deines Hauses.

Übung
Die Seekarte – eine kreative Mal- und Bastelarbeit

Aufgabe: Die Lebensgeschichte in Form einer Seekarte malen, ein kleines Boot basteln, das dann den Weg von heute zurück zum Anfang entlangschippern kann.

Voraussetzung: Graupappe 1 m × 0,70 (gibt es im Papierfachhandel).

Über eine gewisse Zeit Verpackungen und Materialien sammeln:
- kleine Kartons, Eier-, Obstkartons, Klorollen
- verschiedenfarbiges Papier, Geschenk-, Glanz-, Transparent- und Krepp-Papier, strukturiertes Papier, Wellpappe
- Plastikverpackungen, Füllmaterial, Folien, Styropor
- Glimmer und Glitzer
- feinmaschigen Hühnerdraht
- Naturprodukte: Federn, Muscheln, Tannenzapfen, Blätter, Kork, Schalen etc.
- Woll-, Fell- und Stoffreste, Schulterpolster, Spitzen und Bänder
- Dispersionsfarbe (weiß, blau, gelb, rot, schwarz)
- Kleber
- Schere, (Elektro)Tacker, Kneifzange
- Pinsel

Zu Beginn besinnen wir uns auf unsere Geschichte. Wir machen die Übung *Kleiner werden.* Dann grundieren wir unsere Graupappe, so daß sie für uns die Farbe des Meeres hat. Bis die Pappe getrocknet ist, lassen wir ein Bild in uns entstehen, das der Gegenwart entspricht. Hiermit beginnen wir die Karte, wo immer wir wollen. Wir lassen uns auch von den gesammelten

Materialien inspirieren. Von der Gegenwart aus lassen wir uns zum Beginn unseres Lebens führen, erstellen Etappe für Etappe. Es kann auch sein, daß wir Inseln und Klippen für bestimmte Zustände bauen und aufkleben, die wir wieder und wieder angesteuert haben. Es kann auch sein, daß wir Zeitsprünge machen und nach dem Einstieg gleich an den Anfang gehen und von dort aus weiterarbeiten. Es kann sein, daß wir die ganze Karte vollkleben, es kann sein, daß wir nur wenige Dinge verwenden. Alles ist okay. Das einzig wichtige ist, sich auf die Aufgabe einzulassen und dann dem zu folgen, was in uns entsteht.
Zum Schluß bauen wir ein Boot für uns selbst, mit dem wir über die Karte reisen können. Wir können auch verschiedene Boote für verschiedene Lebensphasen bauen und Beiboote für wichtige Menschen anhängen.
Wenn wir in einer Gruppe arbeiten, brauchen wir für die Erstellung der Karte ca. zwei Stunden.
Nach einer Pause legen wir die Karten vor uns hin und besprechen diese alle nacheinander. Zunächst geben alle anderen Feedback, d.h., sie sagen, was sie sehen und wie das Bild auf sie wirkt. Erst, wenn alle ihre Kommentare und Hinweise abgegeben haben, erklärt die Person, die die Karte erstellt hat, was sie sich dabei gedacht hat und wie das Bild das eigene Leben widerspiegelt. An klar erinnerte Phasen können wir Zettel mit den Jahreszahlen heften. Diese Karte sollte wenn möglich einen Platz in unserer Wohnung finden, solange wir an der Biografie schreiben.

Die Seekarte, ein Erinnerungsrückblick über unser gesamtes bisheriges Leben.
Gemalt und erstellt von Annette Bogun 1996

Empfängnis und Geburt

Wenn wir unser Leben bis zur Geburt aufgeschrieben haben, machen wir uns nach einer guten Pause (!) erneut ans Werk, um unsere Geschichte nach vorne – zum zweiten Mal – mit astrologischen Hilfsmitteln zu rekapitulieren.

Doch zunächst betrachten wir unsere Empfängnis und Geburt.

Wenn unsere Mutter noch lebt, lohnt es sich natürlich, sie noch einmal genau zu befragen zu den Umständen, unter denen wir empfangen und geboren wurden und zur Art und Weise, wie wir auf die Welt kamen.

»Die Umwelt wird vom ersten Moment meines Lebens registriert: von meiner ersten Zelle. Was sich mit meinen paar ersten Zellen ereignet, kann durch die Generationen nachhallen, die auf unsere ersten zellularen Eltern folgen. Die erste Zelle enthält alle meine genetischen Erinnerungen. Unsere erste Erfahrung mit diesem Universum machen wir in einem Eileiter in einem weiblichen Körper.« (Ronald D. Laing: *Die Tatsachen des Lebens,* S. 32)

Unser Heranwachsen im Mutterleib und unsere Geburt sind ein mehr oder weniger gelungenes Zusammenspiel von uns und unserer Mutter gewesen. Über siebenhundertmal veränderte sich unsere Körperform im Mutterleib. Teilweise waren diese Veränderungen dramatisch. Und unsere Mutter versorgte uns dabei mit allem, was wir zum Wachsen und Gedeihen brauchten.

Wenn wir niemanden mehr fragen können, der mit unserer Geburt in Verbindung stand, dann ist es hilfreich, etwas über die intrauterine Zeit und die Geburt zu lesen und einen entsprechenden Bildband zu betrachten (siehe Literaturhinweise). Es ist hilfreich, sich zu vergegenwärtigen, welche Phasen alle Babies im Mutterleib durchlaufen.

Gab es Auffälliges in der Schwangerschaft?
Wie ging es deiner Mutter?
Wo fand die Geburt statt?
War die Geburt »normal«?
Gab es dramatische Zwischenphasen?
Mußte ein Kaiserschnitt gemacht werden?
Kam es zu einer Frühgeburt, mit Aufenthalt im Brutkasten?
Gab es frühe Krankheiten?

Die perinatale Matrix

Interessant ist in diesem Zusammenhang die Forschung von Stanislav Grof, der Menschen untersuchte, die mit Hilfe von LSD ihre Geburtserfahrung wiedererlebten. Er fand vier Stufen (perinatale Matrix genannt) heraus, die wir mit astrologischen Faktoren in Verbindung bringen können.

Grof zeigt die *transpersonale* Qualität der Geburt auf, die sich in der Besetzung durch die überpersönlichen Planeten widerspiegelt.

Die erste Matrix ist die der »ozeanischen Glückseligkeit«, wenn das Baby im Mutterleib im Fruchtwasser »badet«, wenn es sich eins, verbunden und unbehindert fühlt. Dies assoziiert Grof mit dem Planeten Neptun.

Die zweite Matrix ist die der Beengung. Nun wird es im Mutterleib bedrückend und ungemütlich, wir sind fast zu groß geworden. Es ist Zeit geboren zu werden, aber es dauert eben noch ein wenig, oder unsere Mutter hält uns zurück, wir wollen nicht heraus, lassen uns übertragen. Dies ist assoziiert mit dem Planeten Saturn.

Die dritte Matrix ist die der Austreibungsphase bei der Geburt. Sie wird symbolisiert durch den Planeten Pluto. Hier ist der Kampf um das Herauskommen, das Gepreßtwerden, ein Kampf auf Leben und Tod, der optimalerweise siegreich überstanden wird, ein Baby aber mit den existentiellsten Gefühlen und Nöten in Kontakt bringt.

Und schließlich erfährt ein Baby die vierte Matrix, die der Befreiung, die mit dem Planeten Uranus in Verbindung gebracht wird. Die Geburt ist vollbracht, Beengung im Mutterleib, Zusammenpressung im Geburtskanal sind überstanden: Wir sind heraus!

Je nachdem, in welcher Stufe des intrauterinen Lebens und des Geburtsverlaufs Überbetonungen oder Störungen aufgetaucht sind, finden sich diese als grundlegende Themen in unserem Leben wieder.

Die Betonung von Saturn, Uranus, Neptun und Pluto z.B. durch einen Aspekt zum Aszendenten kann uns wichtige Hinweise geben, welche Qualität wir aufgrund unserer Geburtserfahrung in unserem Leben wieder und wieder suchen. Hinweise gibt auch die Besetzung des 12. Feldes. Es beinhaltet u.a. unsere Erfahrungen in der Schwangerschaft, die Befindlichkeit unserer Mutter. Darüber hinaus ist auch die Mondstellung (Mond = Mutter) mit ihren Aspekten zu beachten.

Übung
Mutter – Vater – Kind: Empfängnis und Geburt –
eine Erinnerungsarbeit

Voraussetzung: Decken und Kissen. Der Anleitungstext wird langsam verlesen.

Lege dich bequem hin. Entspanne dich.

Denk an deine Mutter
und stell dir vor, wie sie mit deinem Vater Liebe machte und dich empfing. Was hat sie so bereit gemacht für dieses Kind – für dich?
Stell dir vor, sie macht einen Test oder geht zur Frauenärztin oder zum Arzt zur Untersuchung und weiß, daß sie schwanger ist. Wie ist ihre Reaktion?
Stell dir vor, du wächst langsam in ihrem Bauch heran – wie nährt sie dich, was gibt sie dir, wie empfindet sie ihre körperliche Veränderung? Wie sieht sie der kommenden Verantwortung dir gegenüber entgegen? Wie sieht sie dem kommenden Familienleben entgegen? Was wird sie für dich opfern?
Stell dir vor, es ist Zeit für die Geburt, wie geht deine Mutter in die Geburt hinein?

Denk an deinen Vater
und stell dir vor, wie er mit deiner Mutter Liebe machte und dich zeugte. Was ermöglichte ihm diese, deine Zeugung?
Wie hat er reagiert, als er erfuhr, daß er Vater wird? Wie sieht er seiner Vaterrolle entgegen? Was wird er für dich opfern? Wie macht er sich bereit für dich?
Wie hat er die Schwangerschaft verfolgt, wie ist er mitgegangen, wie hat er deine Mutter unterstützt, ihren Raum geschützt?
Wie hat er die Geburt erlebt?

Denk an dich selbst
und stell dir vor, wo und wie deine Eltern Liebe machten, als du dazu kamst. Schau sie dir an, wie sie sich vereinigen, schau sie an und spür, was das war, was dich so zwingend, so magnetisch zu ihnen hingezogen hat in diesem Moment.
Was war das an deiner Mutter?
Was war das bei deinem Vater?

Was war das an ihrem Zusammenspiel?
Was hat dich genährt im Bauch deiner Mutter?
Was hast du von ihr genommen?
Wie war das für dich, in ihrem Bauch zu sein?
Wie war das für dich, in ihr so groß geworden zu sein, daß es Zeit wurde, auf die Welt zu kommen?
Was hast du getan, um herauszukommen?
Wie hast du versucht zu verhindern, daß du geboren wurdest?
Wie wurdest du geboren?

Laß dir viel Zeit, nach der Erinnerung wieder dort anzukommen, wo du bist. Wenn du alleine sein magst, bleibe für dich, wenn du dich ankuscheln möchtest, tue das. Die Kursleitung geht herum und schaut, daß alle bekommen, was sie brauchen.

Übung
Die Konzeption: Die Eltern als Liebespaar –
eine Malübung

Voraussetzung: DIN A3-Papier, Aquarell- oder Wasserfarben.

Male deine Eltern als (Liebes)Paar bei deiner Zeugung/Empfängnis.
Welche Farben und Formen wählst du für deine Mutter, welche für deinen Vater?
Welche Haltung nehmen sie zueinander bzw. miteinander ein?

Bespreche das Bild mit einer anderen Person im Austausch. Laß sie zuerst erzählen, was sie sieht, bevor du von deinen eigenen Eindrücken und Gefühlen berichtest. Gebt euch jeweils 15 Minuten Zeit.

Übung
***Die Nährung im Mutterleib* – eine Malübung**

Voraussetzung: DIN A3-Papier, Aquarellfarben oder Wachsmalstifte.

Male, was dich ernährt hat, als du im Mutterleib warst. Was hat deine Mutter dir gegeben, was hast du genommen? Laß dich auf die Empfindung ein, im Bauch zu sein und von ihr vollständig versorgt zu werden.

Im Anschluß 15 Minuten Austausch über das Bild.

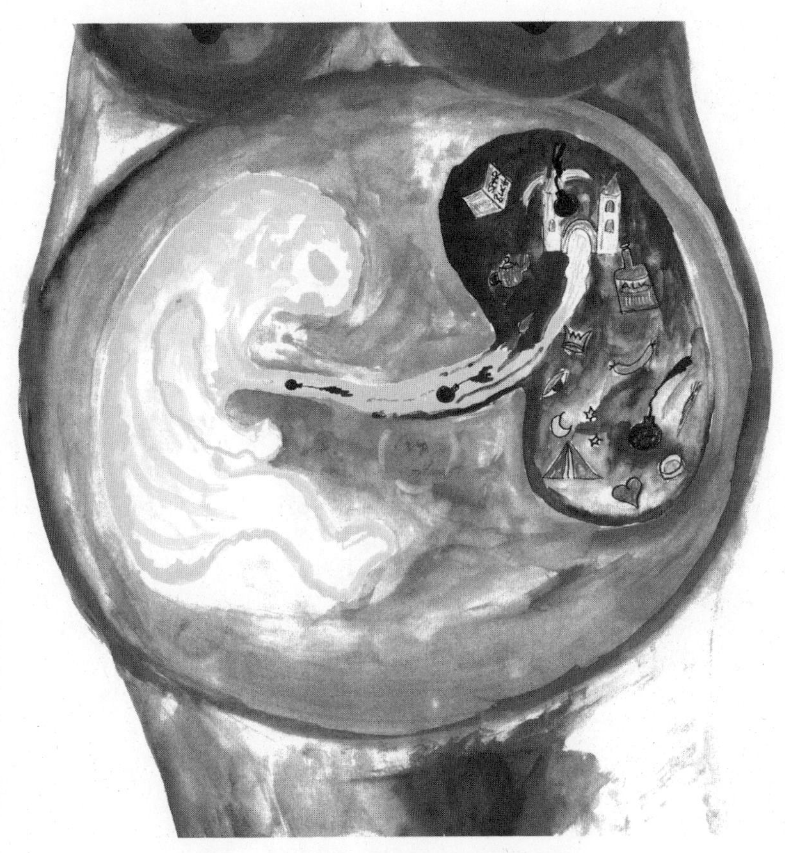

Die Nährung im Mutterleib. Gemalt 1993 (P.N.)

Übung
Das Setting, in das wir geboren wurden –
eine Erinnerungsarbeit

Voraussetzung: Decken und Kissen. Die Kursleitung liest langsam die Fragen vor.

Wer war alles da, als du auf die Welt gekommen bist?
Wo wurdest du geboren?
Wer war bei deiner Mutter?
Vielleicht eine Hebamme, ein Arzt, eine Freundin, die Oma?
Wo war dein Vater?
Wo waren deine großen Geschwister?

Dann schau in den Hintergrund!
Wie sah deine Familie aus?
Wen gab es?
Gab es in der Familie jemanden, der ausgestoßen worden war, über den oder die nicht gesprochen werden durfte?
Gab es ein totgeborenes oder früh gestorbenes Kind vor dir?
Wie war mit seinem Tod umgegangen worden?
Gab es andere Todesfälle in der Familie, bei denen jemand vor der Zeit gestorben war, und dessen oder deren Tod nicht bewältigt oder tabuisiert wurde?
Hatten deine Eltern andere EhepartnerInnen oder wichtige Liebesbeziehungen, bevor sie sich trafen?
Gibt es Geschwister aus diesen Ehen?
In welchem Verhältnis stehst du zu diesen Geschwistern?

Laß ein Bild entstehen von all denjenigen, die bei deiner Geburt beteiligt waren, gleichgültig ob sie physisch anwesend oder abwesend oder schon verstorben waren.

Komme dann langsam wieder dorthin zurück, wo du bist. Schreibe ihre Namen auf eine Liste.

Übungen:
Geburtsvideo – eine Visualisierung

Voraussetzung: Decken und Kissen. Die Kursleitung leitet die Übung an.

Entspanne dich zunächst, lege dich hin ...

Stell dir vor, du siehst in einen Fernseher. Auf einem Video wirst du gleich deine eigene Geburt betrachten können. Überlaß dich den Bildern, die kommen. Konzentriere dich zunächst auf deine Mutter, wie sie dich auf die Welt bringt. Schau sie dir an, wie sie aussieht, wie sie atmet, wie sie schreit, wie sie preßt, wie sie dich herausläßt. Wer unterstützt sie? Wer legt dich in ihren Arm? Wann geschieht das? Wie schaut sie dich an? Was empfindest du?

Der Film ist nach 10 min. abgelaufen.

Begrüßung zu Hause

Ein 2. Video läuft:

Stell dir vor, deine Mutter kommt mit dir aus dem Krankenhaus nach Hause. Wer ist alles da, um euch zu begrüßen? Schau dir die Personen an.
Falls du eine Hausgeburt warst, schau, wer alles in den Tagen nach der Geburt ein- und ausgegangen ist.

Der Film ist nach 5 min. abgelaufen.

Taufe

Ein 3. Video läuft:

Es zeigt Bilder deiner Taufe, bzw. deines Geburtsfestes. Wer ist alles gekommen, wie feiert deine Familie, daß es dich gibt? Schau ein wenig den Feierlichkeiten zu.

Der Film ist nach 5 min. abgelaufen.

Übung
Die Geburt malen

Voraussetzung: DIN A3-Papier, Aquarell- oder Wachsmalfarben.

Mal ein Bild von deiner Geburt.

Welche Farben und Formen wählst du, welche Stimmung drückt das Bild aus?
Wie kommst du ins Leben herein?
Nehmt euch 15 Minuten für eine Besprechung. Am Ende könnt ihr eure Geburtsbilder dazunehmen und schauen, welche Aszendentenenergien ihr habt, welche Aspekte auf den Aszendenten und wie sich das im Bild ausdrückt.

Übung
Die bei der Geburt Beteiligten aus Ton formen
1. Teil

Voraussetzung: Pro Person ungefähr 1 Kilo Ton bereitstellen.

Zur Einstimmung sollte die Übung »Kleiner werden« gemacht werden. Außerdem sollte die Reflexion über die Personen, die um die Geburt herum eine Rolle gespielt haben, erfolgt und eine Namensliste aller Lebenden wie Toten erstellt sein.

Aufgabe: Sich selbst und die Menschen, die rund um die Geburt eine wichtige Rolle gespielt haben, als Tonfiguren formen.

Es müssen dabei keine perfekten menschlichen Abbilder geschaffen werden, es können auch Symbole entstehen. Wichtig ist nur, daß jede Figur alleine stehen und damit umgestellt werden kann. Tote können in andersfarbigem Ton geformt werden. Vermerke kurz, in welcher Reihenfolge du die Figuren geformt hast.

Die Planetenentsprechung für die bei der Geburt Beteiligten

Stelle die entstandenen Figuren dann so auf ein Blatt, wie es für dich stimmig ist. Geh innerlich die Planeten durch und verteile sie auf die Figuren. Dabei ist es durchaus möglich, daß ein Planet einige Male genannt wird, während ein anderer überhaupt nicht auftaucht. Wichtig ist, die Planeten nicht astrotheoretisch zu verteilen (Sonne = Papa, Mond = Mama etc.), sondern die entstandenen Figuren genau zu betrachten und je nach Wirkung *in diesem Moment* mit der für dich passenden planetaren Energie zu bezeichnen.
Nimm dann ein zweites Blatt und schreibe hier die Personennamen mit den Planetensymbolen auf. Laß sie einen für sie charakteristischen Satz sprechen, den du zusätzlich auf dem Blatt vermerkst. Am Rand kannst du deine Kommentare aufzeichnen.

Besprechung:
Stelle einer anderen Person dein Szenario vor. Nimm dir dafür 15 Minuten Zeit. Laß dir dann von der anderen Person ihr Szenario erklären. Wenn die Übung in einer Gruppe gemacht wird, ist es sinnvoll, alle Szenarien gemeinsam zu betrachten und zu besprechen. (Viele Augen sehen mehr!) Erst sagen die anderen, was sie sehen, bevor du erklärst, wie du deine Figuren gemeint hast. (Es ist sinnvoll, in der Folge eine *familiäre Ordnung* herzustellen. Dafür braucht die Gruppe aber eine qualifizierte Anleitung.)

Übung
Die Figuren als Planeten im Geburtsbild
2. Teil

Male in der folgenden Sitzung dein Geburtsbild auf ein Blatt, das groß genug ist, um all deinen Tonfiguren Platz zu bieten.
Stelle die Figuren zu den Planeten, die du für sie ausgesucht hast. Laß das auf dich wirken und schreibe auf, was dir auffällt.
Schiebe dann die Figuren auf dem Blatt hin und her, experimentiere mit den Stellungen.
Wie müßten sie stehen, damit sich das für dich gut anfühlt?

Wie müßten sie stehen, damit sich das für alle gut anfühlt?
Wenn du feststellst, daß du jemanden vergessen hast, forme die nötigen weiteren Figuren. Geschwister, die nach dir geboren wurden, denen du aber einen Platz geben möchtest, forme in einem andersfarbigen Ton oder aus Knete.
Beschäftige dich mit den Planeten, zu denen du keine Person gefunden hast:
Wer oder was könnte diese Energie beinhaltet haben?
Denke an die Geburtssituation (Hebamme, Ärzte), denke an die in deiner Familie unbewußt weiterlebenden Toten, bzw. die Ausgestoßenen. Hebamme oder Arzt/Ärztin könnte z.B. Neptun sein, operativ eingreifende/r Arzt/Ärztin könnten z.B. Mars repräsentieren.
Wenn du für einen bestimmten Planeten keine Person findest, laß die entsprechende Stelle im Geburtsbild frei.
Stell dir dieses Szenario einige Tage hin und laß es weiter wirken.

Nimm dann die einzelnen Tonfiguren und sprich mit ihnen:
Frage sie danach, wie es für sie war, daß du gekommen bist. Sprich sie direkt an mit der für dich gewohnten Anrede (Mami, Mama, Mutter etc.).
Frage sie, was sie von dir erwarteten und für dich wünschten, als du auf die Welt kamst.
Frage sie, warum sie dich ablehnten, wenn sie sich über deine Ankunft nicht freuen konnten.
Frage sie, was sie belastet hat.
Frage sie aber auch, was du für sie tun kannst.

Schreibe deine Fragen und die erhaltenen Antworten auf.

Bespreche wiederum die wichtigen Punkte mit einer anderen Person, die denselben Prozeß durchlaufen hat, tauscht euch jeweils 30 Minuten lang aus.

Das Geburtsbild aus systemischer Sicht

D.W. Winnicott (engl. Kinderarzt und Psychologe) sagte, daß man eigentlich gar nicht von einem Baby sprechen könnte, sondern nur von dem Zusammenspiel von Mutter und Kind. »Ich wagte einmal die Bemerkung: ›So etwas wie einen Säugling gibt es nicht‹, womit ich meinte, daß man in dem Augenblick, da man versucht, einen Säugling zu beschreiben, feststellt, daß man einen Säugling und jemand anderes beschreibt. Ein Säugling kann nicht allein existieren, sondern ist ganz wesentlich Teil einer Beziehung.« (Madelaine Davis, David Walbridge: *Eine Einführung in das Werk von D. W. Winnicott,* S. 57)

In der systemischen Familientherapie dehnt sich dieses Zusammenspiel auf die Familienangehörigen aus, auf die Familie, die dich hervorbrachte, die Familie deiner Wahl. Deine Angehörigen haben bewußt und unbewußt, direkt und indirekt *deine Welt* gestaltet – sie waren deine Welt.

Mit den Planeten – Figuren sprechen

Durch die Übung mit den Tonfiguren hast du einige Informationen gesammelt. (Vielleicht hast du bereits eine Familienaufstellung nach Bert Hellinger gemacht, das wäre für diese Arbeit sehr hilfreich.)

Laß deine Planeten mit den in ihnen verkörperten Personen sprechen.

Sonne, du bist mein/e... (z.B. Vater, Opa väterlicherseits, Onkel, große Schwester etc.), wie geht es dir, was belastet dich, worin liegt deine Stärke, was wünschst du mir, was gibst du mir mit auf den Weg? Ich danke dir für deine...
Mond, du bist mein/e... (z.B. große Schwester, Mutter, Oma mütterlicherseits etc.),
Merkur, du bist mein/e... (z.B. großer Bruder, Onkel, Opa mütterlicherseits ect.),
Venus, du bist mein/e... (z.B. große Schwester, Tante etc.),
Mars, du bist meine/e... (z.B. Vater, verstorbener Mann der Mutter, großer Bruder etc.),
Jupiter, du bist mein/e... (z.B. Opa oder Oma mütterlicherseits, Onkel etc.),
Saturn, du bist meine/e... (z.B. Oma mütterlicherseits oder väterlicherseits, Opa Mutter, Vater etc.),
Uranus, du bist mein/e... (z.B. ausgestoßener Onkel, abgeschobenes Geschwisterkind, Professor-Opa etc.),
Neptun, du bist mein/e... (z.B. Oma, Tante etc.),
Pluto, du bist mein/e... (z.B. totes Geschwisterchen, im Krieg gestorbener früherer Ehemann, früh verstorbene Oma etc.), welches Leid ist in dir eingeschlossen, was ist deine Kraft, was gibst du mir mit auf meinen Weg?

Und wieder ist es wichtig, die gemachten Erfahrungen und Erkenntnisse mit einer anderen Person, die dieselbe Übung gemacht hat, jeweils für mindestens 20 Minuten auszutauschen.

Befasse dich näher mit den Personen, bei denen Negativität hochkommt, Mißgunst, Ablehnung, Haß, denen du keine Dankbarkeit entgegenbringen kannst. Versuche, etwas über sie in Erfahrung zu bringen, dich in sie hineinzuversetzen. Welches Leiden hast du stellvertretend bzw. infolge der ungelösten Probleme deiner Eltern oder Verwandten auf dich genommen?

Beispiel

Ich schreibe die Namen derer auf, die um meine Geburt herum wichtig waren.
Auf meiner Liste stehen mein Vater (gest. 1992), meine Mutter (gest. 1979), meine beiden Schwestern, die Oma mütterlicherseits (gest. 1956), der Opa mütterlicherseits (gest. 1930), der Opa väterlicherseits (gest. 1948), die Oma väterlicherseits (gest. 1958) und der erste Mann meiner Mutter (gest. 1945), Vater meiner ältesten Schwester, der im Krieg gefallen war. Der Vater meiner Mutter war gestorben, als sie erst 11 Jahre alt war.

Ich mache mich sofort über den Tonklumpen her und forme als erstes meine Mutter, die mich in ihren Armen hält und die helfende Hebamme, die dicht bei uns steht. Dann meinen Vater und meine zwei Jahre ältere Schwester. Meine Mutter stelle ich seitlich von meinem Vater weggewandt auf. Mein Vater steht in ziemlich weitem Abstand, dicht neben ihm meine Schwester. Hinter meine Mutter stelle ich ihre Mutter, die um einiges größer gerät. Hinter meinen Vater stelle ich seine Mutter, die ebenfalls größer ist als die anderen Figuren. Weit hinter ihr und seitlich von ihr steht der Opa väterlicherseits. In größerem Abstand steht hinter meiner Mutter ihr Vater. Seitlich von ihr steht nach außen von der Szenerie weggewandt meine älteste Schwester aus der ersten Ehe meine Mutter. Vor meine Mutter stelle ich in gewisse Entfernung, aber von Angesicht zu Angesicht, den verstorbenen Ehemann.

Ich schreibe ihre charakteristischen Sätze auf:

Die Hebamme sagt: Welche Freude, ein Kind ist geboren!
Meine Mutter sagt in Richtung erster Ehemann: Ich bin dir treu!
Meine große Schwester sagt: Ich gehöre nicht dazu, und ich will auch nicht dazugehören!

Die Mutter meiner Mutter sagt zu ihr: Vergiß deinen Vater nicht!
Der Vater meiner Mutter sagt in meine Richtung: Meinen Segen hast du!
Mein Vater sagt: Das ist mir alles zu kompliziert!
Meine Schwester sagt zu meinem Vater: Papa komm, laß uns zu Mami und dem Baby gehen!
Die Mutter meines Vaters sagt zu ihm: Kein Schritt ohne mich, mein Junge!
Der Vater meines Vaters sagt: Keiner denkt an mich!
Der erste Mann meiner Mutter sagt: Ich liebe dich über den Tod hinaus!
Ich sage: Ich gehöre zu Mami!

Ich verteile die Planeten aus meinem Geburtsbild:

Die Hebamme ist Neptun.
Meine Mutter und ich bekommen Mond/Pluto.
Meine große Schwester ist Uranus.
Die beiden Omas sind Saturn.
Der Opa mütterlicherseits ist Jupiter.
Mein Vater bekommt Neptun und Pluto.
Der Vater meines Vaters ist ebenfalls Neptun.
Meine Schwester ist Venus und Merkur.
Der erste Ehemannn meiner Mutter ist Pluto und Mars.

Als ich sehe, wie meine Mutter zu ihrem ersten – verstorbenen – Ehemann gewandt ist, überkommt mich eine Welle von Zorn, der mich atemlos macht. Danach fühle ich riesiges Mitgefühl für meinen Vater, den Ungeliebten, der sich in seiner Verwirrtheit aufblähte zu einem machtvollen, lautstarken Choleriker, der quartalsweise soff, und das Angst- und Haßobjekt meiner Kindheit war (Pluto Quadrat Sonne). Später – einiges später – kommt auch Mitgefühl für meine Mutter auf, die ihren toten Männern (Ehemann und Vater) nachtrauerte und ihre Lieben im Tod suchte. Sie nahm sich das Leben – folgte ihnen nach. Ich spüre ganz deutlich, wie ich aus der Identifizierung mit ihr (»Ich gehöre zu ihr«) ein Leben am Rande der Depression und des »Schwarzlochs« führte, in das ich immer wieder verzweifelt zu stürzen drohte. Ich liebte sie so sehr und wollte ihr Leiden auf mich nehmen, es für sie erledigen.

Zornig machen mich die beiden großen strengen Omas – »schwarze Witwen« nenne ich sie, die ihre machtvollen Finger nicht von ihren Kindern lassen können. Es dauert eine Weile, bis ich ihre Enttäuschung im Leben sehen kann. Intuitiv wußten sie, daß ihre

Kinder nicht zueinander paßten, drückten diese Ablehnung aber äußerst häßlich und verletzend aus.

Bis ich diese Tonfigurenversammlung sehe, bin ich nicht auf die Idee gekommen, meinen Vater ernsthaft mit Neptun in Verbindung zu bringen. Ich habe Neptun im vierten Feld, und er hat getrunken. Okay. Für mich stand immer Pluto/Sonne im Vordergrund. Doch hier sehe ich zum ersten Mal das Ausmaß an Verwirrung, das durch die »geheime« Liebe meiner Mutter, die ihm niemals eine Chance gegeben hat, bedingt war. Die Tragödie und die Lebenslüge meiner Mutter, die meinen Vater nicht geliebt hat, aber 30 Jahre voller verzweifelter Bemühung mit ihm verbrachte, wird mir immer klarer. Die Verzweiflung meines Vaters zu spüren, läßt mich ihn noch mehr lieben.

Als ich die Planeten direkt anspreche, erfahre ich:

Stiersonne,
du bist – ich suche, wer du bist? Mein Papa? – nein, der ist Neptun, Pluto, du bist – doch ein kleines Bißchen bist du Papa, in seltenen Momenten, wenn er gut drauf war. Diese Momente gab es, und die will ich nicht negieren. Als mein Papa wünschst du mir Selbstverwirklichung, daß ich *mein* Leben lebe und mich sicher fühle.

Sonne, du bist *ich*. Das verwirrt mich, aber du bist *ich*.

Löwemond,
du bist meine Mutter, du gibst mir Liebe, Kreativität, Lachen, Kultur, dafür danke ich dir. Du wünschst mir ein perlendes Leben voller Esprit, Bewunderung, Liebe.

Stiermerkur,
du bist meine Schwester, du hörst mir zu, du machst mich neugierig, du inspirierst mich, gibst mir Sicherheit, läßt mich teilhaben an deinem Wissen.

Zwillingevenus,
du bist auch meine Schwester, du liebst mich, du bist solidarisch – Schwester vom Feinsten, im Glück und im Leid!

Steinbockmars,
du bist der erste Mann meiner Mutter, in dir hat sie gelebt, die verborgene Männlichkeit, über ihren Umweg kam sie zu mir, das hat mich verwirrt (verrückt, denn mich verlangte nach ihr). Aber ich

danke dir, daß durch dich wenigstens ein Hauch von positiver Männlichkeit in unsere Familie kam. Du wünschst mir Kraft.

Skorpionsaturn,
du bist meine beiden Omas – die machtvollen, strengen, zornigen und verletzten alten Frauen im Hintergrund. Das fühlt sich an wie die 13. Fee an der Wiege, die nichts Gutes wünscht.

Krebsuranus,
du bist meine große Schwester, du mußtest unsere Familie verlassen, als ich ein Jahr alt war. Du hattest es so schwer in unserer Familie. Ich danke dir, daß du uns nicht abgelehnt hast, für deine Größe, uns trotz alledem zu mögen. Du wünschst mir Mut.

Waageneptun,
du bist die Hebamme, du hast meiner Mutter geholfen, mich sanft auf die Welt zu bringen. Ich danke dir für deine heilenden, helfenden, sicheren Hände.

Löwepluto,
du bist meine leidende Mami, sie hat auch wegen mir gelitten, dadurch daß ich kam, war das Familienthema besiegelt. Ich danke dir, daß du mich hast kommen lassen. Du als meine Mami hast dich erst umgebracht, als ich schon 24 war, dafür danke ich dir besonders!

Pluto, du bist der erste Mann meiner Mutter, du bist kurz vor Kriegsende gefallen und nicht richtig betrauert worden. In unserer Familie hast du keinen Platz bekommen, von dir wurde nicht gesprochen. Du hast in Mami fortgelebt, zu dir wollte sie hin, du warst ihre große Liebe. Ich danke dir, daß du sie geliebt hast. Durch deinen Tod hast du den Weg frei gemacht für Papa. Danke, sonst wäre ich nicht da. Pluto, du wünschst mir bedingungslose Liebe, Radikalität und Durchblick.

Zwillingejupiter,
du bist Mamis Vater, der starb, als sie erst 11 war. Auch zu dir wollte sie hin, du wunderbarster aller Väter. Auch du hast aufgrund der Familienfehde (es gab mit der Familie mütterlicherseits einen häßlichen Erbschaftsstreit) bei uns keinen Platz gehabt. Du hast in Mami weitergelebt, zu dir wollte sie. Ich danke dir für die Weite, die Größe, die Erhabenheit, die du verkörperst. Ich spüre deinen Segen.

Waageneptun,
du bist mein Papa, du hast die toten Männer im Nacken gehabt, die verlorenen Lieben, sie haben dich fertiggemacht, dagegen hättest du nie ankommen können. Du warst so verzweifelt, so einsam, so verwirrt, so machtlos – und dann häßlich machtvoll. Ich liebe dich und ich danke dir für mein Leben. Neptun, du wünschst mir Vertrauen.

Ich schaue mir meine Sippe an. Saturn möchte weitere Beachtung: die Omas bleiben mir noch zur Erforschung. Und auch die Tatsache, daß es mich verwirrt, daß ich die Sonne sein soll, lädt mich zur Weiterarbeit ein.

Unsere Eltern

Vor uns waren unsere Eltern da. Ihre Bereitschaft, ein Kind in die Welt zu setzen, ermöglichte unsere Existenz. Während wir an unserer Biografiearbeit sitzen, können wir einen Platz, einen »Familientisch« einrichten, auf den wir Fotos unserer Eltern und Geschwister und anderer wichtiger Personen stellen.

Wenn unsere Eltern noch leben, ist es wichtig, sie nicht mit unserer Biografiearbeit zu belasten, sie zu sehr auszuquetschen oder mit unseren Erkenntnissen und Gefühlen zu überrollen. Wenn wir den Prozeß für uns selbst durchlaufen, *wird* er automatisch Rückwirkung auf sie erzielen – einfach dadurch, daß wir uns verändern. Manche Eltern sind auch von sich aus bereit, Rede und Antwort zu stehen und bei der Materialbeschaffung zu helfen. Andere Eltern fühlen sich bei der kleinsten Frage schon angegriffen und beschuldigt. Es ist nicht leicht, sie so zu respektieren, aber gerade im Sinne einer Befriedung unserer Beziehung ist es nötig, das zu tun.

Die Geburtsdaten unserer Eltern mögen vielleicht durch die Kriegswirren verlorengegangen sein, Daten aus den ehemaligen Ostgebieten können bei folgender Adresse erfragt werden:

Standesamt I
Rückerstraße 9
10119 Berlin

Fast immer werden wir den Geburtstag wissen, wir können dann halt nur mit den Planetenständen arbeiten.

Die Mutter

Was wissen wir über unsere Mutter?

Fragen zur Mutter:
- Was weißt du über ihre Herkunft?
- Welche Nationalität hatte sie, welcher Konfession gehörte sie an?
- Welche Ausbildung hatte sie, welchen Beruf, hat sie ihren Beruf ausgeübt, was hat er ihr bedeutet?

- Wie war ihre Persönlichkeit, ihr Temperament?
- Wie war ihre psychische und physische Gesundheit? War sie süchtig?
- Wenn du ein Kriegs- oder Nachkriegskind bist, was weißt du darüber, wie deine Mutter den Faschismus und den Krieg erlebte?
- Woran hat sie am meisten gelitten?
- Was hat ihr richtig Spaß gemacht?
- Wie hat gerade sie sich um dich gekümmert?
- Was hat sie dich gelehrt?
- Was hast du ihr zu verdanken?
- Wofür und wie hat sie sich gelobt?
- Hattest du Vertrauen zu ihr, auf welchen Gebieten? Wann hast du das Vertrauen zu ihr verloren?
- Wofür und wie hat sie dich bestraft?
- Ähnelst du deiner Mutter, was hast du von ihr?

Gruppenübung
Ein Symbol für die Mutter finden

Voraussetzung: Ein Foto der Mutter mitbringen und einen Gegenstand, der sie symbolisiert.

Zu einem eurer Gruppentreffen bringt jede/r von euch einen Gegenstand aus der Natur mit, der die Mutter symbolisiert. Stellt dann in der Gruppe diesen Gegenstand vor und erzählt, was für euch in der Beziehung zur Mutter wesentlich war. Gebt jeder und jedem von euch dafür 10 Minuten. Die anderen aus der Gruppe sind aufgefordert, den Eindruck zu schildern, den der Gegenstand auf sie macht. Zeigt euch dann gegenseitig ein Foto eurer Mutter und legt es neben den Gegenstand. Setzt euch im Kreis um Fotos und Gegenstände und laßt sie still für weitere fünf Minuten auf euch wirken. (Zu Hause kannst du den Gegenstand auf deinen »Familientisch« legen.)

Übung
Ein Brief an die Mutter:
»Was ich dir immer noch sagen wollte...«

Voraussetzung: Papier und Stift, ein Platz zum Entspannen.
Nimm dir für diese Übung ca. 1 ½–2 Stunden Zeit.

Entspanne zunächst (eine viertel Stunde lang).
Laß dann in dir ein Bild von deiner Mutter aufsteigen. Aus welcher Altersstufe kommt das erste Bild? Was fühlst du, wenn du an sie denkst? Laß dich auf diese Gefühle ein. Schau sie an durch all die Jahre. Schau deine Gefühle an.
Was an ihr magst und schätzt du?
Wie hast du ihr deine Liebe und Dankbarkeit gezeigt?
Was an dir hat sie besonders geliebt?
Was an ihr lehnst du ab?
Womit hat sie dich am meisten verletzt?
Wie bist du damit umgegangen?
Was nimmst du ihr heute noch übel?
Nimm dir dafür ca. eine halbe Stunde Zeit.

Dann setz dich hin und schreibe einen Brief an deine Mutter, in dem du deinen verschiedenen Gefühlen Ausdruck verleihst. Es kann ein Wutbrief sein, ein Liebesbrief, eine Mischung aus beidem. Achte darauf, daß du alles schreibst, was da noch zu sagen ist.
Da du diesen Brief nur für dich schreibst, brauchst du dir keinerlei Zensur aufzuerlegen.
Nimm diesen Brief und lege ihn vor das Foto deiner Mutter. Setze dich dann vor das Foto und spüre nach. Laß dir dafür eine viertel Stunde Zeit.

Setze dich in den folgenden Tagen immer wieder vor ihr Bild, spüre nach, ob Weiteres hochkommt. Falls das geschieht, trage es im Brief nach.

Übung
Schuldzuweisungen an die Mutter klären

Voraussetzung: Zwei verschiedene Sorten Papier

Wenn du merkst, daß du nachhaltig wütend auf deine Mutter bist, dann schreibe deinen Ärger und deinen Zorn in Form eines Briefes an sie auf. Du nimmst kein Blatt vor den Mund.
Dann läßt du den Brief einen Tag lang liegen.
Nimm dir dann das zweite Papier und schreibe *als deine Mutter* an dich zurück.
Spüre nach, wie sie dich, wie sie die entsprechenden Situationen, die dich verletzten, gesehen hat. Laß es zu, als deine Mutter auf dich zu reagieren.
Vielleicht ist schon nach einem Antwortbrief ein wenig mehr Verständnis entstanden.
Vielleicht ist es aber auch nötig, den Briefwechsel fortzusetzen.
Mach das so lange, bis spürbar mehr Frieden da ist.

Übung
Astroanalyse des Geburtsbilds unserer Mutter

Studiere das Geburtsbild deiner Mutter.
Vertiefe dich in ihr Bild, untersuche alle Faktoren und schreibe auf, was du siehst.

Übung
Was sagt das Geburtsbild deiner Mutter über sie als Mutter?

Betrachte dazu (nach dem Studium ihres gesamten Geburtsbildes) besonders ihren Mond (Zeichenstellung, Felderstellung, mit Aspekten).
Schreibe eine kurze Charakterisierung.

Übung
Was sagt das Geburtsbild deiner Mutter über sie als Frau?

Betrachte dazu neben ihrem Mond besonders ihre Venus-Stellung.
Schreib auf, was du herausgefunden hast.
Widme dich dann der Frage, wie ihr Frausein dich in deiner Rolle als Frau oder als Mann geprägt hat. (Komme später, wenn du dein eigenes Geburtsbild beschreibst und bei deinem Mond und deiner Venus angekommen bist, noch einmal auf diese Frage zurück.)

Übung
Die Transite deiner Mutter während Schwangerschaft und Geburt

Schlage in der Ephemeride nach, welche Transite deine Mutter erlebte zur Zeit der Empfängnis, während der Schwangerschaft und bei der Geburt.
Denke daran, daß du bleibender Ausdruck dieses Transitgeschehens bist. (Dies ist eine Vorübung dazu, dein Geburtsbild zum dem deiner Mutter in Bezug zu setzen.)

Übung
Ein Portrait der Mutter erschaffen (eine Collage)

Voraussetzung: Papier, Farben, diverse Materialien wie Wollreste, Buntpapier, Illustrierte zum Ausschneiden etc., Kopien von Fotos deiner Mutter aus verschiedenen Lebensphasen zum Einarbeiten.

Laß in dir ein Bild von deiner Mutter entstehen und betrachte es eingehend. Laß dir dafür bis zu 10 Minuten Zeit.
Nimm dieses Bild als Ausgangspunkt für ein »Portrait« deiner Mutter. Dieses Portrait muß natürlich nicht originalgetreu sein. Laß deine Gefühle zu ihr dich über das Papier führen. Wenn du magst, laß dich auch von den Materialien inspirieren. Vielleicht

magst du auch nur mit Farben arbeiten. Laß dir dafür eine dreiviertel Stunde Zeit.

Wenn ihr in einer Gruppe arbeitet, besprecht eure Collagen nacheinander.
- Welche Gefühle erzeugen sie bei den anderen BetrachterInnen?
- Wie vielseitig/einseitig habt ihr eure Mutter dargestellt?
- Wie kommen ihre hellen und dunklen Seiten zum Ausdruck?
- Was hat das Portrait mit euch selbst zu tun?
- Wie findet ihr euch darin wieder?
- Welche Stelle im Bild ist euch am angenehmsten und am unangenehmsten, und was verbindet ihr damit?

Gebt jeder Person ca. 15 Minuten Zeit, um das Bild zu betrachten und zu besprechen. Wenn ihr mögt, könnt ihr das Bild in Bezug setzen zu eurer Mondstellung mit der Frage: Wie spiegelt das Bild meiner Mutter meine Mondstellung im Geburtsbild?

Übung
Dank an die Mutter

Voraussetzung: Zimbeln oder Glocke

In der Gruppe setzen sich jeweils zwei Gruppenmitglieder gegenüber, so daß der Abstand für beide angenehm ist.
Eine Person ist die Sendende, die andere die Empfangende. Macht aus, wer beginnt, diese Person wird die Sendende sein.
Die Kursleitung läßt die Zimbeln anklingen, was den Austausch eröffnet.
Die Empfangende stellt dann die Frage: »Sag mir, wofür du deiner Mutter dankbar bist?«
Die Sendende wird dann fünf Minuten lang Gelegenheit haben, alles auszusprechen, was ihr zu dieser Frage einfällt. Die Frage wird wiederholt, wenn die Sendende abschweift oder wenn sie ins Stocken kommt oder zu lange schweigt.
Nach fünf Minuten läßt die Kursleitung wieder das Signal ertönen. Die Empfangende sagt dann: »Danke.«
Dann wechseln die beiden ihre Rollen. Mit dem Erklingen des

Mein Mutterbild (Mond-Pluto im Löwen). Gemalt 1997 (P.N.)

Signals werden die Plätze getauscht, bis alle aus der Gruppe miteinander jeweils einmal Sendende und Empfangende waren.
Zum Abschluß können alle im Kreis das für sie Wichtigste an der Übung austauschen.

Der Vater

Dann wende dich deinem Vater zu. Betrachte das Leben deines Vaters.

Fragen zum Vater:
- Wie war die Nationalität, die Sprache, die Konfession deines Vaters?
- Was weißt du über seine Herkunft, wie war das Verhältnis zu seiner Mutter und seinem Vater und zu seinen Geschwistern?
- Was hat er gelernt, welchen Beruf hat er ausgeübt, was hat er ihm bedeutet?
- Wie war seine Persönlichkeit, sein Temperament?
- Wenn dein Vater im Krieg war, wie hat er das erlebt?
- Wie war seine Gesundheit, war er süchtig?
- Was hat er am liebsten gemacht, hatte er Hobbies?
- Was hat gerade er dir gegeben, wie hat er sich um dich gekümmert, was hat er dich gelehrt?
- Wofür und wie hat er dich gelobt und bestraft?
- Hast du ihm vertraut, wann hast du dein Vertrauen verloren?
- Was hast du von ihm? Bist du ihm ähnlich?
- Mochtest du deinen Vater mehr als deine Mutter?
- Wann und woran ist dein Vater gestorben, hast du sein Sterben bewußt mitbekommen, und wie bist du damit fertig geworden?

Alle Übungen zur Mutter sollten auch mit dem Vater gemacht werden:
- Erinnerungsarbeit an den Vater
- die alten Gefühle betrachten (Brief schreiben)
- wenn nötig Schuldzuweisungen klären
- Geburtsbild analysieren
- wie war er als Vater
- welches Männlichkeitsbild hat er vermittelt
- ein Portrait des Vaters malen
- dem Vater danken

Die Eltern

Fragen, die die Eltern betreffen:
- Erinnere dich an das Zusammenspiel deiner Eltern als Liebespaar.
- Weißt du, wie sie sich kennenlernten?
- Auf was sind sie jeweils aneinander abgefahren?
- Lebten sie zusammen, heirateten sie?
- Hast du sie überhaupt jemals jenseits der Eltern-Rolle erlebt?
- Hast du Erotik, Nähe, Intimität gespürt, erlebt? Haben sie sich berührt?
- Was haben sie gemeinsam gemacht, jenseits der Familie?
- Waren sie gemeinsam ins gesellschaftliche Leben, einen Freundeskreis eingebunden?
- In welchen Bereichen herrschte Harmonie, in welchen Bereichen Disharmonie?
- Welche Krankheiten/Süchte beeinträchtigten ihre Beziehung und das Familienleben?
- War ihre Ehe durch andere Menschen beeinträchtigt?
- Worüber stritten sie?
- Lebten sie gleichgültig nebeneinander her?
- Kam es zu Tätlichkeiten, von wem gingen sie aus?
- Hatten sie LiebhaberInnen?
- Wie haben sie als Eltern harmoniert?
- Wie haben sie innerhalb der Familie die Rollen verteilt?
- Warum ließen sie sich scheiden, warum blieben sie beisammen?
- Wer ging arbeiten?
- Wie war die finanzielle Lage der Familie?
- Welche politisch/philosophische Haltung hatten deine Eltern?
- Wer und was prägte das Ehe-/Familienleben?
- Welche Gebote und Verbote gab es?
- Welche Tabus gab es?
- Welche Bedeutung hatten die jeweiligen Großeltern und andere Verwandte?

Übung
Synastrie der Eltern-Bilder

Lege die Geburtsbilder deiner Eltern nebeneinander und vergleiche sie gründlich.
Gehe alle Berührungspunkte durch.
Mache eine Liste aller Planeten (und Aszendent und MC) deiner Mutter, schreibe sie untereinander, schreibe daneben,

welche Planeten (und Aszendent und MC) deines Vaters sie berühren und welche Aspekte gebildet werden.
Verzeichne, in welche Felder deiner Mutter die Geburtsfaktoren deines Vaters fallen und umgekehrt.
Betrachte schwierige und hilfreiche/anziehende/inspirierende Berührungspunkte, schreibe auf, was dir dazu einfällt.
Was sagt die Synastrie über sie als Paar, was sagt sie über sie als Eltern?
Achte immer wieder darauf, daß dein *Bild* von deinen Eltern deine Interpretation trübt! Es ist hilfreich, deine Erkenntnisse einer anderen astrologisch forschenden Person vorzustellen, die deine Eltern nicht kennt.

Das Combin der Eltern

Im Combin werden die Geburtsdaten (Tag, Zeit, Ort) gemittelt, so daß – anders als beim Composit (Mittelung der Planetenstände und der MCs der beiden Bilder) – ein neues Bild entsteht, das eine reale Konstellation wiedergibt. Das Composit beschreibt den ersten »Aufprall« von zwei Menschen, das erste Zusammentreffen. Im Rahmen unserer Familienforschung ist es sinnvoller, mit dem Combin zu arbeiten, weil all diese Beziehungen lebenslängliche Verbindungen sind.

Der Aszendent des Combin zeigt, aus welchem Grund die Eltern zusammengekommen sind, was sie sich (unbewußt) von der Beziehung wünschten.

Was sagt das Combin durch Felderbesetzungen über die Berührungspunkte und die gemeinsame Ausrichtung deiner Eltern?

Was sagt es z.B. durch schwierige Aspekte über ihre Reibungsflächen?

Im Combin ist der/die Ältere am Aszendenten zu finden, er/sie verkörpert die Energie des Aszendentenherrschers. Ebenfalls charakterisiert wird er/sie durch Planeten im ersten Feld, und – falls im ersten Feld ein Zeichen eingeschlossen ist – durch den Herrscher dieses Zeichens. Der/die Jüngere findet sich am Deszendenten, mit seinem Herrscher, Planeten im 7. Feld, und eventuellem Mitherrscher. Dann ist z.B. das 10. Feld des Combin auch 10. Feld für den/die Ältere/n, aber 4. Feld für den/die Jüngere/n.

Im Combin werden also die verschiedenen Blickwinkel der Beteiligten deutlich.

Das *Handbuch der Combin- und Composit-Deutung* von Mona

Combin

Meine Eltern

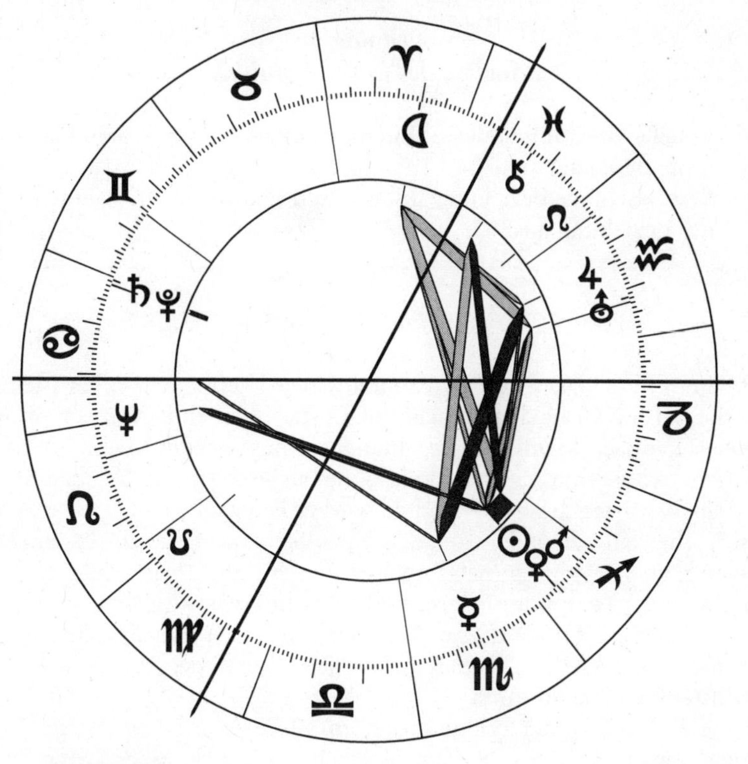

☉	4° 41′ ♐
☽	10° 21′ ♈
☿	15° 24′ ♏
♀	4° R 37′ ♐
♂	11° 50′ ♐
♃	16° 14′ ♒
♄	0° R 42′ ♋
♅	8° 21′ ♒
♆	0° R 17′ ♌
♇	1° R 41′ ♋
☊	0° R 53′ ♓
⚷	14° 21′ ♓

Meine Eltern
27. 11. 1914, 18:35 GMT
8E35, 51N39

A	21° 35′ ♋
2	7° 20′ ♌
3	26° 24′ ♌
M	22° 30′ ♓
11	0° 12′ ♉
12	15° 35′ ♊

Häuser nach Placidus

Riegger kann dir dabei hilfreich sein, das Combin besser zu verstehen (siehe Literaturliste S. 288).

Übung
Analyse des Eltern-Combins

Erstelle ein Combin deiner Eltern, analysiere alle Faktoren und schreibe sie auf.
Was macht die Beziehung aus, macht die einzelnen im Rahmen der Beziehung aus?

Beispiel: Eltern-Combin

Meine Eltern teilen sich im Combin einen Krebsaszendenten (siehe Abb. auf S. 73). Beiden gemeinsam ist der brennende Wunsch nach einer Familie. Meine Mutter braucht einen neuen Mann, sie ist Kriegerwitwe mit einem Kind, ohne abgeschlossene Ausbildung. Mein Vater ist schon 40 – und da wird es langsam Zeit… Sie lernen sich über eine Kontaktanzeige kennen. Sie sind direkt im Familienswing, meine Mutter hat ihre Tochter, für die mein Vater einen streitbaren Kampf um Gerechtigkeit ficht, was – neben anderen Familien- und Erbschaftszwistigkeiten – die Ursprungsfamilien auseinanderbringt. Er will, daß neben ihm auch die Familie meiner Mutter für sie aufkommt.

Mein Vater ist der Widdermond im 10. Feld. Er ist der Versorger, sieht seinen Beitrag zum Familienleben explizit darin, daß er gutes Geld heranschafft, und, wie gesagt, er kämpft an den diversen Fronten um die Versorgung. Er wird für sein Kämpfen nur sehr bedingt geschätzt, er fühlt sich von meiner Mutter dabei oft allein gelassen. Mein Vater ist ein Arbeitstier. Als meine Eltern aufeinandertreffen, ist seine eigene Firma im Untergang, und er fängt in einem großen Betrieb noch mal von vorne an.

Im ersten Feld steht Neptun. Mein Vater ist zwar laut und cholerisch, aber eigentlich ist er sehr hilflos und deswegen umso lauter. Er soll meiner Mutter ein sicheres Leben ermöglichen, soll ihr Retter sein, gleichzeitig ist er ihr Opfer, weil sie ihn nicht richtig liebt, und mal diesen oder jenen Traum auf ihn wirft, um es mit ihm auszuhalten (für sie ist Neptun im 7. Feld).

Meine Mutter ist Krebssaturn mit Pluto. Sie ist verwitwet und schmerzhaft ernüchtert aus dem Krieg hervorgegangen. Nicht nur, daß das Dritte Reich, das auch für sie so glorreich begonnen hatte, so katastrophal endet, im Krieg verliert sie ihren ersten Mann, den Geliebten. Sie heiratet meinen Vater aus Vernunft, doch sie geht nicht offen damit um, quält sich und ihn damit, daß es doch anders sein soll, vor allem, daß er doch anders sein soll. Mein Vater ist Steinbock, Wissenschaftler, Materialist, und das findet sie auch gut, doch darüber hinaus soll er noch ein Rosenkavalier sein. Die Verluste, die meine Mutter erlitten hat (ihr Vater war früh gestorben), machen sie hart: Sie wird überleben – um jeden Preis. (Nach 30 Ehejahren bringt sie sich dann um.)

Meine Mutter ist Hausfrau, führt den Haushalt mit straffer, manchmal verbissener Hand. Für sie ist Saturn im 6. Feld, sie managt das Zuhause. Das ist ihr »part of the deal«, ihr Teil.

Für meinen Vater stehen Saturn und Pluto im 12. Feld. Seine Leidenschaft sind die Berge, in die er sich immer wieder zurückzieht, er ist ein einsamer Einzelgänger, der seinen Schmerz niemals äußert, nur im Alkohol ertränkt.

Sie teilen sich ein gut besetztes 5. Feld: Mit Schützesonne, -venus, -mars haben sie ihren Spaß, reisen viel in der Weltgeschichte herum und genießen es, vielerlei Kontakte im Ausland zu haben. Sie sind weltoffen, kulturell und politisch interessiert. Meine Mutter ist eine schöne und interessante Frau, mit der sich mein Vater auch gerne schmückt. Sie liebt die Auftrittsebenen, die ihr durch die Ehe mit ihm möglich sind.

Sie haben noch zwei eigene Töchter, mich und meine Schwester, die vor allem mein Vater fördert, damit sie ein eigenes Leben führen können: »Die Mädchen sollen was lernen.« Meine Mutter ist künstlerisch orientiert, bringt eine gewisse Kultur ins Haus und lehrt uns, kreativ zu sein, meine Schwester wird dann auch Kunst studieren.

Für meine Mutter stehen diese Planeten alle im 11. Feld. Sie ist auch unabhängig, sie verfügt über eigenes Geld, Gütertrennung war selbstverständlich. Sie fährt viel alleine oder mit Freundinnen weg, engagiert sich humanitär, als wir Kinder größer sind, ist am Puls der Zeit.

Mit Skorpionmerkur ist die Kommunikation meiner Eltern oft äußerst häßlich, eindringlich und dreht sich qualvoll ein Leben lang immer wieder um dieselben alten Punkte: Erbschaftsstreß und wer wen im Stich gelassen hat – und die Kinder (Merkur in 5). Mein Vater hat als ein Symptom seines Alkoholproblems eine fette Telefonitis. Quartalsmäßig betrunken, hängt er sich dann nachts ans Telefon und schreit die anderen aus der Sippe an. Meine Mutter weiß genau, welche Knöpfe sie bei ihm drücken muß und schon wieder geht es rund: Laut und heftig streiten sie. (Für sie ist der Widdermond im 4. Feld.)

Im 8. Feld stehen Wassermannjupiter und Uranus. Wie gesagt, sie sind relativ liberal, multikulturell und weltoffen. Mein Vater ist absolut kein Spießer, er ist eher schräg. Wenn ihn ein Konzert langweilt, schläft er halt ein, da ist meine Mutter peinlich berührt.

Sie treiben sich gegenseitig die Wände rauf und wieder runter, ihre Ehe ist eine Dauerkrise, die sie ertragen, weil sie beide ihre Freiräume haben und diese gestalten und ausschöpfen.

Sie sind zwar aneinander gebunden, aber sie lassen sich nicht aufeinander ein. Saturn und Pluto im 12. Feld zeigen, daß sie beide von psychischen Altlasten erdrückt und terrorisiert waren, die sie nur unbewußt aneinander ablassen, aber nicht zusammen aufarbeiten konnten.

Rekapituliere am Schluß deiner Betrachtungen deiner Eltern noch einmal, was dich besonders berührt hat.
Würdige ihre Schwierigkeiten!
Würdige, was sie daraus gemacht haben!
Würdige ihr Ängste und ihr Scheitern!
Würdige ihre Erfolge und ihr Glück!
Würdige ihr Beieinanderbleiben ebenso wie ihre Scheidung!
Würdige, was sie dir ermöglichten, was sie dir schenkten, wie sie dich herausforderten!

Unsere Eltern und wir

Übung
Analyse der Synastrie und der Combine mit Mutter und Vater

Beschreibe die Berührungspunkte deines Geburtsbildes mit denen deiner Eltern. Erstelle die jeweiligen Combine und analysiere sie Schritt für Schritt.

Beispiel: Vater-Tochter 1

Ich bin mit einer Stiersonne mit Plutoquadrat geboren und habe meine Beziehung zu meinem Vater bis auf die letzten Jahre seines Lebens im wesentlichen als bedrohlich, schmerzhaft, verständnislos und voller Abwehr erlebt.

Im Combin entdecke ich einen Waageaszendenten (siehe Abb. auf S. 78). Er besagt, daß es nötig ist, große Brücken der Verständigung zu bauen, weil die beiden Beteiligten in völlig verschiedenen Welten leben und sich besonders anstrengen müssen, wollen sie den anderen verstehen.

Mein Vater ist dann Träger von Venus-Energie? Mein Vater als Venus? Wenigstens ist er eine Widdervenus, aber trotzdem ...?

Er ist also das »Mädchen«, das auf kindhafte, etwas stürmische, manchmal ungeschickte, aber kämpferische (Widder-)Art auf der Suche ist nach Liebe. Er ist laut und polterig.

Ich bin der Widderdeszendent mit Fischemars als Herrscher. Mich als Mars zu sehen, ist mir kaum möglich, kein Wunder: Ich bin meinen Vater geflohen, wo ich nur konnte. Fischemars mit Opposition zu Neptun! Ich war nicht offensiv, sondern zog mich vor ihm zurück und log wie eine Weltmeisterin. Ich tauchte angesichts von ihm unter, am liebsten mit Büchern unter die Bettdecke. Dort war mein Reich, das er nicht berühren und nicht zerstören konnte. Das Reich der Träume und Geschichten.

Nun ist aber die Venus im 7. Feld, also in meinem 1. Feld, sie ist Signifikator für mich: Aber da sitzt er schon. Wir rangeln an der

Combin

Vater und Tochter 1

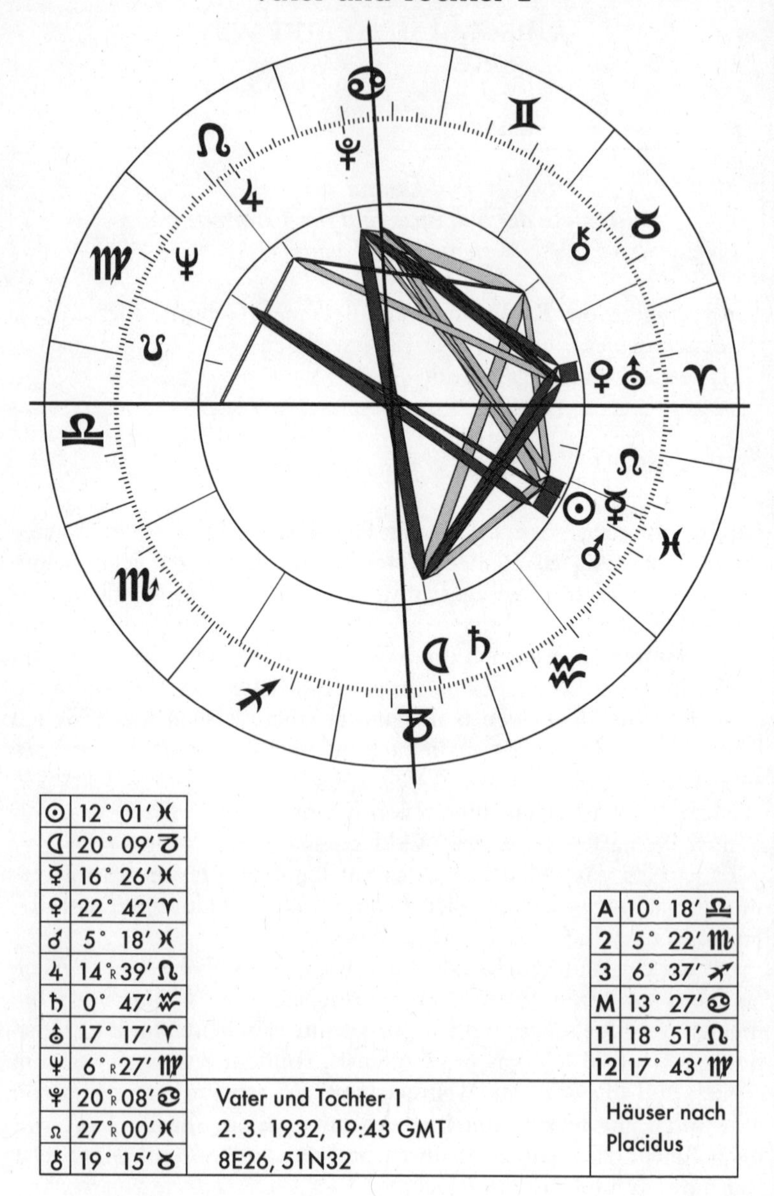

☉	12° 01′ ♓
☽	20° 09′ ♑
☿	16° 26′ ♓
♀	22° 42′ ♈
♂	5° 18′ ♓
♃	14° R 39′ ♌
♄	0° 47′ ♒
♅	17° 17′ ♈
♆	6° R 27′ ♍
♇	20° R 08′ ♋
☊	27° R 00′ ♓
⚷	19° 15′ ♉

Vater und Tochter 1
2. 3. 1932, 19:43 GMT
8E26, 51N32

A	10° 18′ ♎
2	5° 22′ ♏
3	6° 37′ ♐
M	13° 27′ ♋
11	18° 51′ ♌
12	17° 43′ ♍

Häuser nach Placidus

Venusfront, sind KonkurrentInnen (um Muttern). Ich bin schließlich ein süßes blondes Mädchen, also sollte ich Venus sein. Für ihn bleibt nicht viel.

Im Quadrat zur Venus stehen Pluto (in 10) und Steinbockmond (in 4). Er und ich sind gleichermaßen belastet durch Mond/Pluto. Da denke ich sofort an meine Mutter, die auf unheilvolle Weise zwischen uns stand, die nie zuließ, daß ich überhaupt ein positives Verhältnis zu ihm gewinnen konnte: Ich war *ihr* Kind (Muttertochter), wenn ich nicht gekommen wäre, hätte sie nicht bei ihm bleiben müssen (so ihr Mythos).

Ich bin aber auch Uranus. Ich war für ihn genauso unberechenbar wie er für mich, nicht greifbar, nicht begreifbar, Aliens von fremden Sternen: So standen wir uns gegenüber. Uranus macht den Kontakt nun nicht gerade innig und familiär. Und auch der Steinbockmond spricht nicht für eine gefühlvolle Beziehung. Der Steinbockmond steht im 4. Feld meines Vaters zusammen mit Saturn. Sein Beitrag zum Familienleben bestand in Verantwortlichkeit und Pflichterfüllung, emotional kühl und abwehrend, aber außerordentlich bemüht um finanzielle Sicherheit und stabile Verhältnisse. Eine emotionale Sicherheit konnte weder er mir noch ich ihm geben, am Mond hängt Pluto, der schmerzhafte Entfremdung mit sich brachte. Der Pluto ist in meinem 4. Feld, mein Beitrag zu unserem Zusammensein bestand in Panik vor ihm und Haß auf ihn, und er hat daran gelitten, daß ich mich so zumachte und unzugänglich war.

Eine große Rolle in unserer Beziehung spielte, daß mein Vater ein Quartalstrinker war, das förderte die Unberechenbarkeit und die Bedrohungs- und Haßgefühle. Das spiegelt das Fischethema im Combin, er tauchte ab, wie ich abtauchte, beide mit einem Gefühl von Einsamkeit und Verlorenheit.

Und doch die Liebe: ein Waageaszendent mit Sehnsucht nach Harmonie, nach Annahme, nach Freundlichkeit, nach Liebe, nach Brückenbau.

Erst viele lange Jahre, nachdem meine Mutter tot war, als mein Vater schon sehr hilflos, sehr bedürftig, sehr zart war, und sein normal-cholerisches Bewußtsein verloren hatte, konnte ich ihn lieben, konnte all die Momente schätzen lernen, in denen er mir auf seine ruppige Art zärtlich (Widdervenus) begegnet war, konnte seine Unkonventionalität und sein Geld würdigen, was mir ermöglicht hatte, mein eigenes Ding zu machen und mich nach niemandem zu richten (Widderuranus). Das alles ging erst, nachdem ich erwachsen war und er im Altersheim saß, pflegebedürftig, hilflos wie ein kleines Kind.

Wenn ich nach dem *Vater* in ihm im Combin Ausschau halte, dann finde ich eine Fischesonne (Sonne = Vater) im 5. Feld. Hier kann ich den Bogen schlagen zu Neptun in meinem 4. Geburtsfeld, zu dem verwirrten, belogenen und betrogenen Mann, der seine emotionalen Defizite mit Alkohol betäubte. Hier finde ich aber auch seine Weitherzigkeit, seine Sehnsucht: Orgelkonzerte am Sonntagmorgen, seine Ausflüge in die Berge. Ich finde Melancholie und eine Weltentrückung, die einfach nur berührt.

Beispiel: Vater-Tochter 2

Dies ist das Combin meiner Schwester mit meinem Vater. Sie ist zwei Jahre älter, seine Erstgeborene. Ich nehme dieses Combin beispielhaft in die Betrachtung mit auf, weil es verdeutlicht, wie unterschiedlich zwei Schwestern ihren Vater wahrnehmen, wie individuell jede einzelne Beziehung in der Familie ist. Für sie ist z.B. das Trinken meines Vaters überhaupt kein Thema gewesen.

Das Combin hat einen Schützeaszendenten (siehe Abb. auf S. 81). Hier kommen zwei zusammen, um die Welt kennenzulernen und zu verstehen.

Der Vater als Älterer ist der Schützeaszendent. Er ist für das Kind beeindruckend, einfach toll. Ein Mann, der viel durch die Weltgeschichte reist, von seinen Reisen interessante Geschenke mitbringt und mit seiner Tochter auch auf Reisen geht: hinauf auf die Berge, hinein in die Fremde.

Er ist auch Venus, wird von seiner Tochter geliebt (für sie ist die Venus im 7. Feld). Und weil er die Venus selbst ist, sieht er in seiner Tochter kein Mädchen, sie war als Junge gewollt und wird auch weitgehend so behandelt. Ihre Weiblichkeit spielt für ihn keine Rolle, außer daß er darauf besteht, daß sie als Mädchen die gleichen Rechte wie ein Junge hat, daß sie etwas lernt, autonom wird. (Sie ist die Vatertochter) Die Combinsonne steht in Wassermann: Kern der Beziehung ist der Respekt voreinander als Gleiche, Toleranz ist das Ziel. Das Kind ist kein Kind, sondern ein gleichwertiges Gegenüber. Die Konjunktion von Mond und Neptun zeigt die Verwobenheit ihrer Seelen an, eine starke Symbiose, trotz all der Konflikte. Für sie ist sein Saufen überhaupt kein Thema.

Die Tochter ist Zwillingedeszendent mit Steinbockmerkur, der in Konjunktion zu Saturn steht. Sie fühlt sich verantwortlich, sie ist durch die Beziehung gefordert und auch überfordert, weil sie die Verantwortung übernimmt. Sie muß für Frieden, für Sicherheit, für Klarheit sorgen und sich im Bemühen um Klarheit oft genug dem

Combin

Vater und Tochter 2

☉	14° 18′ ♒
☽	29° 41′ ♌
☿	20° 10′ ♑
♀	27° 30′ ♐
♂	4° R 02′ ♌
♃	12° R 01′ ♋
♄	17° 39′ ♑
♅	12° 16′ ♈
♆	4° R 57′ ♍
♇	19° R 17′ ♋
☊	17° R 48′ ♈
⚷	14° 03′ ♉

A	2° 30′ ♐
2	6° 22′ ♑
3	19° 58′ ♒
M	28° 47′ ♍
11	26° 25′ ♎
12	16° 27′ ♏

Vater und Tochter 2
4. 2. 1931, 2:27 GMT
8E50, 51N38

Häuser nach Placidus

Vater entgegenstemmen. Der steht gegenüber als Krebsjupiter mit Plutokonjunktion. Er ist von Familientradition und von Frauen dominiert, bedrängt (Mutter, Schwester, Ehefrau) und gequält, hält am Familienleben fest trotz all der Schmerzen, die er dort erträgt. Er ist bemüht um Macht, Kontrolle und Führung und begegnet so auch seiner Tochter, die sich aber dank der Opposition ihrem Vater beherzt entgegenstellt. Sie ist auf den Disput eingestellt und gerade das verschafft ihr größten Respekt. Sie ist zornig und traurig, als er – alt geworden – als kraftvolles, streitbares Gegenüber wegfällt.

Am Jupiter hängt Uranus, der im 4. Feld steht. Der Vater ist unberechenbar, zu Hause ist er oft genug Störfaktor, der ein Willkürregime führt. Doch er ist der Außenseiter, der aus der Rolle fällt und sich daneben benimmt, was ihn auch liebenswert macht: Er ist auf keinen Fall langweilig und spießig. Für die Tochter steht Uranus im 10. Feld. Die Beziehung fördert und ermutigt einen eigenen und eigenwilligen Berufs- und Lebensweg.

Diese Beziehung spielt sich stark auf der Achse des 2. und 8. Feldes ab. Sie ist profund und tiefgehend, schmerzhaft, nicht nett, aber sehr intensiv und unausweichlich.

Für die Tochter mit Mars im 2. Feld ist nur das Besitz, was selbst erarbeitet wurde. Das Erbe des Vaters anzutreten ist schwierig, denn Geld ist gefährlich (Pluto im 2. Feld). Sie kann sehen, wie das Arbeiten ihres Vaters, das Herbeischaffen von Geld und Werten, der familiäre Erbschaftsstreit, der die Kindheit überschattete, verzweifelte Kämpfe gegen die Angst waren – und ihr Vater hat geschuftet.

Unser Vater war als Vater nicht gerade beispielhaft. Er ist für uns beide Venus, von *Vater*schaft, Männlichkeit ist weit und breit keine Spur. Er war liebesbedürftig und voll von einer Liebe, die nicht gleich auf der Hand lag, die entblättert und entdeckt werden wollte – wachgeküßt.

2. Teil: Vorwärts

Die Lebensgeschichte *vorwärts* schreiben

Nachdem die Geburt mit ihren Umständen betrachtet ist, schreiben wir unsere Lebensgeschichte vorwärts auf. Wir gehen in Jahreszeiten und Jahresschritten vorwärts. Analog zum Saturnrhythmus – alle sieben Jahre – machen wir eine kurze Pause, lesen, was wir geschrieben haben und notieren eine Bewertung.

Wir schreiben uns durch die Jahre, bis wir heute ankommen. Auch dieses »Buch« bekommt einen Titel.

Wir können den zweiten Durchlauf bereits auf vorbereitete Bögen schreiben, die dreigeteilt sind. Der erste Teil ist für den Text, der zweite *später* für die astrologische Konstellation der entsprechenden Zeit, und der dritte Teil ist für eine eventuelle Kommentierung der astrologischen Auslösung.

Der zweite Durchlauf wird wahrscheinlich nicht so aufregend und entdeckungsreich sein wie der erste. Er wird aber das Distanzgefühl zu unserer Geschichte stärken, und uns den roten Faden noch deutlicher erkennen lassen, Knackpunkte kristallisieren sich heraus. Auch diesmal geht es beim Aufschreiben nicht darum, sich das Hirn zu zermartern, sondern eher wie in einer Meditation das kommen zu lassen, was kommt, ohne groß einzugreifen, und dieses aufzuschreiben.

Übung
Die Lebensjahre malen

Voraussetzung: Eine Rolle Makulatur, Farben, Stifte

Male, wann immer du ein Jahr im Vorwärtsgang niedergeschrieben hast, dazu ein Bild. Auf einer Makulaturrolle kannst du beliebig viel oder wenig Platz dafür benützen.
Schneide die Bilder nicht auseinander. Du kannst dann im wahrsten Sinne des Wortes dein Leben vor dir abrollen lassen.

Transite · Direktionen · Felderwanderung · Solar

Datum						Felder-		Sk.prog.		Solar-	Solar-	
Auslösung	Jupiter	Saturn	Uranus	Neptun	Pluto	wanderung	Direktionen	Mond		AS	MC	So-Feld

Übung
Die Transite und Progressionen eines Jahres auf einen Blick

Voraussetzung: Transitlisten, Sonnenbogendirektionen, Progressionen, Solare. Kopiere den Vordruck vergrößert (siehe S. 84) oder erstelle dir selbst einen auf deine Bedürfnisse zugeschnittenen Bogen.

Wir machen uns eine fortlaufende Liste der Transite ab Jupiter, der Progressionen und der Übergänge in der Felderwanderung (Erklärung siehe S. 143). Wir können hier auch am jeweiligen Geburtstag verzeichnen, welchen Solarsaszendent und -MC wir haben, und in welchem Feld die Solarsonne stand. Wenn uns etwas an der Erforschung von Lilith, Chiron, Vesta, Ceres, Pallas, Juno, Pholus, Mondknoten etc. liegt, können wir sie auch in die Liste aufnehmen.

Diese Liste erstellen wir Jahr für Jahr und legen sie neben unsere vorwärts geschriebene Lebensgeschichte, übertragen Transite etc., die wir verstehen (in die mittlere Spalte), vermerken wichtige Transite, die wir nicht verstehen, kommentieren dies kurz (rechte Spalte).

Auch wenn uns etwas zu den Progressionen einfällt, schreiben wir das auf. Wenn uns nichts einfällt, ist das auch gut!

Es ist überhaupt nicht angesagt, hier etwas zu erzwingen oder zurechtzubiegen! Wir können uns erlauben, Astrologie fragend und hinterfragend zu entdecken. Wir müssen weder alles gleich verstehen, noch zu allen Ereignissen astrologische Auslösungen finden, noch zu astrologischen Auslösungen Ereignisse.

Diese Arbeit dient auch dazu, daß wir selbst die Astrologie für uns überprüfen! Im folgenden schauen wir uns die astrologischen Methoden noch einmal an.

Transitbetrachtungen für Erwachsene

In der Astrologie haben wir verschiedene Techniken, um den Ablauf von Zeit und die aktuelle Zeitqualität zu beschreiben. Die populärste Technik ist die der *Transite.*

»Transite machen uns auf die Tatsache aufmerksam, daß Individuen nicht in einem Vakuum leben. Man kann sich nicht vom Universum loslösen.« (A. Ruperti: *Kosmische Zyklen,* S. 31)

Unser Geburtsbild beinhaltet einen kleinen Moment im Ablauf der Zeit. D.h., wir fixieren einen Moment, sind fixiert auf ein bestimmtes energetisches Muster, sind geprägt durch den Geburtsmoment, der das Initial für dieses Leben ist.

Die Planeten haben sich aber weiter gedreht. Das verdeutlicht die Bewegungen und Entwicklungen, die wir durchmachen. Der aktuelle Stand der Planeten beinhaltet das *Hier und Jetzt.* Unser Geburtsbild beinhaltet unsere Fixierung. Dazwischen liegt eine Differenz. Da klafft eine doch ziemlich riesige Lücke: Wir fließen halt nicht mit dem Strom des Lebens – dem Kreisen der Planeten – mit, sondern machen uns selbst mit unserer Fixierung bzw. Konditionierung zum Zentrum des Universums, sind eher empört, wenn das Leben uns nicht das liefert, was wir erwarten.

Die aktuellen Planetenstellungen stellen eine Herausforderung für uns dar, uns auf's Hier und Jetzt einzustellen, bis wir eines Tages »ganz entspannt im Hier und Jetzt« sind, sich die Fixierung auf unser Geburtsbild immer mehr gelockert hat. Im Hier und Jetzt zu sein, bedeutet, unterschiedslos das anzuerkennen und anzunehmen, was gerade ist.

Festhalten

Unsere Fixierung loszulassen sagt sich leicht, ist aber Knochenarbeit. Die Planeten drehen sich weiter und Transite erzielen bei uns ihre Wirkung, auch wenn wir nicht bereit sind, unsere Ego-Fixierung aufzugeben und am Status quo festhalten.

Wenn wir festhalten:

- dann verführen uns Transite der Feuerplaneten zu weiteren Verwicklungen mit ihrem Wunsch nach Mehr, ihrer Begierde, ihrem Drang, im Außen Bestätigung zu suchen und sich etwas aus dem Außen einzuverleiben.
- dann erregen uns Transite der Luftplaneten, machen uns intellektuell überwach, paranoid und nervös, unsere Gedanken kreisen um sich selbst, wir werden hyperaktiv und neigen zu kurzfristigen Befreiungsschlägen.
- dann machen uns Transite der Wasserplaneten launisch, unklar, abwesend, sehnsüchtig und aggressiv. Sie verwirren, und wir projizieren unsere Gefühle wie wild auf andere.
- dann machen uns Transite des Erdplaneten Saturn schwer, resigniert und depressiv. Auch das geschieht aufgrund unseres Bemühens, unser altes Programm z.B. als Schuldgefühle zu behalten. Mit Saturn verteidigen wir unseren Status, oft genug sind wir stolz auf unser altes Leiden, das gibt unserem Leben wenigstens Halt. Stolz verbindet sich aber auch mit Leistung, unserer Selbstdefinition über irdische Erfolge.

Die Planetenbewegung am Himmel ist für alle Menschen gleich. Energetisch sitzen wir alle Tag für Tag im selben Boot. Weil wir das Boot aus verschiedenen Blickwinkeln betrachten, durch verschiedene Geburtsplaneten bewerten, scheint es uns allen aber doch recht verschieden.

Loslassen

Je nach Umlaufgeschwindigkeit ziehen die aktuellen Planeten länger oder kürzer an unseren Geburtsplaneten vorbei. Eine aktuelle Planetenstellung kollidiert mit unserem alten Programm. Für die Dauer des Transits ist der Transitplanet tonangebend, und der Geburtsplanet muß sich an ihn anpassen, sich verändern lassen, sich soweit es geht mit der Energie des Transitplaneten vereinigen.

»Diese Konfrontation zwischen innerer Anhaftung und karmischen Gewohnheiten, sowie den Anforderungen und Eigenheiten des Hier und Jetzt, drückt sich über die astrologische Methodik der Transite aus. Transite symbolisieren die augenblickliche Zeitqualität, das, was ist. Auch sie sind in ihrer Essenz wertfrei, d.h. weder gut noch schlecht. Probleme in der Auseinandersetzung mit dem Hier und Jetzt ergeben sich immer nur durch unsere Reaktionen auf das Mandala des Augenblicks. Natürlich gibt es unterschiedliche Herausforderungen. Diese manifestieren sich zum einen über den energetischen Träger des Transits (Planet), sowie seine Stellung und Verbindung zu den Teilen unseres Geburtsbildes, den sogenannten Aspekten.« (*Astrokalender 90* »Jupiter«, H. Lebherz, S. 18)

Über die Transite sind wir mit der Welt verbunden, und es entsteht eine Reibungsfläche von Innen und Außen, die ja nur solange Reibungsfläche ist, wie wir einer dualistischen Wahrnehmung unterliegen. D.h., wenn wir mehr und mehr in der Lage sind, die Umwelt, das Andere, das Äußere als nicht getrennt von uns zu erleben, unser Ego mehr und mehr aufzugeben, sind die Einbrüche durch die Transite nicht mehr relevant. Wir bestehen weniger auf unserem Eigenwillen, unserem gewohnten Leid und lösen Verhaftungen und Konzepte, geben uns mehr und mehr dem Fluß des Lebens hin.

Daneben intensivieren wir unser Wissen über uns selbst und unsere Muster und schulen unsere Selbstwahrnehmung. Wenn wir (durch unsere Biografiearbeit) z.B. festgestellt haben, daß wir auf bestimmte Dinge, Situationen und Menschen in immer gleicher zwanghafter Weise reagieren müssen, üben wir uns in der Kunst des Nicht-Reagierens. Wenn ein bestimmter Denk-, Handlungs- oder Gefühlsimpuls kommt, steigen wir nicht auf ihn ein. Wir erkennen die Situation, benennen sie und lassen sie los, was gleichbedeutend damit ist, nicht zu reagieren.

Je nach Intensität unserer Zwanghaftigkeit machen wir das 1000 mal am Tag mit unserem entsprechenden Problem und lernen so Schritt für Schritt, uns mehr auf den lebendigen Fluß des Lebens auszurichten, statt uns weiterhin dem alten Programm zu verpflichten. Transite sind dabei *Anstoß* und Unterstützung, das alte Programm als überkommen und nicht mehr stimmig wahrzunehmen.

Die Anstöße sind von unterschiedlicher Intensität, je nachdem, wie lange ein Transitplanet auf einem Geburtsfaktor steht. Hier spielen die Umlaufzeiten eine große Rolle.

Die schnellen Planeten geben eher einen (kleinen) Kick:

Sonne-Transite
öffnen unser Herz und unseren Geist, ermöglichen geistiges Wachstum. Die Sonne geht jeden Tag im Tierkreis 1 Grad weiter. Für einen Umlauf braucht sie 1 Jahr.

Mond-Transite
lassen uns mitfließen, mitgehen mit dem Gang der Natur, dem Rhythmus der Zeiten. Der Mond geht jeden Tag zwischen 12 und 15 Grad weiter. Für einen Umlauf braucht er 28 Tage.

Merkur-Transite
lassen uns lernen und verstehen, in Kontakt kommen, sehen. Merkur geht jeden Tag ca. 1 Grad 30 weiter. Er braucht zwischen 15 Tagen und 2 Monaten für ein Zeichen. Durch Rückläufigkeitsphasen braucht er aber insgesamt auch 1 Jahr für einen Umlauf. Pro Jahr ist er dreimal für je 20–24 Tage rückläufig.

Venus-Transite
öffnen in harmonisierender und entpolarisierender Weise den Blick für uns selbst, die anderen und das Andere um uns herum. Venus geht jeden Tag ca. 1 Grad 12 weiter. Alle 1 ½ Jahre ist sie ca. 6 Wochen lang rückläufig.

Mars-Transite
machen uns kraftvoll und mutig, befähigen uns, uns zu konfrontieren, spontan zu handeln. Mars braucht 2 Jahre für einen Umlauf, ist ca. 2 Monate in einem Zeichen, bei Rückläufigkeit kann es auch ½ Jahr werden. Alle 26 Monate ist er für 9–11 Wochen rückläufig.

Jupiter-Transite
bedeuten einen zusätzlichen Kick. Sie erweitern unsere Selbstsicht, sie erinnern uns an unser großes Potential, an das, »was uns versprochen wurde«. Jupiter braucht ca. 1 Jahr pro Zeichen, für einen Umlauf 12 Jahre. Nach 10 Monaten ist er für 4 Monate rückläufig.

Saturn-Transite
fördern einen nüchternen, klärenden Blick, der die Eigenbeteiligung erkennt und Selbstverantwortung übernimmt. Ab Saturn gehen die Transite nicht mehr als Kick vorüber, sondern arbeiten intensiver und folgenreich an uns.

Saturn geht ca. 2 ½ Jahre durch ein Zeichen, für einen Umlauf braucht er ca. 29 Jahre. Pro Jahr ist er ca. 4 ½ Monate rückläufig.

Die langsamen Planeten:

Uranus-Transite
öffnen den Blick für die Weite, den Raum, der uns auch zur Verfügung stehen könnte, wenn wir es nur zuließen. Sie lassen uns aufwachen, erwecken uns. Lassen uns sehen, was doch eigentlich schon lange auf der Hand lag, was wir aber noch nicht sehen konnten. Uranus ist ca. 7 Jahre in einem Zeichen, er braucht 84 Jahre für einen Umlauf. Er ist pro Jahr ca. 5 Monate rückläufig.

Neptun-Transite
fördern unsere Hingabebereitschaft, erhöhen den Wunsch nach Auflösung der alten Grenzen, nach Verschmelzung mit allem, was ist. Sie lassen uns eins mit allem sein, machen uns durchlässig. Wir können lernen, mit Illusionskräften hilfreich umzugehen. Neptun geht 14 Jahre durch ein Zeichen und braucht für einen Umlauf 165 Jahre. Pro Jahr ist er ca. 5 ½ Monate rückläufig.

Pluto-Transite
lösen die alten emotionalen Fixierungen, holen die abgelagerten Schmerzen, die wir meiden wollen, hervor, lösen Tabus, Feindbilder, Vorurteile. Sie machen uns bedingungslos, wir gewinnen Macht über die alten Muster. Pluto braucht für einen Umlauf 248 Jahre, dabei schafft er 3 Grad pro Jahr in Skorpion und ein Grad pro Jahr in Stier. Pro Jahr ist er 5 ½ Monate rückläufig.

Alle Transite lassen sich als die Lektionen des Lebens – unseren großen Lehrmeister – betrachten. Sie zielen auf Wachheit, Aufmerksamkeit, Erkenntnis, Präsenz, Authentizität, Mitgefühl, Ausdehnung, Hingabe und *Sein.*

Transite der Wasserplaneten (Mond/Pluto/Neptun) zielen auf Fließen, Hingabe, Loslassen, Sein. Sie fordern:
»Sei im Fluß!«

Transite des Erdplaneten Saturn zielen auf Klarheit, Desillusion, Reduktion, Disziplin, Konzentration, Achtsamkeit und Verantwortungsbewußtsein. Sie fordern: »Sei achtsam!«

Transite der Feuerplaneten (Mars/Sonne/Jupiter) zielen auf Herzensbewußtsein, Vitalität, Ermutigung, Begeisterung, Glaube, Handlungsfähigkeit. Sie fordern: »Sei bewußt!«

Transite der Luftplaneten (Venus/Uranus/Merkur) zielen auf Verständigung und Verstehen, Entpolarisierung, Interesse (= Dazwischensein), Überblick, Freiheit, Raumhaftigkeit. Sie fordern: »Sei raumvoll!«

In unserem Leben ist es meist so, daß ein Teil von uns bereit ist für's Hier und Jetzt, und ein anderer hält am alten Muster fest. Wir erleben also Transitfolgen, die zu unserer Befreiung beitragen und erzielen Transitfolgen, die wieder zur Verwicklung führen. Manchmal vollziehen sich Anhaftung und Loslösung im Rhythmus der Vor- und Rückläufigkeiten der Transitplaneten. Ein wirkliches Loslassen geschieht dann oft erst mit dem letzten Transit oder sogar danach.

Und manchmal müssen wir eben noch eine Runde drehen, wieder

und wieder das alte Muster vollziehen, bevor wir wirklich genug haben und ablassen können. Auch das braucht seine Zeit.

Übung
Transite verzeichnen – eine Grafik erstellen

Voraussetzung: Geburtsbild, DIN A3-Papier, Zirkel

Nimm dein Geburtsbild (DIN A4) und klebe es auf ein großes Blatt (DIN A3).
Ziehe um den Außenkreis 5 weitere Kreise.
Auf dem äußersten zeichne mit Hilfe der Ephemeride (bzw. Computerausdrucke deines Transitgeschehens) ab, um wieviel Grade sich Pluto in den sieben Jahren nach deiner Geburt voranbewegt hat. Erfasse dein gesamtes Leben in jeweils Siebenjahresschritten.
Auf dem zweiten Kreis zeichne die Bewegung von Neptun ab.
Auf dem dritten verzeichne die Bewegung von Uranus.
Auf dem vierten zeichne ein, um wieviel sich Saturn weiterbewegt hat.
Für Jupiter zeichne auf dem innersten Kreis ebenfalls die Vorwärtsbewegung dieser sieben Jahre ein.

Transite werden außen am Geburtsbild verzeichnet. Dies steht symbolisch dafür, daß sich die Planeten im Außen, am wirklichen Himmel, bewegen.

Auf die Kreise schreibst du das Datum, wann die Transitplaneten Zeichen und Felder gewechselt haben.

Übung
Alle Transit-Planeten auf einen Blick

Um zusätzlich alle Planetenbewegungen auf einen Blick zu erfassen, legst du ein weiteres Blatt an. (Siehe Grafik S. 92)

Kopiere dir dieses Blatt und klebe deinem Alter entsprechend genügend Blätter aneinander.
Schreibe dein Alter und die damit einhergehenden Jahres-

Der Weg durch die Felder: Übersicht über Transite + Progressionen (jeweils für 12 Jahre)

Sek. ☾ pr												
. . .												
♇												
♆												
♅												
♄												
♃												
Jahr												
Alter	0	1	2	3	4	5	6	7	8	9	10	11

zahlen auf die untere Skala und trage auf der für die Planeten vorgesehenen Linie ihre zurückgelegte Strecke ein.

Laß die Grafiken auf dich wirken.
Welche Strecke haben Saturn, Uranus, Neptun und Pluto schon geschafft?
Welche Geburtsplaneten haben sie direkt berührt (als Konjunktion), welche als Opposition, als Quadrat, Trigon etc.?
Welche Felder haben sie bereits durchlaufen?
Welche Bereiche werden sie in deinem Leben nie erreichen?

Betrachte dann mit einer anderen Person deine Blätter. Nehmt euch für jede/n von euch viel Zeit.
Wenn ihr zusammen die Übung *Leben als Fieberkurve* gemacht habt, könnt ihr die Kurve dazunehmen und Bezüge zu den Transitbewegungen herstellen.
In die Liste lassen sich auch klein markante Transite zu den Faktoren im Geburtsbild verzeichnen. Wenn ein Überblick über Progressionen erlangt wurde, können auch diese eingezeichnet werden.

Übung
Der Weg des Saturn

Voraussetzung: Überblick über dein Leben, Stift, Papier

Beim Aufschreiben deiner Lebensgeschichte rückwärts und vorwärts war die Aufgabe, alle sieben Jahre innezuhalten, wenn Saturn im Aspekt zu sich selbst stand, und eine Zusammenfassung mit Bewertung zu schreiben.
Nimm dir nun diese Bewertungen, lies sie und laß sie wirken.
Betrachte dazu noch einmal, wie Saturn sich durch dein Geburtsbild vorwärtsbewegt hat, welche Spuren er hinterlassen hat.
Saturn sagt etwas über unser bedingtes Leben auf der Erde, in dem wir Zyklen des biologischen Wachsens und Vergehens unterworfen sind, in dem alles seine Zeit hat und braucht.
Saturn gibt Struktur und steckt Grenzen. Wie sehr unsere Eltern auch bemüht sein mögen, uns ein positives Umfeld zu geben, wir werden Verletzungen erleben, auf die wir mit dem Errichten einer Schutzhülle, mit Panzerung, reagieren. Es sind

ja nicht die bewußten Anstrengungen unserer Eltern, die unser Aufwachsen bestimmen, sondern im wesentlichen übernehmen wir ihre unbewußten Muster, Ängste und Botschaften.

Betrachte nun dein Leben in Siebenerschritten, im Saturnrhythmus. Betrachte den Grenzaufbau mit allen an dir vollzogenen Grenzverletzungen (dein Hineinwachsen in eine Struktur, bis ca. 29 Jahre), dein Erwachsenwerden, deine Abgrenzungsfähigkeit, deine immer größere Fähigkeit, Verantwortung für dich und im Leben zu übernehmen, mit all den notwendigen Kurskorrekturen (dein Ausfüllen einer Struktur, bis ca. 58 Jahre) und dein Altern (dein Herausgehen aus der Struktur). Manche von uns – vor allem Frauen – lernen erst in fortgeschrittenerem Alter, sich abzugrenzen.

Schreibe auf, was dir zu deinem Saturnzyklus einfällt.
Dies ist eine gute Vorarbeit für die Beschreibung der Stellung Saturns in deinem Geburtsbild.

Gruppenübung
Transite spielen –
für Gruppen mit mindestens sechs TeilnehmerInnen

Voraussetzung:
1) Karten mit den Tierkreis- und den Planetensymbolen (gibt es im Fachhandel, kann man sich aber auch einfach selbst herstellen, indem die Symbole auf DIN A4-Blätter aufgezeichnet werden)
2) Erfahrung mit erfahrbarer Astrologie/Astrodrama
3) ein großer Raum

Ihr legt den Tierkreis mit Hilfe der Karten mit ca. 4 Metern Durchmesser aus (kann natürlich auch größer sein). Die Person, die ihr ausgewählt habt, legt die Planeten ihres Geburtsbildes an die passenden Stellen im Tierkreis.
Die Transite werden für diese Person herausgesucht. Je nach Anzahl der Mitspielenden können mehr oder weniger Transite gespielt werden. Ab vier wird es eher unübersichtlich.
Die Person sucht StellvertreterInnen für ihre Geburtsplaneten, die durch einen Transit berührt werden. Diese stellen sich an ihre Position im Tierkreis und schwingen sich auf ihre Rolle

ein, auch mit Blick auf ihre Felderstellung und das Gesamtgeflecht des Geburtsbildes.
Dann sucht die Person ProtagonistInnen für die Transitplaneten. Diese stellen sich an den Außenrand des Kreises und spüren ebenfalls in die Qualität ihrer Position hinein. Sie spüren ihre Geschwindigkeit, wo sie herkamen und wohin sie sich bewegen.
Die Person berichtet kurz (4–6 Sätze) über ihre aktuelle Lebenssituation. Sie bleibt zusammen mit einer erfahrenen Kursleiterin oder einem Spielleiter am Rande des Geschehens und beobachtet. Die Spielleitung gibt den »Startschuß«, sie darf auch eingreifen, wenn die »Planeten« zu sehr abdriften oder aus ihrer »Rolle fallen«. Sie kann ihnen Tips ins Ohr flüstern, wenn sie ins Stocken kommen. Die Spielleitung unterbricht von Zeit zu Zeit, um allen Gelegenheit für eine kurze Zustandsbeschreibung zu geben.
Zunächst sagen alle Beteiligten nacheinander, wie sie sich an ihrer Position fühlen. Dann wird die Kommunikation freier und kann sich spontan entfalten.
Die Spielleitung bricht die Szene ab, wenn sie nichts mehr hergibt.
Die Person, deren Transite gespielt wurden, gibt dann allen Beteiligten Feedback und sagt, was die Szene in ihr ausgelöst hat. Die MitspielerInnen schildern, was sie bei ihrer Rolle empfunden haben.

In Gruppen, die Erfahrungen mit experimenteller Astrologie und Astrodrama haben, können Transite auch frei gespielt werden, wie eine Besuchssituation, nach dem Motto »Ein Transit kommt vorbei«.

Transite können natürlich auch für eine andere als die aktuelle Lebensphase inszeniert werden, dann ist es wichtig, Alter und Entwicklungsstand der jeweiligen Person zu berücksichtigen.

Übung
Transite als Begegnung – eine Phantasiereise

Voraussetzung: Geburtsbild und Ephemeride, ein bequemer Platz zum Hinliegen

Betrachte dein Geburtsbild und welche Transite gerade ablaufen oder demnächst anstehen. Suche dir einen Transit heraus.

Lege dich hin und entspanne tief.

Welcher Geburtsplanet ist betroffen? Laß ein Bild entstehen, was den entsprechenden Planeten symbolisiert.
Schau dir an, wie der Planet aussieht. Vielleicht ist er ein Mensch, ein Kind, eine alte Frau, eine Königin, ein Bauer, vielleicht ätherisch, vielleicht ganz handfest, hell oder dunkel, ängstlich oder voller Freude. Vielleicht ist er ein Tier?
In welcher Umgebung befindet er sich? Wie ist die Landschaft, gibt es Gebäude, ist er vielleicht selbst in einem Gebäude – auf einem Turm, in einem Bunker, in einem Hochhaus oder Zelt? Oder im Freien, auf einer Wiese, im Gebirge, auf einem Hochsitz, im Moor? Was tut er?
Schau dir alles ganz genau an.
Was strahlt er aus? Wie stehst du zu ihm?

Laß dieses Bild dann in den Hintergrund rücken.

Wende dich in deiner Vorstellung dem Transitplaneten zu. Laß ein Bild entstehen, was den Transitplaneten verkörpert: ein Mensch, ein Tier, ein Fahrzeug – was auch immer.
Laß auch dieses Bild wirken.

Dann stell dir vor, wie das den Transitplaneten Verkörpernde in die Landschaft deines Geburtsplaneten einzieht.
Laß ihn sich umschauen. Laß ihn sich in dieser Landschaft bewegen, bis er dann auf das trifft, was deinen Geburtsplaneten verkörpert.

Wie sieht diese Begegnung aus?
Wie wirkt der Transitplanet auf den Geburtsplaneten?
Wie sprechen sie miteinander?
Was tun sie miteinander?

Laß den Transitplaneten laut und deutlich aussprechen, welche wichtige, lebensverändernde Botschaft er für den Geburtsplaneten hat.
Wie kann der Geburtsplanet diese Botschaft aufnehmen?
Vielleicht gibt es ja etwas, was der Geburtsplanet dem Transitplaneten mitgeben will, was er weggeben, loswerden möchte.

Es kommt zum Abschied. Der Transitplanet muß weiterziehen. Wie gestalten die beiden ihren Abschied?
Wenn der Transitplanet aus dem Bild verschwunden ist, verweile noch einen Moment bei dem Geburtsplaneten und spüre der Veränderung nach.

Dann reck dich und streck dich, komm wieder in den Raum zurück und schreibe auf, was dir widerfahren ist.

Beispiel: Transit-Phantasiereise

Transituranus Quadrat Saturn:

Ich lege mich hin, schließe meine Augen und denke an meinen Saturn in Skorpion.

Sofort steht ein Turm vor mir innerhalb einer zerfallenen Burgruine. Durch zwei Fenster sehe ich von außen zwei Kinderaugen. Sie sind riesengroß und ängstlich. Die Ruine liegt in einer Moorlandschaft. Hinter ihr spielt sich ein gigantisch bewegter Himmel ab. Das kleine Mädchen ist ca. 7, blond, mit einem völlig verdreckten Gesicht und einem zerrissenen Kleid. Sie ist hier ganz alleine, schon ganz lange ganz alleine, fast kann sie nicht mehr sprechen.

Dann denke ich an Uranus. Vor mir entsteht das Bild eines Jungen von vielleicht 15. Er hüpft durch diese Landschaft, ganz sicher hüpft er durch das Moor von Grasbusch zu Grasbusch. Hat einen Rucksack voller elektronischer Geräte. Sender, Empfänger, Radios und undefinierbare Antennen, Röhren und Metallgegenstände. Er hat eine kurze grüne Lederhose, dunkle Haare, die wild um seinen Kopf abstehen, und ein glitzerndes Hemd. Ab und zu läßt er sich zu einem kleinen Experiment nieder. Er pfeift und murmelt vor sich hin. Manchmal zischt und knallt es, und er scheint höchst zufrieden.

Er kommt zur Ruine. Das kleine Mädchen hat ihn schon von fern gesehen, und obwohl sie neugierig ist, hat sie sich gut verkrochen. Doch der Junge ist so unbekümmert und probiert hier und da seine Geräte, und er sucht auch nichts in der Ruine, so daß sie es selbst schließlich nicht mehr aushält und sich einfach neben ihn hockt. Er ist nur ein bißchen überrascht, zeigt ihr seine Geräte, läßt sie hier und da lauschen und Knöpfe drücken.

Es kommen Melodien aus dem Radio, die sie noch nie hörte, fremde Stimmen in fremden Sprachen. In ihrer eigenen Sprache ist gerade eine Witzesendung, die Moderatoren lachen und kichern, und der Junge lacht lauthals und prustend – und das ist so ansteckend, daß auch ihr nichts bleibt als Gelächter. Am Anfang ist ihr Lachen noch krächzend, gebrochen, doch nach und nach kommt ein Kinderlachen heraus – und sie lacht und lacht und lacht.

Es ist Zeit für den Abschied. Der Junge will weiter, seine Geräte sind schon gepackt. Das kleine Mädchen kuckt sich noch einmal in der ihr vertrauten Umgebung um. Dann schaut sie den Jungen an, kurz nicken sie sich zu und gehen den Weg durch's Moor zusammen hinaus in die Welt. Er sagt: »Es hätte dir nur jemand sagen müssen, daß der Krieg vorbei ist.«

Allgemeine astrologische Phasen

ca. 1. Jahr	– Marsopposition
ca. 2. Jahr	– Marsreturn
ca. 2 $\frac{1}{2}$ Jahr	– zunehmendes Saturnsemisextil
3. Jahr	– zunehmendes Jupiterquadrat
5 $\frac{1}{2}$ Jahr	– zunehmendes Saturnsextil
6. Jahr	– Jupiteropposition
7. Jahr	– zunehmendes Saturnquadrat
9. Jahr	– abnehmendes Jupiterquadrat
10. Jahr	– zunehmendes Saturntrigon
11.–13. Jahr	– zunehmendes Uranussextil
12. Jahr	– 1. Jupiterreturn
14. Jahr	– Saturnopposition
19. Jahr	– abnehmendes Saturntrigon
18.–21. Jahr	– zunehmendes Uranusquadrat
18 $\frac{2}{3}$ Jahr	– 1. Mondknotenreturn
ca. 21. Jahr	– abnehmendes Saturnquadrat
24. Jahr	– 2. Jupiterreturn
ca. 27. Jahr	– zunehmendes Neptunsextil
25.–27. Jahr	– zunehmendes Uranustrigon
27./28. Jahr	– Rückkehr des sekundärprogressiven Mondes
	– Umkehrung der Mondknotenachse
29. Jahr	– Saturnreturn
30. Jahr	– Jupiteropposition
35./36. Jahr	– 3. Jupiterreturn
	– 2. zunehmendes Saturntrigon
37./38. Jahr	– 2. Mondknotenreturn
	– zunehmendes Saturnquadrat
39.–42. Jahr	– Uranusopposition
41.–42. Jahr	– zunehmendes Neptunquadrat
39.–40. Jahr	– Plutoquadrat (abhängig vom Geburtsjahrgang)
43./44. Jahr	– Saturnopposition
47. Jahr	– Umkehrung der Mondknotenachse
48. Jahr	– 4. Jupiterreturn
51. Jahr	– 2. abnehmendes Saturnquadrat
55. Jahr	– 2. Rückkehr des sekundärprogressiven Mondes
55 $\frac{1}{2}$ Jahr	– 3. Mondknotenreturn

56. Jahr	– abnehmendes Uranustrigon
59. Jahr	– 2. Saturnreturn
60. Jahr	– 5. Jupiterreturn
63. Jahr	– abnehmendes Uranusquadrat
65. Jahr	– Umkehrung der Mondknotenachse
66. Jahr	– 3. zunehmendes Saturnquadrat
72. Jahr	– 6. Jupiterreturn
74 ½ Jahr	– 4. Mondknotenreturn
80. Jahr	– 3. abnehmendes Saturnquadrat
82./83. Jahr	– 3. Rückkehr des sekundärprogressiven Mondes
84. Jahr	– Uranusreturn
	– 7. Jupiter-Rückkehr
	– Umkehrung der Mondknotenachse

Frühkindliches Transitgeschehen

Ob Transite eher dem Ichaufbau oder dem Ichabbau dienen, liegt nicht nur an unserer inneren Haltung und Sichtweise. Das liegt schlichtweg auch an unserem Alter.

Das Geburtsbild, mit dem wir auf die Welt kommen, verlangt nach es bestätigenden Erfahrungen: Wir erlernen erst langsam und nach und nach, ein separates *Ich* zu werden.

Das bedeutet, daß unser Geburtsbild zunächst installiert werden muß, bevor wir uns dann daran machen können, uns mit unserem wachsenden Bewußtsein von den geschaffenen Strukturen und Prägungen mehr und mehr zu lösen, um dann letztlich zu erkennen, daß es dieses separate Ich gar nicht gibt.

Von der Geburt bis zum dritten Lebensjahr

Mond

Interessant ist, daß das frühkindliche Transitgeschehen, das für alle Menschen gleich ist, im ersten Lebensjahr vor allem vom Mond geprägt wird: Er dreht schließlich in diesem Jahr 13mal die Runde. Für ihn ist das nichts besonderes, er macht das seit Ewigkeiten. Wir erleben das in dieser Form aber zum ersten Mal. Nach einem Monat hat der Mond bei dem Neugeborenen bereits einmal das ganze Geburtsbild durchlaufen und eine grundlegende Haltung/Gewohnheit geschaffen. Mond steht für die Ebene des Bemuttertwerdens, der Geborgenheit, der Nährung.

Merkur

Merkur steht für unsere Wahrnehmungs- und Kommunikationsfähigkeit, für Kontakt. Es hängt wesentlich von unserem Umfeld, unserer Mutter ab, wieviele Außenreize sie erlaubt, wie sie den Kontakt zu uns aufnimmt und gestaltet, wie sie unsere Signale aufnimmt und in einen Dialog mit uns tritt. Merkur kann auch weitere vorhandene Geschwister beschreiben.

Venus

Venus steht für Beziehung und Harmonie. Auch hier spielt unsere Mutter eine riesige Rolle: Welche Beziehung sucht und gestattet sie, wie gestaltet sie unsere Umgebung, so daß wir uns darin wohlfühlen können? Merkur und Venus sind zwischen Mond und Sonne angesiedelt. In unserer Mutter sind wir bis zur Geburt herangewachsen, die erste Zeit sind wir noch symbiotisch mit ihr verbunden. Zu unserem Vater entsteht erst langsam Kontakt, und wiederum hängt es stark von unserer Mutter ab, welchen Bezug unser Vater zu uns aufnehmen kann. Venus und Merkur vermitteln aber auch zwischen unserer Mutter und unserem Vater: Ihre Art der Kommunikation, ihre Art, in Beziehung zu sein und die Bedeutung, die das für uns hatte, werden hier beschrieben. Auch wenn kein Vater in unserem Umfeld ist, haben wir trotzdem eine Sonne, die unser langsam reifendes Bewußtsein beinhaltet. Sonne, Merkur und Venus machen die Runde in einem Jahr: Die *Basis* ist gelegt. Mit zwölf Monaten ist ein Baby in der Lage, sich an Dinge zu erinnern, auch wenn sie gerade gar nicht da sind. Zum einen entdeckt es, daß es eine »...private Gedankenwelt besitzt, also psychische Landschaften, die anderen verborgen bleiben, solange es sie ihnen nicht zu zeigen versucht.« Zum anderen weiß es, daß es diese Welten teilen kann. (Daniel N. Stern: *Tagebuch eines Babys,* S. 89) Das Gedächtnis des Babys hat sich so weit weiterentwickelt, daß Dinge auch in seinem Geist sein können. Und es unterscheidet deutlicher zwischen den Personen in seinem Umfeld.

Mars

Mars steht nach einem Jahr ungefähr in Opposition zu sich selbst. Mit ca. einem halben Jahr brechen die ersten Zähne durch, die wir brauchen, um die feste Nahrung, auf die wir langsam umgestellt werden, aufnehmen zu können. Mars hat zu tun mit dem Beißen und – analog dazu – mit dem Durchbeißen. Mars steht zudem für die uns innewohnende körperliche Dynamik, unseren Drang nach körperlicher Erfahrung: Das Laufenlernen steht noch auf dem Programm! Im ersten Jahr waren drehen, Kopf heben, Kopf halten, aufstützen, rollen, krabbeln, aufrichten, sitzen, hochstemmen, stehen und erste Gehversuche dran. Das Baby lernt, sich von der Mutter wegzubewegen, nachdem es sich vergewissert hat, daß sie auch noch da ist, wenn es wiederkommen will. Dann ist genügend Sicherheit da zum Weggehen und Wiederkommen.

Jupiter
Jupiter steht nach einem Jahr im Semisextil zu sich selbst: wir spüren, wie es voran geht, wie unsere Welt wächst, gleichzeitig sind wir immer noch in Rückbindung.

Die anderen Planeten spielen in dieser Zeitspanne als allgemeingeltende kosmische Zyklen noch keine Rolle! D.h., wir haben es hier nur mit den persönlichen Planeten zu tun. Der erste Kontakt, den Saturn mit sich selbst hat, geschieht mit ca. 2 ½ Jahren: als Semisextil. Bis dahin ist das Milchgebiß gewachsen. Dieser Transit beschreibt einen kritischen Punkt in der Entwicklung des Kleinkindes, den Louise Kaplan als »zweite Geburt« bezeichnet, als notwendige Abtrennungsphase von der Mutter, die schmerzhaft und krisenhaft erlebt wird. Das Kind ist aber gerüstet für diese Trennungsarbeit, weil ja schon die erste Marswiederkehr und das Jupitersextil stattgefunden haben. Und es ist bereit zu größerer Ausdehnung: Das zunehmende Jupiterquadrat entsteht mit drei Jahren. Diese Rhythmen gelten für alle Menschen.

In unseren persönlichen Geburtsbildern gibt es eine zusätzliche Ebene: die ausschließlich uns betreffenden Transite. Diese bringen uns erste irdische Erfahrungen mit unserer karmischen Ausrichtung.

Transite in den ersten drei Lebensjahren

Steht zum Beispiel Neptun (20 Grad) zwei Grad vor dem Mond (22 Grad) bei einer Mond/Neptun-Konjunktion, dann erreicht Neptun als Transit den Mond mit ca. 2 Monaten. Vielleicht wird er dann wieder rückläufig, kommt wieder auf den Mond mit 6 Monaten, geht weiter zurück und erreicht evtl. zum letzten Mal den Mond mit 10 Monaten. Das hieße für das betreffende Baby, daß es im ganzen ersten Lebensjahr intensiven Erfahrungen mit Neptun am Mond ausgesetzt ist. Ein anderes Baby hat den Neptun (22 Grad) hinter dem Mond (20 Grad) zu stehen. Neptun wird auch nicht mehr in einer Weise rückläufig, daß er den Mond noch erreicht. Die Lebenserfahrung mit der Mond/Neptun-Konjunktion ist weniger intensiv.

Je nach Umlaufgeschwindigkeit können also Transitplaneten zwei bis drei Jahre auf einem Faktor im Geburtshoroskop stehen und dafür sorgen, daß sich der entsprechende Stempel tief in uns eindrückt. Frühe Transite können einen Nachklang zur Geburt bedeuten: mit ihr verbundene Krankheiten, einen Aufenthalt im Brutkasten, Überlebenskampf, Trennungen von der Mutter. Nach der Geburt kommen die Eindrücke aus unserer Umgebung. Als Babies und Kleinkinder haben wir kaum eigene Handlungsmöglichkeiten: Die uns versorgenden Personen servieren uns entsprechend ihrer Herkunft und auf dem jeweils aktuellen gesellschaftlichen Hintergrund die Erfahrungen, die unser Geburtsbild anzeigt. Unser Sein in seiner speziellen Form mit eben diesem Geburtsbild wird sie dazu anregen, bestimmte Seiten von sich zu betonen, bzw. wir werden uns analog zu unserer karmischen Struktur wahrnehmungsmäßig auf bestimmte Seiten von ihnen ausrichten. Auf einiges, was sie mit uns anstellen, können wir nur mit Krankheiten reagieren, andere Krankheiten (Dispositionen) bringen wir bereits mit.

Das Baby gestaltet seine Welt nicht selbst

Es ist immer sinnvoll, bei frühkindlichen Transiten auf die Situation der Menschen zu schauen, die das Baby umgeben. *Sie gestalten seine Welt.* Steht mit einem Jahr Saturn in Opposition zur Sonne des Babys, müssen wir schauen, was mit dem Vater los war. Was hat er dem Baby serviert aus dem Saturnspektrum: einen Zuwachs an erwachsenen Reaktionen, mehr Verantwortung, mehr Klarheit im eigenen Leben, Abstinenz und Entsagung, oder trennt er sich, blockiert seine Entwicklung und den Umgang mit dem Kind? Bei Saturn Quadrat Mond wird die Mutter vielleicht krank. Vielleicht ist sie so überfordert von der Verantwortung für's Kind, daß sie sich nur über Krankheit entziehen kann.

Wie wir die Transite erleben, hängt von der Art und Weise ab, wie unsere Umgebung sie auslebt und reagiert. Durch Rückläufigkeiten bedingt haben die Planeten am Anfang unseres Lebens häufig Transite zu sich selbst.

Hat z.B. der rückläufige Pluto nach einem halben Jahr eine Konjunktion zum Geburtspluto, kommt es bei Direktläufigkeit zu einer weiteren Konjunktion. War Uranus bei der Geburt rückläufig, wird es nach ein paar Wochen, wenn er sich wieder vorwärts bewegt, zu einem Uranustransit kommen. So hatten viele von uns schon mit ein paar Monaten Saturn auf Saturn. D.h., auch auf den entsprechenden, durch die Planeten verkörperten, Lebensebenen wird es zu einer Vertiefung kommen.

Beispiele

Saturn auf Saturn kann Abstillen, Trennungen von der Mutter oder Behinderungen der Mutter in ihrem Kontakt zum Baby (z.B. Brustdrüsenentzündung, Depressionen) bedeuten. Saturn kann anzeigen, daß es Schwierigkeiten im Kontakt zwischen Mutter und Kind gab: Schuldgefühle und Enttäuschungen. Uranus auf Uranus mag plötzliche Veränderungen in der Umgebung (evtl. bedingt durch Reisen, Umzug) – vielleicht als Befreiungsschläge der Mutter, des Vaters – anzeigen. Neptun auf Neptun mag die besondere Intensität der Symbiose zwischen Mutter und Kind beschreiben. Es kann sich aber auch um eine neue Ebene in der Suchtproblematik eines Elternteils bzw. seinen Vortäuschungen handeln, oder einfach um den Zeitpunkt der Taufe, wenn sie eine wirkliche Bedeutung für die Familie hatte. Pluto auf Pluto kann schmerzhafte, kaum verkraftbare Erfahrungen wie z.B. Verluste für die Eltern bedeuten. Familiengeheimnisse mögen sich vertiefen und vielleicht werden angesichts des neuen Kindes alte Tabus erneuert oder neue erstellt. Das Baby kann phasenweise tiefe Ängste und Haß in Mutter/Vater wachrufen. Die Befürchtungen der Eltern können aber auch mit den politischen Bedingungen zusammenhängen.

Neptun und Pluto bewegen sich so wenig vorwärts, daß sie in den ersten drei Jahren nur ca. 5–6 Grade schaffen. Uranus geht immerhin ca. 13 Grad weiter, so daß im dritten Jahr schon neue Aspekte im Transit gebildet werden können, und nicht nur die aus dem Geburtshoroskop als Transite wiederholt, bzw. vertieft werden. Saturn ist vergleichsweise so schnell, daß er schon mit einem halben Jahr als Transit auf einen anderen Planeten wirken kann. Er ist bis zum dritten Lebensjahr schon über ein Zeichen weitergezogen.

In den ersten zwei Wochen ist der Mond im persönlichen Geburtsbild zunehmend, bis er seine Oppositionsstelle erreicht. Die Sonne ist bis zu einem halben Jahr in zunehmendem Aspekt zu sich selbst. Ab Merkur und Venus müssen Rückläufgkeiten beachtet werden. Generell lassen sich zunehmende und abnehmende Transitphasen mit Ichaufbau und Ichabbau in Verbindung bringen, mit Sammlung und Verströmen. Wir stehen also von Beginn an in einem Wechselverhältnis von Entbindung und Rückbindung.

- Allen Menschen ist somit die Erfahrung gemeinsam, daß die persönlichen Planeten, die ihre Kreise schnell rund um das Geburtsbild ziehen, nach zwei Jahren (Marsumlauf) alle Faktoren mindestens einmal berührt haben.
- Allen Menschen ist gemeinsam, daß die Konstellationen im Geburtsbild, die gewisse Orbisabweichungen und Rückläufigkeitsphasen aufweisen, in den ersten Monaten bis Jahren als Transite ausgelöst werden.

Sonnenbogendirektionen

Es gibt verschiedene Direktionsmethoden. Eine häufig verwendete ist die Sonnenbogendirektion. Die Idee der Sonnenbogendirektionen basiert darauf, daß sich alle Planeten im Rhythmus der Bewegung der Sonne ab dem Tag der Geburt pro Jahr um ca. 1 Grad vorwärtsbewegen. Das ganze Geburtsbild tickt wie ein Uhrwerk Jahr um Jahr ein Grad weiter.

»Ein Wesen auf der Oberfläche der Erde erlebt Licht und Dunkel von Tag und Nacht im Rhythmus der Eigenumdrehung der Erde um ihre Achse, doch die Erde als vollständiges Ganzes erfährt, während sie als Planet die Sonne umwandert, einen 'Tag' und eine 'Nacht' von sechs Monaten. Vielleicht hilft es, sich zum besseren Verständnis nur die Polarachse alleine vorzustellen, ohne den Planeten – eine Linie im Raum, welche einen Umlauf macht – oder sich vorzustellen, daß der Planet sich nicht wirklich um seine eigene Achse dreht, während er um die Sonne läuft.« Soweit Martin Freeman zur Berechtigung der Gleichsetzung eines Tages mit einem Lebensjahr. (Martin Freeman: *Astrologische Prognosemethoden,* S. 31)

Manche arbeiten mit der durchschnittlichen täglichen Bewegung der Sonne, dem Naibodbogen: 59 Bogenminuten und 8 Sekunden, andere mit dem individuellen Sonnenbogen, der aus der Ephemeride ersichtlich ist (Differenz von Sonnenstand des Geburtstages zum nächsten Tag).

Steht die Sonne bei der Geburt auf Null Grad Widder, dann ist sie nach 30 Jahren auf ca. Null Grad Stier angekommen. Steht der Mond auf 10 Grad Fische, ist er nach 30 Jahren auf ca. 10 Grad Widder etc. Ist Pluto auf 25 Grad Löwe, ist er nach 30 Jahren auf ca. 25 Grad Jungfrau.

Sonnenbogendirektionen haben mit unserer langsam fortschreitenden inneren Entwicklung zu tun, einem inneren Wachsen oder Reifen. Diese gehen natürlich auch mit äußerlichen Veränderungen Hand in Hand. Sonnenbogendirektionen bezeichne ich auch als Zugewinngemeinschaft: Jahr um Jahr gewinnen wir einen Grad des Tierkreises von jedem Planeten aus dazu. Eine Löwesonne gewinnt im Laufe ihres Lebens Jungfrau-, Waage- und maximal Skorpiontöne dazu. Sie entfaltet sich zwei-, drei-, vierfältig, vierfarbig. Hierbei ist der Übergang und das Verweilen im nächsten Zeichen (Semisextilschwingung) oft eher dissonant, während der Übergang und das Verweilen im übernächsten Zeichen (Sextil) eher als »Zurückkehren zu sich selbst« empfunden wird. Die Quadratschwingung, der *Übergang* ins drittnächste Zeichen, der frühestens mit einundsechzig geschehen kann, wird auf verschiedene Weise erfahren: als Einbruch und Erkennen, wie sehr man sich von sich selbst – bzw. dem eigenen Potential – entfernt hat, als Verleugnung der eigenen Dynamik, oder als Bereicherung und Vielfältigkeit *mit* der Erlaubnis, widersprüchlich zu sein.

Die Direktionen zeigen zum einen den gleichmäßig langsamen Durchlauf der Planeten durch die folgenden Zeichen. Zum anderen werden auch von ihnen Aspekte zu den Geburtsfaktoren gebildet. Steht die Sonne auf 1 Grad Löwe und der Merkur auf 14 Grad Löwe, dann steht nach ca. 13 Jahren die direktionale Sonne auf Merkur. Durch den langsamen Umlauf sind natürlich nur bestimmte Aspekte möglich. Es lohnt sich, diese Planet für Planet aufzulisten.

Ein Aspekt der direktionalen Sonne wird schon Monate vorher, bevor der eigentliche Aspekt stattfindet, spürbar.

Stephen Arroyo hebt die Bedeutung der Sonnenbogendirektionen für die Sonne heraus und empfiehlt ihre Beachtung. Sie stehen für den »Drang zu sein, zu werden und sich selbst auszudrücken«. (Stephen Arroyo: *Astrologie, Karma und Transformation,* S. 238)

Übung
Direktionen der Sonne

Nimm die Listen mit allen Direktionen deines Lebens und schreibe chronologisch die Aspekte heraus, die die Sonne gebildet hat. Das werden (bei Berücksichtigung von Sextilen, Quadraten, Trigonen und Konjunktionen) ca. 15 in 40 Jahren sein.

Schau dir deine Liste an und geh der Frage nach, wie der Reifungsprozeß der Sonne ausgesehen hat, wie sie die anderen Faktoren des Geburtsbilds aufgesucht hat (welcher Aspekt?), und wie sie dadurch ihr Bewußtsein von sich selbst um eine Facette erweitert hat? Und denke darüber nach, wie ihre wärmenden Strahlen auf die Planeten einwirken, die sie berührt.

Berücksichtige dabei dein Alter.

Berücksichtige zudem, wie die Begegnungen der Sonne zu ein und demselben Planeten im Laufe von ca. 30 Jahren eine neue Qualität annehmen wird (gleichbedeutend damit, daß ein neuer Aspekt gebildet wird).

Berücksichtige auch, welche Planeten *noch nicht* besucht wurden.
Welche Energie ist folglich in deinem Leben bewußtseinsmäßig noch nicht erkannt oder erweckt? Welche Energie hast du noch nicht zu dir genommen, in dein Herz geschlossen, noch nicht integriert?

Gruppenübung
Sonnenbogendirektionen – eine Inszenierung

Voraussetzung: ein/e GruppenleiterIn, der/die Erfahrung in erfahrbarer Astrologie/Astrodrama hat. Mindestens 12 TeilnehmerInnen. Planeten- und Tierkreiskarten. Ein genügend großer Raum.

Legt mit Tierkreis- und Planetenkarten ein Geburtsbild aus, das ihr zuvor noch einmal eingehend betrachtet habt. Diejenige Person, die dran ist, wählt aus der Gruppe für jeden Planeten eine passende Person aus. Alle stellen sich auf ihre Position im Geburtsbild und spüren in ihre Stellung hinein.
Die direktionale Sonne stellt sich an ihren Platz, an dem eine weitere Person für die Geburtssonne steht, die dort verweilt. Sie umarmt die Geburtssonne, denkt einen Moment daran, daß sie jetzt noch ganz klein ist und sich erst langsam entwickelt. Dann geht sie Grad für Grad voran. Immer wenn ein Aspekt gebildet wird, hält sie inne und führt einen kurzen Dialog mit dem betroffenen Planeten. Diese Dialoge können beflügelnd aber auch schmerzhaft sein. Frühkindliche Begegnungen können natürlich auch ohne Worte stattfinden. Die Kursleitung geht am Rand mit der Sonne mit, so daß sie ihr beistehen und sie unterstützen kann. Sie greift auch ein, wenn die Geburtsplaneten nicht weiter wissen oder den Faden verlieren.
Am Schluß jedes Zusammentreffens, das nicht länger als 3 Minuten sein sollte, sagt die Sonne explizit: »Ich scheine auf dich, gebe dir mein Licht. Ich aktiviere dich. Zeig dich in meinem Licht! Du bist mir bewußt.«
Die Sonne verweilt zudem einen Moment, wenn sie das Zeichen wechselt. Sie nimmt diesen Wechsel wahr.
Diejenigen, die die Geburtsplaneten verkörpern, versuchen so gut es geht, das Alter der Sonne zu berücksichtigen. Und sie

geben der Sonne einen prägnanten Satz mit, z.B.: »Du hilfst mir durch... Ich danke dir für deine Energie.« Oder: »In deinem Licht kann ich wachsen, mich ausdrücken...«.

Generell ist es hilfreich, die Sonnenbogendirektionen erst dann zur Betrachtung des Geburtsbildes hinzuzuziehen, wenn die eigene Lebensgeschichte bekannt ist.

Der progressive Mond

Die Idee der (Sekundär-)Progressionen beruht darauf, daß sich die Planeten am Tag unserer Geburt um eine bestimmte Gradzahl vorwärtsbewegt haben, daß sie einen jeweils eigenen Rhythmus haben, und daß dieser Rhythmus von einem Tag auf ein Jahr hochgerechnet werden kann. Auffällig und interessant ist dabei der Mond, der an einem Tag um mindestens 12 Grad weiterzieht. Bewegung ist auch bei Merkur, Venus, Mars und Jupiter im Spiel. Ab Saturn – und besonders für die überpersönlichen Planeten, die nicht umsonst Langsamläufer genannt werden – wird diese Methode irrelevant.

Natürlich könnten alle Progressionen untersucht werden, wirklich bedeutsam erscheint mir im Zusammenhang mit der Lebensgeschichte, den Lauf des progressiven Mondes durch die Felder nachzuvollziehen.

Nach 27–28 Jahren ist der progressive Mond zu seiner Geburtsstellung zurückgekehrt, hat einmal den Kreis durchlaufen und ist dabei auf alle Faktoren des Geburtsbildes getroffen. Mit seiner Rückkehr zeigt sich, daß wir nun alle gefühlsmäßigen und mütterlichen Aufgaben für uns selbst und andere übernehmen können, daß wir uns selbst nähren können. (Der kurz darauf stattfindende Saturnreturn erlaubt uns dann den Weg in die Unabhängigkeit von zu Hause). Auf seinem Weg durch die Felder berührt der progressive Mond die dort vorherrschenden Muster. Wir sind dann mit dem jeweiligen Feld in Kontakt, es berührt und bewegt uns, oft so sehr, daß wir uns mit fast nichts anderem befassen können. Unser Lebensgefühl ist dominiert von der jeweiligen Stellung des progressiven Mondes. Er ist Spiegel unserer Befindlichkeit.

Wenn wir vertraut sind mit dem Umlauf des Transit-Mondes, der im Laufe eines Monats durch unser Geburtsbild erfolgt, dann verstehen wir auf einer kleinen, alltäglichen Ebene, was der progressive Mond auf der nächsthöheren Ebene vollzieht. Der Transit-Mond braucht ca. 2 ½ Tage, um durch ein Feld zu gehen, der progressive Mond braucht dann ca. 2 ½ Jahre. D.h., er stellt Zeit und Raum zur Verfügung, uns mit dem jeweiligen Bereich intensiv auseinanderzusetzen, uns von ihm aufnehmen und durchdringen zu lassen: Wir lernen uns von allen Seiten kennen und machen entsprechende Erfahrungen.

Da es sich um den Mond handelt, werden wir empfänglich, wir öffnen uns dem angezeigten Bereich mit seiner Energie. Wir werden mit unseren Gewohnheitsmustern in bezug auf den angezeigten Bereich konfrontiert. Wir sollen ja lernen, wie wir das, was wir hier treffen, für uns nutzen können, wie wir es verwerten, um uns damit besser nähren und ernähren zu können.

Wenn noch keine Erfahrungen mit den Progressionen gemacht wurden, ist es besser, sich erst dann mit ihnen zu beschäftigen, wenn die Lebensgeschichte bereits im Überblick vorliegt. Dann sind die Wechsel mit ihren verschiedenen Lebensphasen offensichtlicher, und man verzettelt sich nicht so, wenn man sich mit den Progressionen befaßt.

Übung
Der progressive Mond in den Feldern

Voraussetzung: Listen mit den Progressionen deines Lebens, Papier und Stift

Nimm die Listen mit deinen (Sekundär-)Progressionen und schreibe heraus, wann der Mond das Feld gewechselt hat. In Klammern kannst du auch die Zeichenwechsel notieren.
Wo hat der Mond seine Reise angefangen? Rekapituliere noch einmal kurz deine Mondstellung im Geburtsbild und verfolge dann den Mond durch die Jahre. Mach dir ein Blatt, auf dem du untereinander den Zeitpunkt des Wechsels notierst. Mach dir daneben stichpunktartig Notizen zu den einzelnen Felderstellungen und dem, was du erlebt hast und womit du befaßt gewesen bist.

Übung
Die Aspekte des progressiven Mondes

Voraussetzung: Listen mit den Progressionen deines Lebens, Papier und Stift

Wenn du den Verlauf des Mondes durch dein Geburtsbild nachvollziehen kannst, dann betrachte darüber hinaus die Aspekte, die der progressive Mond auf seinem Weg gebildet hat. Stephen Arroyo schreibt: »Es ist, als ob der progressive

Mond den Zeiger einer Uhr symbolisiert, der karmische Ereignisse und Situationen wegtickt, denen wir in der äußeren Welt begegnen müssen. Keineswegs werden alle solche wichtigen Ereignisse von den Aspekten des progressiven Mondes symbolisiert; aber die mächtigen Aspekte des progressiven Mondes symbolisieren oft wichtige Ereignisse oder Erfahrungen, die von anderen Methoden nicht gezeigt werden.« (S. 249) Beschränke dich am Anfang auf die Konjunktionen, mach dir eine Liste und geh sie nach und nach durch. Wenn du merkst, daß du mit der Methode und ihrer Deutung vertrauter bist, nimm die anderen Aspekte hinzu. Die Zeitspanne für den Aspekt besteht in einem Monat vor bis einem Monat nach dem exakten Zeitpunkt.

Gruppenübung
Der Umlauf des progressiven Mondes durch das Geburtsbild

Voraussetzung: Eine Gruppe mit min. 13 TeilnehmerInnen, Tierkreis-, Planeten- und Felderkarten

Das Geburtsbild einer Person wird ausgelegt. Sie bestimmt, wer welches Feld (mit evtl. darin befindlichen Planeten) übernehmen soll, und die TeilnehmerInnen stellen sich an den vorgesehenen Platz in den Tierkreis. Sie vergegenwärtigen sich, wer sie sind und in welchem Bezug sie zu den anderen stehen.
Die Hauptperson geht zu ihrem Mond. Sie verweilt dort eine Weile, und der Mond spricht zu ihr: »Ich bin dein ... Mond im ... Feld.« Er sagt, wer er ist, wie er fühlt, wie er ihr ein guter Halt ist.
Dann geht die Hauptperson als progressiver Mond sehr, sehr langsam durch den Kreis. Die Kursleitung gibt beim Felderwechsel die entsprechende Jahreszahl durch und sagt: Es ist das Jahr ..., du gehst jetzt ins ... Feld, du bist ... Jahre alt. Bei den FelderinhaberInnen hält sie für einen Moment des Kontakts inne. Diese beschreiben sich kurz evtl. mit der Planetenenergie, die sie verkörpern und fragen sie nach ihrer Befindlichkeit. Sie erzählt, was sie bewegt und womit sie beschäftigt ist, angesichts des Feldes, in dem sie steht, angesichts ihres Alters und angesichts der Energie, auf die sie trifft.

Natürlich ist es gut, einmal den Kreis ganz zu durchlaufen. Man kann die Übung aber auch zu bestimmten Lebensphasen machen, oder für die letzten Jahre, um hier Befindlichkeits- und Stimmungswechsel nachzuvollziehen. Da die TeilnehmerInnen oft über 28 Jahre alt sind, könnte man die Übung auch mit der Rückkehr des progressiven Mondes zum Geburts-Mond beginnen, dem 2. Umlauf.

Beispiel:

Der Umlauf des progressiven Mondes durch die Felder

Mond in 1
Nach der auflösenden und verwirrenden Zeit des 12. Feldes beginnt eine neue Zeit. Mit mehr Mut, Spontaneität und Selbstvertrauen werden neue Schritte gewagt. Ein Anwachsen von Kraft und Lust, dem Leben zu begegnen. (Ich erlebte diese Zeit als Beginn *meines* Lebens, nachdem meine Mutter Selbstmord begangen hatte, als könnte ich ein eigenes Leben erst ohne sie anfangen.)

Mond in 2
Eine Phase der Erdung. Auf verschiedenen Ebenen werden Sicherheiten geschaffen, Arbeit und Geldverdienen werden positiv gewichtet. Selbstwert wird vertieft. (In dieser Zeit war ich in einer psychosomatischen Klinik und erfuhr zum ersten Mal in meinem Leben vorbehaltlose positive Bestätigung und spürte, daß auch ich etwas wert bin. Hier lernte ich eine spirituelle Sichtweise kennen, die mein Leben auf eine völlig andere Grundlage stellte.)

Mond in 3
Lust auf neue Leute, neue Kontakte, neues Lernen. Eine Phase der Offenheit, Flexibilität, Neugier und Neuorientierung. (Nach der Klinik begegnete ich der Astrologie und stürzte mich voller Begeisterung ins Lernen und Forschen, schrieb die Eigenanalyse und machte die Prüfung. Ich machte mich mit meinem Astro-Verlag selbständig.)

Mond in 4
Wendung nach Innen, auf der Suche nach innerer Sicherheit und nach Schutz, nach einem Zuhause in Familie, Gruppe, religiöser Vereinigung etc. (Durch die Astrologie bekam ich Kontakt mit dem Buddhismus und nahm in dieser Zeit Zuflucht bei einem tibetischen Meister. Als ich Kind war, zogen wir in dieser Zeit ins eigene Haus.)

Mond in 5
Eine Phase der Expressivität, der Lebenslust, des Schöpfergeistes und der Dramatik. Mehr Wagnisse beim Eingehen von Liebeserfahrungen. (Ich traf eine große Liebe, und wir bekamen zusammen ein Kind.)

Mond in 6
Eine Phase des Dienstes an anderen, der Selbstläuterung, auch der körperlichen Verausgabung und Neuorientierung. Selbstzweifel und Selbstkritik mit folgender Selbstanalyse führen zu Umstrukturierung des Alltags, der Arbeit, zu mehr Disziplin. (Ich gab den Verlag wieder auf, konzentrierte mich mehr auf's Schreiben. Ich begann den Tara-Rokpa-Therapie-Prozeß (buddhistische Therapie) mit zweiter Selbstanalyse.)

Mond in 7
Eine Phase der Beziehungsfreuden und -arbeit. Mehr Lust auf Öffentlichkeit. Größerer Bedarf nach harmonisierenden Maßnahmen, nach Verschönerung unserer selbst und der Umgebung. (Als junges Mädchen interessierte ich mich in dieser Zeit zum ersten Mal für Jungens und es kam zum ersten Kuß, zu ersten Flirts.)

Mond in 8
Eine Zeit voller Krisen und Konflikte, Phasen der Verwandlung. Suche nach tiefen Antworten für all die Fragen und die Schmerzen, die wir durchleiden. Abschied von alten, neurotischen Verhaltensmustern. (In dieser Zeit erlebte ich als Jugendliche die wildesten pubertären Krisen und wahnsinnigen Streß in der Familie. Eine Klassenkameradin wurde ermordet.)

Mond in 9
Weiteres Suchen nach unserem Weltbild, nach geistiger Erweiterung, nach Wahrheit. Und das Bemühen, das, was wir erkannt und verstanden haben, an andere weiterzugeben. (Mit dieser Schwingung sitze ich gerade jetzt hier, und schreibe am Biografiebuch. Als Jugendliche stieg ich in die politische Arbeit ein.)

Mond in 10
Planung der weiteren Schritte. Zielhaftes, ehrgeiziges Arbeiten und Streben. Einen Platz im Leben suchen und finden. (Als Jugendliche machte ich in dieser Zeit das Abitur, fing mein Studium an und verließ mein Elternhaus.)

Mond in 11
Verstärkte Interessen für gesellschaftliche und globale Prozesse und Menschheitsanliegen. Gruppenarbeit und Vernetzung. (Als junge Frau zog ich in meine erste Wohngemeinschaft und stieß zur Frauenbewegung.)

Mond in 12
Eine Phase der Haltlosigkeit, der Einsamkeit, wo nichts mehr so ist, wie es mal war (außer wir haben bereits eine gewisse Festigkeit in unserer spirituellen Praxis). Eine Zeit des Rückzugs, in der wir völlig auf uns selbst zurückgeworfen werden. (Ich erlebte hier den größten Zusammenbruch meines Lebens, Depressionen und Schmerzanfälle, den Abbruch des Studiums und schließlich den Selbstmord meiner Mutter.)

Solare

Um ein umfassenderes Verständnis unserer Lebensgeschichte zu gewinnen, sollten wir alle Solare (Jahreshoroskope) unseres Lebens erstellen (lassen).

Das Geburtsbild ist das Solar für das erste Lebensjahr. Alle weiteren Solare lassen sich nur in bezug zum Geburtsbild verstehen.

Die Wiederkehr der Sonne

Die Idee des Solars beruht darauf, daß für genau den Moment, an dem die laufende Sonne die Geburts-Sonne wieder berührt, ein neues Bild erstellt wird. Die Sonne steht für Geist und Bewußtsein. Die jährliche Sonnenwiederkehr verdeutlicht also unseren potentiellen Zuwachs an Bewußtheit. Sie zeigt, was sichtbar ist dank ihres Lichts. Ein Solar verlangt keine tiefgründige, psychologische Deutung, sondern ein konkretes Herangehen: *Was steht in diesem Jahr an?* Das betrifft äußere wie innere Bewegungen. Legten wir alle Solare mit den Sonnen aufeinander, dann könnten wir sehen, wie ihre wechselnden Bühnen unseren individuellen Entwicklungsweg beschreiben. Eine Bewegungsspirale würde sichtbar, die die Sonne als Zentrum hat: unser geistiges Zentrum.

Das Solar ist eine Differenzierung der aktuellen Transite! Es stellt sonnenbezogene Räume für sie bereit (die Solarfelder). Transite der langsamen Planeten finden sich sowieso im Solar wieder, die anderen Transite gelten auf jeden Fall für diesen einen Tag und als Initial für das neue Jahr, das neue Jahresbild. Untersuche also alle Transite deines Geburtstages gründlich!

Wenn wir unsere Lebensgeschichte rekapituliert und alle Solare unseres Lebens vorliegen haben, können wir aus unserer Lebenserfahrung heraus, dem Wissen um gelebtes Leben, Zuordnungen treffen. Das ist ein wunderbares Übungsfeld, das uns zudem einige Überraschungen bieten wird.

Doch zunächst noch einmal zu den Deutungsregeln. Da das Solar auf das Geburtshoroskop bezogen ist, schauen wir zunächst auf den Solaraszendenten (Mit der Frage: Wie gehen wir in diesem Jahr ans Leben heran, und wie verhalten wir uns dementsprechend?) und den

Solar-MC (Was ist unser Ziel in diesem Jahr, was wollen wir in diesem Jahr bewirken?) und natürlich die neue Plazierung der Sonne (in welchem Bereich will sich unser Selbst-Bewußtsein ausprobieren und stärken, wo wollen wir uns ausdrücken und entfalten, in welchem Bereich wollen wir geistig wachsen?).

Die Vorgehensweise bei der Solardeutung

1) In welches Solarfeld fällt die Sonne?
2) Wie ist der Solaraszendent beschaffen, welche Energie beinhaltet er, steht er in Konjunktion zu einem Planeten?
   Durch welches Geburtsfeld geht der Solaraszendent (und damit der Deszendent)?
   Trifft er dort auf Geburtsplaneten?
3) Durch welches Geburtsfeld geht der Solar-MC (und damit der IC) etc.?
4) Gibt es Konstellationen aus dem Geburtsbild, die sich (auch in modifizierter Form) wiederholen?
5) Die Solarfaktoren, die ja gleichzeitig die Transite des Geburtstags sind, in bezug setzen zum Geburtshoroskop (welche Aspekte werden gebildet, welche Felder berührt).
6) Den Rest des Solars deuten, auf jeden Fall den Mond, interessante Konstellationen, Felderbetonungen etc.

Die Solare deuten

Es ist sinnvoll, die vergangenen Solare erst dann zur Lebensgeschichte hinzuzuziehen, wenn wir bereits einen einigermaßen guten Überblick über unser Leben haben und über Informationen und ein Gefühl zu jedem Lebensjahr verfügen. Dann sollten wir uns ein Solar nach dem anderen vornehmen und sie in Bezug zum Geburtshoroskop deuten.

Übung
Alle Solare erfassen

Voraussetzung: alle Solare, mehrere karierte DIN A3-Blätter (ein Blatt reicht für 25 Jahre)

Lege die Blätter quer, und klebe sie aneinander. Mache links herunter eine Spalte für alle Lebensjahre. Am oberen Rand des Blattes mache 14 Spalten für

1) die Feldposition der Sonne
2) Aszendentenzeichen und seinen Schnittpunkt mit dem Geburtshoroskop
3) MC-Zeichen und betroffenes Geburtsfeld
4) Mond-Zeichen und Solarfeld
5) Merkur-Zeichen und Solarfeld
6) Venus-Zeichen und Solarfeld
7) Mars-Zeichen und Solarfeld
8) Jupiter-Zeichen und Solarfeld
9) Saturn-Zeichen und Solarfeld
10) Uranus-Zeichen und Solarfeld
11) Neptun-Zeichen und Solarfeld
12) Pluto-Zeichen und Solarfeld
13) evtl. Asteroiden oder Planetoiden, Lilith etc.
14) auffällige Wiederholungen aus dem Geburtshoroskop

Fallen die Solarfaktoren direkt auf einen Geburtsfaktor, gib das in Klammern an. Achte darauf, daß die Spalten groß genug sind.

Die Auflistung ist etwas mühsam, aber ohne sie würden wir die spezielle Rhythmik der Solare nicht entdecken können. Babs Kirby und Janey Stubbs, deren Buch über *Solare und Lunare* 1993 in Deutsch herauskam (Verlag Hier und Jetzt), untersuchten alle ihre Solare, »(...) um sicherzugehen, daß wir nichts übersehen hatten«. Doch der Zyklus des Solar-MCs, der gleich erklärt wird, scheint ihnen entgangen zu sein. Zumindest erwähnen sie ihn nicht. Geh alle Spalten durch und schau, was dir auffällt!

Der Zyklus des Solar-MCs

Als ich vor Jahren meine erste Solarliste erstellte, war ich elektrisiert und dachte natürlich, ich hätte eine große Entdeckung gemacht. Das war aber überhaupt nicht so. Es gibt seit 1988 ein lesenswertes Buch über die Zyklen des Solar-MCs. Es ist von Gele Alsterdorf: *Lernplan Leben – Solarziel und Tierkreis* (Urania Verlag).

Wenn du die Liste gemacht hast, siehst du, daß die MCs über Jahre aus einer Energiequalität gespeist sind: Sie sind zwischen 8 bis 14 aufeinanderfolgende Jahre lang fest, kardinal und beweglich, fest, kardinal und beweglich etc. Dabei folgen die Zeichen vorwärts dem natürlichen Ablauf des Tierkreises, wobei sich die Gradzahlen rückwärts verringern. Es folgen z.B. in der ersten Runde MC 28 Grad Fische, 23 Grad Zwillinge, 19 Grad Jungfrau, 19 Grad Schütze aufeinander, in der zweiten dann 14 Grad Fische, 13 Grad Zwillinge, 7 Grad Jungfrau, 10 Grad Schütze, in der dritten 3 Grad Fische, 3 Grad Zwillinge, 28 Grad Löwe(!) – der Wechsel ins fixe Kreuz ist nach 10 Jahren erfolgt. Manchmal gibt es in den Zeiten des Wechsels einen Nachklang, so daß im folgenden Jahr noch ein letztes Mal bewegliche Energie auftaucht, hier in diesem Beispiel 0 Grad Schütze. Ab dem folgenden Jahr ist dann die fixe Phase endgültig etabliert.

Falls du einen weiträumigen Ortswechsel unternommen hast, wird diese Kette unterbrochen und am neuen Ort wieder installiert.

> »Lernen (Leben) erfolgt sowohl in Richtung des Tierkreises als auch umgekehrt. Die Grundstufe des Lernens (4er Stufe) erleben wir in Richtung des Tierkreises. Diese Richtung ist die uns bekanntere. So zählen wir die astrologischen Häuser, so empfinden wir den Lauf der Jahreszeiten und den Lauf des äußeren Lebens. Diese Richtung entspricht unserer Vorstellung von Vorwärts, vom Fortschreiten, vom Fortschritt.
>
> Die höheren Stufen des Lernens erleben wir alle in umgekehrter Tierkreisrichtung (Phase und Zyklus). Das zeigt uns das Gesetz der Solarziele deutlich. Die Abfolge ... kardinal – beweglich – fest ... ist *gegen* den Tierkreis. (...)
>
> Lernen und Leben ist ureigentlich fortschreitender Rückschritt. Diese logische Unmöglichkeit erinnert an einen Koan oder einen Spruch von Lao Tse.« (S. 33)
>
> »Die umgekehrte Richtung im Tierkreis ist tatsächlich die wesentliche Richtung. Hier geht es um das Wesentliche. (...) Der umgekehrte Tierkreis steht in seiner Abfolge für die Sinnsuche des Menschen.« (S. 52)

Wir wissen, was die verschiedenen Energiequalitäten bedeuten:

Das Kardinale ist das Initiierende, das Mutige, das, was nach vorne prescht und etwas wagt, das dem Leben einen Stempel aufdrückt, es erobert und gestaltet. Manchmal sind es Jahre, in denen wir zu Ungeahntem fähig sind.

Das Fixe verarbeitet, bewahrt, es konsolidiert und gibt Halt. Bindungen werden eingegangen, wir fixieren uns, – halten fest und halten manchmal auch aus. Manchmal sind es Jahre der Stagnation.

Das Bewegliche hingegen beruht darauf, daß wir loslassen, daß wir uns dem Fluß des Lebens überlassen, das Machen und Dirigieren aufgeben, daß wir aufnehmen, annehmen, daß wir uns hingeben. Manchmal sind es Jahre der Verwirrung, manchmal Jahre spirituellen Wachstums.

Die großen Zeiträume der verschiedenen MC-Phasen zeigen also unsere verschiedenen Ausrichtungen im Leben.

Übung
Die Kette der Solar-MCs

Voraussetzung: Solarliste, 3 verschiedenfarbige Buntstifte

Kennzeichne auf deiner Solarliste die jeweiligen Phasen des Solar-MCs farbig. Evtl. rot für kardinal, gelb für fix und grün für beweglich. Je nach Alter entstehen 3, 4 oder mehr senkrechte Striche.

Denke über die folgenden Fragen nach:
1) Mit welcher Energie als Solar-MC bin ich ins Leben eingestiegen und habe ich meine Kindheit verbracht?
2) Welche Energie begleitete mich durch die Jugend?
3) Mit welcher Energie wurde ich erwachsen?
4) Welche Energie beinhaltete für mich meine schwierigsten Jahre?
5) In welcher Phase bin ich zur Zeit, und was bedeutet sie für meine Lebensausrichtung?

Schreibe die wichtigsten Ideen auf, und tausche sie auf jeden Fall mit einer anderen Person aus, die diese Übung ebenfalls gemacht hat.

Beispiel:
Die Kette der Solar-MCs

Ich bin 1954 mit einem beweglichen Solarziel (Fische-MC) geboren und habe dann bis 1963 bzw. 1965 eine 10 Jahre währende Serie von beweglichen Solar-MCs.

Ich verbinde hiermit eine große Passivität, ein Gefühl, in der Defensive zu leben, ein Opferlämmchen zu sein. Als Kind sagte ich natürlich nicht: »Oh Gott, ich bin ein Opfer!«, sondern ich hatte einfach viel Angst und das Gefühl, mich selbst nicht richtig wehren zu können, für mich nicht einstehen zu können. Ich war offen für schöne Dinge, aber genauso offen für Übergriffe und Negativität. Ich war das jüngste Kind in unserer Familie, verkroch mich hinter meine Schwester und SIE kämpfte, machte, tat – ich hängte mich allenfalls an ihre

Aktivität an. Mit den beweglichen Solar-MCs verbinde ich als Kind ein Gefühl des Verlorenseins, Ausgesetztseins am falschen Ort, bei der falschen Familie etc. Vielleicht hätte eine aufrichtige religiöse Orientierung meiner Eltern einen Haltepunkt bieten können, doch die Sache mit dem lieben Gott schien mir äußerst fragwürdig, und die Kirche war kein Ort der Zuflucht, sondern der Einschüchterung.

Ein fixes Solarziel begleitet mich durch das Jahr 1964 und dann durch die Zeit von 1966–1973. Dies sind all die Jahre, in denen ich Halt finde, indem ich mich an andere anhänge. Ich habe früh – ab 12 – Freunde, Jungen, mit denen ich gehe. Wichtiger Fixpunkt meines Lebens ist ein Sportclub. Ich spiele Badminton und finde hier in der Gruppe eine Art Familienersatz. Dann kommt mit 16 die Politik dazu: Eine zweite Heimat wird mir eine politische SchülerInnengruppe, die in einer Obdachlosensiedlung mit Kindern arbeitet. Unten drunter besteht mein Leben aber weiter aus Angst, doch durch die vielen Aktivitäten und festen Punkte im Alltag fühle ich mich auch selbst stabiler. Doch aller Halt kommt von außen.

Mit den »kardinalen Jahren« von 1974–1984 bricht dann alles zusammen. Ich bin ja überhaupt nicht in der Lage, mich dem Leben zu stellen, muß es aber mehr und mehr selbst tun (und will es ja auch). Dies sind die schwierigsten Jahre meines Lebens, Jahre des Zusammenbruchs, der Depression, des Scheiterns. Das Studium breche ich ab, immer beseelt von dem Wunsch, doch nun endlich das zu tun, was ich selbst tun möchte, aber unfähig, es anzupacken. Doch mit all meiner Angst bin ich auf der Suche. Ich mache eine Therapie und habe das Gefühl, daß erst jetzt – mit 26 – mein Leben beginnt. Ich finde die Astrologie und stürze mich mit Begeisterung auf sie, mache meine Astroprüfung. Auch mein Beruf beginnt jetzt.

Die zweite bewegliche Solar-MC-Phase findet mich »auf dem Weg«. Ich habe mich der Astrologie hingegeben, bin die ersten Schritte einer buddhistischen Orientierung gegangen und finde nun 1985 einen Lehrer, dem ich folgen kann. Die »bewegliche Zeit« ist von 1985–1994. Meine Hingabefähigkeit ist selten groß, der Wunsch, mein Ego loszulassen ebenso, und ich finde Zuflucht. In dieser Zeit gründen wir eine Familie, ich werde Mutter eines Wunschkindes, das all meinen Einsatz verdient und bekommt. In der Astrologie geht es immer noch ganz viel um's Lernen, Selbstzweifel zu bearbeiten, und mit der Zeit aber auch vermehrt darum, das Gelernte nun selbst weiterzugeben.

Die zweite fixe Solar-MC-Phase, in der ich seit 1995 stecke, ist noch ganz frisch. Ich kann kaum etwas dazu sagen. Was ich nur spüre, ist eine größer werdende Sicherheit und Festigkeit in mir. Meine Kritikfähigkeit in bezug auf meinen Umgang mit »Pfad und

Meister« wächst, und ich empfinde immer größere Resonanz in mir zu den Worten des Buddha, daß wir nichts glauben, sondern alles einer kritischen eigenen Überprüfung unterziehen sollen. Die Jahrtausendwende entläßt mich »fix«. Ich bin gespannt, wie es weitergeht, vor allem auf die neue kardinale Phase.

Die einzelnen Solarphasen

Dann untersuche die einzelnen Solar-MC-Phasen genauer. Wenn du z.B. gerade eine 12jährige fixe Phase hinter dir hast, schau dir an, wann dieselben Tierkreiszeichen am MC standen, das wird im Abstand von vier Jahren dreimal der Fall gewesen sein.

1) Worin liegt die Gemeinsamkeit dieser Jahre?
2) Und worin besteht der Unterschied bzw. ihre Fortführung, Entwicklung?

Achte darauf, daß von Solar zu Solar die MCs sich im Quadrat weiterbewegen. Gele Alsterdorf nennt dies »Lernen im Quadrat«. Wie hat sich das bei dir gestaltet?

Hinzu kommt, daß nicht nur der Solar-MC sich rhythmisch weiterbewegt, sondern mit ihm auch die Position der Sonne. Sie macht diesen Vierjahres-Rhythmus mit. Lianella Livaldi Laun schreibt in »Jahresthemen im Horoskop, das Solar in sieben Schritten«: »Es ist klar, daß die Sonne während unseres Lebens nicht nur einmal in einem Solarhaus plaziert sein kann. Es ist durchaus möglich, daß sie immer wieder einmal die gleiche Hausposition einnehmen wird.« S. 21 Es ist aber nicht nur durchaus möglich, sondern zwingend, daß die Sonne im Solar ihre Felderpositionen bedingt durch den Zyklus des MCs rhythmisch wechselt. Auch die langsam laufenden Planeten machen diesen Viererrhythmus mit einer langsamen Verschiebung mit. Und auch die Schnittpunkte von Solar-MC und Solar-Aszendent mit dem Geburtshoroskop gehen in Viererschritten. Anhand eurer Listen werdet ihr das schnell erkennen!

Mondrhythmik

Auch der Mond hat eine Rhythmik. Sehr, sehr häufig folgen drei Jahre aufeinander, in denen der Mond die drei Zeichen eines Elements (in der Abfolge des Tierkreises und der Abfolge der Elemente, z.B. Feuer, Erde über Luft zu Wasser etc.) durchläuft, als wäre es notwendig, daß auch hier Erfahrung sich erst vertiefen kann, bevor wir uns zu neuen (Gefühls-)Ebenen aufmachen.

Die Untersuchung der Solare ist ein riesiges, spannendes, lohnenswertes Feld, dem kaum Grenzen gesteckt sind, das wir aber unbedingt durchstreifen sollten, vor allem, wenn wir mit dem Gedanken spielen, anderen einmal ein Solar erklären zu wollen.

Untersuchungen anhand der Solare

1) Liste auf, in welches Feld die Planeten am häufigsten gefallen sind, und welche Felder bislang kaum berührt wurden.
   Was haben diese Betonungen mit deinen Geburts-Dispositionen zu tun?
2) Untersuche die Solare auf Gemeinsamkeiten in bezug auf wichtige Lebensfragen. (Ausbildungen, Prüfungen, Umzüge, wichtige Begegnungen, Operationen, Geburten etc.)
3) Untersuche zudem, wann das Solar für dich spürbar wird. Gele Alsterdorf z.B. sagt, daß der Solaraszendent bereits drei Monate vor dem eigentlichen Geburtstag spürbar ist, der Solar-MC hingegen erst drei Monate nach dem Geburtstag seine Wirkung entfaltet. Es gibt AstrologInnen, die sprechen von einer generellen Wirksamkeit des Gesamtsolars ab drei Monate vor dem Geburtstag, andere sehen einen Bezug zum neuen Solar schon ein halbes Jahr vor dem Geburtstag.
   Auch hier bleibt uns nichts anderes übrig, als die Theorie an unserer eigenen Erfahrung zu überprüfen.

Übung
Ein Solar beschreiben

Voraussetzung: Die Solare deines Lebens

Wähle aus all deinen Solaren ein Jahr heraus, das dir am interessantesten, spannendsten oder markantesten erscheint. Vielleicht nimmst du auch ein Jahr, das dein Leben nachhaltig verändert hat, in dem eine chronische Krankheit ihren Anfang nahm etc.

Beschreibe dieses eine Solar.

Petra Niehaus – Solar 1980

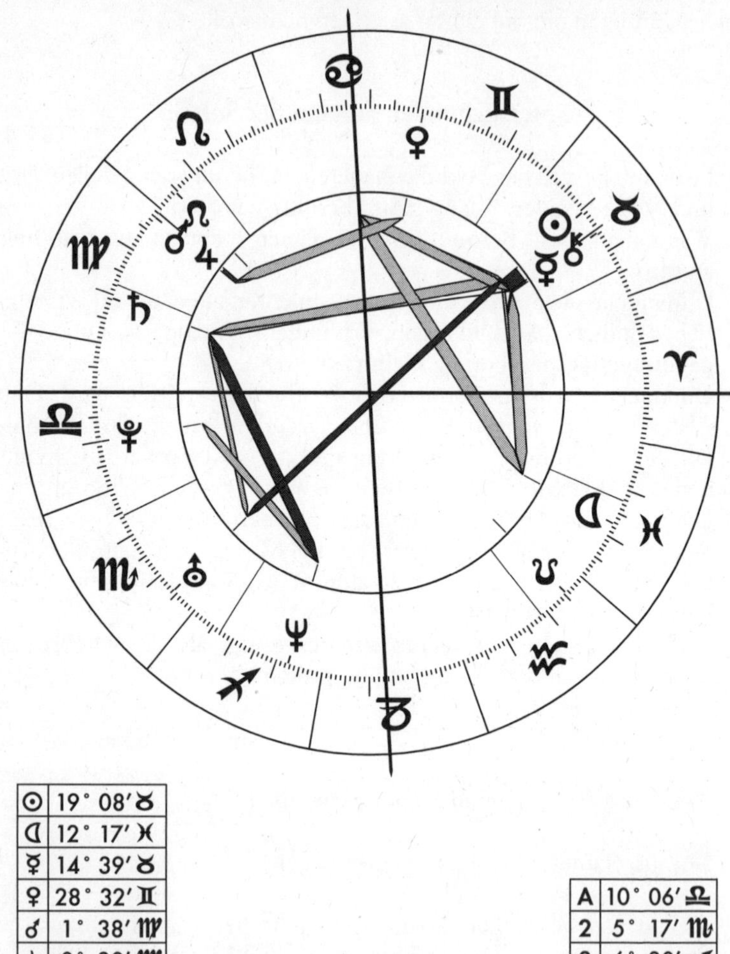

☉	19° 08′ ♉
☽	12° 17′ ♓
☿	14° 39′ ♉
♀	28° 32′ ♊
♂	1° 38′ ♍
♃	0° 30′ ♍
♄	20° R 20′ ♍
♅	23° R 45′ ♏
♆	22° R 08′ ♐
♇	19° R 36′ ♎
☊	25° R 01′ ♌
⚷	13° 58′ ♉

A	10° 06′ ♎
2	5° 17′ ♏
3	6° 30′ ♐
M	13° 04′ ♋
11	18° 19′ ♌
12	17° 18′ ♍

Solar 1980
9. 5. 1980, 15:22 GMT
Aachen, 6E03, 50N46

Häuser nach Placidus

Beispiel: Ein Solar betrachten

Es ist Mai 1980. Ich begebe mich in eine psychosomatische Klinik. Seit zwei Jahren leide ich an qualvollen Herzbeschwerden, die mich in einer Art Dauertodesangst halten. Ich habe ein Jahr lang auf den Klinikplatz gewartet und während der Wartezeit in einem Ökogartenbetrieb gearbeitet. Auch hier auf dem Acker erwischen mich die Panikattacken, aber das Ambiente ist so lebenszugewandt, natürlich wachstumsorientiert, daß ich über Phasen hinweg froher und stabiler werde.

In die Betrachtung des Solars arbeite ich nicht nur die aktuellen Transite, sondern auch die wichtigen Progressionen mit ein.

Der Solar-Aszendent im Zeichen Waage geht durch mein 4. Geburts-Feld. Es ist offensichtlich, daß ich *in mich* eintauchen muß, um mich zu finden, um gesund zu werden: und dazu brauche ich die anderen, brauche vor allen Dingen ihre Liebe und Zuwendung, brauche sie als Spiegel und Herausforderung (Widder-Deszendent). In der Klinik sind ca. 65 andere, die reichlich Spiegelfläche zur Verfügung stellen. Eine der Hauptstützen des Klinikalltags ist das *Bonding*, die Liebe und Halt gebende körperliche Berührung, die wir zu zweit, zu dritt, in Gruppen im »Liebeshaufen« auskosten. »Wann immer du es brauchst, nimm eines anderen Menschen Hand« wird hier geübt und praktiziert.

Durch die Klinik weht der Geist der Liebe, den ich auf solche bedingungslose Weise noch nie gespürt habe. Allein das ist harmonisierend und heilsam.

Der Krebs-MC des Solars geht durch mein 12. Geburts-Feld. Daß (auch) ich Geborgenheit in Gott finden kann, ist mir am Anfang zwar einiges an Widerstand wert, schließlich bin ich links, atheistisch und feministisch, doch nach und nach sickert die Message »Ohne den lieben Gott können wir nicht gesund werden« auch in meine verstopften spirituellen Kanäle. Schließlich geht Transitneptun gerade in mein 6. Feld. In dieser Zeit ist Hans-Jörg Eltens Buch »Ganz entspannt im Hier und Jetzt« auf den Markt gekommen, das ich verschlinge und mit den anderen Gästen, MitpatientInnen diskutiere. Der eher christliche Geist des Hauses wird durch die Bhagwan-Welle, die manche der TherapeutInnen erreicht hat, ergänzt. Doch Saturn steht im 12. Solar-Feld und läßt mich skeptisch und vorsichtig bleiben. Neptun im 3., Quadrat zu Saturn zeigt mir, daß ich mich zunächst über das Lesen, die Gespräche mit den anderen an das, was Spiritualität sein kann, annähere.

Encounter ist das Motto der Stunde. Für mich ist im Solar Pluto in 1. Im Rahmen des Klinikaufenthalts machen wir u.a. eine Intensiv-Woche, eine – wie ich finde – Tortur an Konfrontation und Grenzüberschreitung, Kasernenton und dynamischer Meditation, Schreien, Heulen und Zähneknirschen, und irrem Glücksgefühl, das überlebt zu haben. Dieses Motto trage ich dann auch nach Hause: Ich bin echt zu Ungeahntem fähig, ich bin stark, ich überlebe – aber ich habe auch schon meinen Vater überlebt, und weiß letztlich gar nicht genau, ob ich diese Art des Überlebens so gut finde. In der Felderwanderung laufe ich über das Quadrat zu Pluto. Im Transit steht in dieser Zeit Uranus im Quadrat zu Pluto und Pluto steht im Quadrat zu Uranus. Alte Wunden brechen auf in der Zwangssituation, mich in einer Gruppe zu zeigen, alle schreien auf mich ein, reißen mir auch die letzte Maske vom Gesicht. Wer nicht weiß, daß es Therapie ist, könnte es auch für Folter halten. Und es *ist* grausam für mich, ich *habe* eine panische Angst. Muß Sich-Ergeben so aussehen – ich denke nicht.

Nichtdestotrotz bin ich stärker als sonst. Die Solar-Sonne steht im 8. Feld. Auch das unterstreicht die Veränderung, die ich erlebe, indem ich durch eine Therapie gehe, die ich als Hölle empfinde. Daß meine Identität ein ziemlicher Schrotthaufen war, ist mir klar, aber mich als solch zitternden Haufen eines Nichts (wieder) zu erleben, finde ich schrecklich.

Uranus steht gegenüber von der Sonne im 2. Feld, mein gewohnter Boden ist zerbröckelt. Eine neue Art von Wertschätzung taucht auf, die ich überhaupt noch nicht kannte: Ich werde in der Klinik um meiner selbst willen geliebt, weil ich Mensch bin, ohne was zu leisten, ohne was zu tun – einfach nur, weil es mich gibt. Insgesamt gibt es einen Umbruch all meiner bisherigen Werte.

Trotz und wegen all der Höllenfahrten im Angesicht der Liebe finde ich zu einem neuen Selbstbewußtsein, bzw. ich finde erstmals dazu. Uranus hat als Transit schon länger an der Sonne geknabbert – nun in der Klinik erlebe ich genau dies als einen Durchbruch: Auch ich bin was wert! Meine Sonne wird wach! Ich kriege Boden unter die Füße. Dies wird auch beschrieben durch das Eintreten des progressiven Mondes ins 2. Feld.

Fischemond im 5. Solar-Feld zeigt mein Aufweichen, daß ich mich zeigen lerne, daß ich beten lerne, daß ich meine Gefühle rauslassen kann, weil ein vertrauensvollerer Umgang möglich ist. In der Klinik ist ja nicht nur Encounter. Ich lerne bei Al-Anon das 12-Schritte-Programm der anonymen Alkoholiker kennen, auf mich als Angehörige, als erwachsene Tochter eines Alkoholikers, zugeschnitten. Im 4. Schritt des 12-Schritte-Programms geht es »um eine gründliche, fruchtlose Inventur unserer selbst«, erste Versuche, einen Überblick über mein Leben zu bekommen.

Während ich in der Klinik bin, steht der direktionale Neptun in Opposition zu meiner Sonne. Jetzt erst wird mir das Ausmaß des Trinkens meines Vaters für mein Leben bewußt. Ich beginne, ihn in seiner Krankheit zu sehen. Neptun zeigt ganz deutlich die neue Richtung, die ich in meinem Leben finde: Seitdem begleitet mich die Beschäftigung mit dem spirituellen Weg.

Im Solar findet sich dann noch eine Konjunktion von Mars und Jupiter in der Jungfrau im 11. Feld, was einen weiteren Aspekt des Klinikalltags beschreibt. Über Kneippen, Frühsport und Meditation gibt es ein riesiges Programm zum Aufbau der körperlichen Gesundheit, das ich – neben der neuen geistigen Orientierung – als stärkend empfinde. In der Gruppe finde ich Kraft und einen ungeahnten Mut, aufzustehen, etwas zu sagen, mich angreifen zu lassen, mich mitreißen zu lassen, und andere anzutörnen.

Zwillingevenus im 9. unterstreicht das nur. Im Geist der Liebe öffnen sich ungeahnte Horizonte. Ich lerne hier etwas, was u.a. meinen bisherigen Feminismus erschüttert. Ich lerne, die anderen gleichermaßen zu lieben: Männer wie Frauen. Ich sehe, daß sie alle wunderbare, interessante Seiten haben, die ich im normalen Leben nie kennenlernen könnte, und das nicht, weil es sie nicht gibt, sondern weil wir uns im Alltag nicht so zeigen, wie es hier täglich geschieht.

Nach der Klinik gehen die Krisen zu Hause weiter. Ja, ich bin stärker und mutiger. Die Herzattacken kommen nur noch bei extremer Belastung. Doch völlig anders ist das Leben eben nicht. In der Wohngemeinschaft dampft und kracht es. Transitsaturn ist ins 4. Feld gegangen. Transituranus steht im Quadrat zum Mond, und wir gehen schließlich auseinander. In der Felderwanderung gehe ich über das Quadrat zum Mond und ziehe schließlich nach einer Übergangsphase mit meiner Freundin zu zweit zusammen.

Transitsaturn im Quadrat zu Mars quält mich mit den immer wiederkehrenden Fragen, was denn aus mir werden soll, manchmal fühle ich mich matt und depressiv, als sei ich nie in der Klinik gewesen.

Aber ich bin am Ball mit den Anonymen, lese wie wild alles mögliche aus dem »Spiritfach« in unserem Frauenbuchladen, in dem ich arbeite, und lasse mich von einem Freund zu einem Astrologiekurs mitnehmen, Transitjupiter ist im Quadrat zu Mars. Früher fand ich das ja alles Quatsch, nun aber bin ich offen, neugierig und spontan und völlig begeistert, vor allem von der Art, wie Hans Taeger die astrologischen Prinzipien vor uns ausbreitet: voller geistiger Weite und einem bahnbrechenden Humor.

Im Dezember, bei meinem ersten Astrokurs, steht Transitpluto auf Neptun und der direktionale MC in Opposition zu Neptun. Von der Astroreise aus erschließt sich für mich schließlich der spirituelle Weg. Transituranus im Trigon zu meinem Fische-MC läßt ihn erwachen. Mit Jupiter und Saturn am Mars arbeite ich ab sofort wie wild an der Astrologie. Das Solar für 1981 findet mich dann nicht von ungefähr mit einem Schütze-Aszendenten.

Der Kreislauf des Lebens

Lebensgeschichte und Geschlecht

Schon das Wort Lebenslauf erweckt den Eindruck eines kontinuierlichen Vorwärtsströmens, einer linearen Entwicklung, als bewegten wir uns von einem Start zum Ziel. Normalerweise liest sich das so: Aus dem Kind wird ein Jugendlicher, ein Erwachsener, der Mensch wird alt, und mit jedem Lebensschritt, mit dem Älterwerden, wächst Identität, wächst Reife. In unserem Leben zeigt sich aber, daß wir je nach Geschlecht verschiedene Leben leben, verschiedene Vorstellungen von Identität und Reife haben. Geschlechtsrollen bestimmen unser Verhalten, unseren Weg.

Ein kleines Mädchen wird zum Mädchen, zur jungen Frau, zur Frau, evtl. zur Mutter (verhält sich an manchen Punkten aber wie ein kleines Kind), zur alten Frau (die vielleicht verzweifelt nicht alt werden will) – mit einem weiblichen Begriff von Reife. Ein kleiner Junge wird zum Jungen (der sich in manchen Bereichen vielleicht schon aufführt wie ein Mann), zum jungen Mann, zum Mann (der sich in einigen Punkten wie ein Baby verhält), evtl. zum Vater, zum alten Mann – mit einem männlichen Begriff von Reife, von einem Lebensziel.

Männliche Identität

Erik Erikson entwickelte das Konzept der stufenweisen, kumulativen Identitätsentwicklung. Die klassische psychologische Entwicklungspsychologie war wie er am männlichen Modell orientiert. Ein Junge ist in einer patriarchalischen Kultur dazu ausersehen, ein eigenständiges, dauerhaftes Ichgefühl zu entwickeln: Autonomie ist hier das Schlüsselwort. Jungen wurden und werden auf ihrem Weg der Ablösung in die Eigenständigkeit hinein gefördert: Sie sollen ihren Weg gehen, Individuen, Helden sein. Auf unserem Planeten sind fast ausschließlich Mütter und Frauen für die frühkindliche Erziehung zuständig. Von der Mutter aber soll sich der Junge wegentwickeln, um anders zu werden, ein Mann zu werden. So definiert sich männliche Entwicklung und Identität über Loslösung und Abtrennung, Getrenntheit. Jungen kommen so relativ früh in Kontakt mit ihrem Saturn.

Die Ideen der Selbständigkeit, des erwachsenen, autonomen Denkens und des eigenverantwortlichen Handelns werden mit Männlichkeit assoziiert: Ein Mann geht seinen eigenen Weg – gegen alle Widerstände und im Grunde allein – so die Ideologie. Das ist der männliche Traum, der für junge Männer verlockend ist, allerdings fehlen ihnen in vielen Fällen gelungene männliche Vorbilder. Der Junge, der sich von der Mutter fortbewegt, bräuchte einen Vater, der ihm einen männlichen Weg, männliche Identität vormacht. Die Väter sind aber in den Zeiten des Krieges an der Front, in der Industriegesellschaft abwesend – allenfalls Feierabendväter – und in den modernen postindustriellen Zeiten in Massen arbeitslos und selbst in ihrer Identität erschüttert.

Weibliche Identität

Ein unabhängiger weiblicher Lebenslauf ist eine äußerst seltene Erscheinung. Die weibliche Entwicklung, die weibliche Identität zielt auf Verbundenheit. Frauen sind deswegen selten in gelungenem Kontakt mit ihrem Saturn.

Mädchen können dem Leitbild der Mutter folgen, eine dem männlichen Modell nachempfundene Abtrennung ist nicht angesagt. Da das weibliche Geschlecht im Patriarchat aber insgesamt keine vergleichbare Wertschätzung wie das Männliche erfährt, gehen Frauen einen vor ihnen bereits ausgetretenen Weg der Selbstentwertung. Weibliche Selbstbestimmung liegt nicht in der Zerstörung der Mutterbindung, sondern in Loslösung und Verwandlung, Neugestaltung und Wieder-Annäherung der Mutter-Tochter-Beziehung. Eine Grenzsetzung in Verbundenheit ist ein äußerst schwieriges, nichtsdestotrotz notwendiges Unterfangen.

»Das schwer faßliche Mysterium der weiblichen Entwicklung liegt in der Erkenntnis der andauernden Bedeutung der Bindung im menschlichen Lebenszyklus. Die Aufgabe der Frau im menschlichen Lebenszyklus ist es, diese Erkenntnis wachzuhalten, während die Litaneien der Entwicklungspsychologie den Wert der Ablösung, der Autonomie, der Individuation und der naturgegebenen Rechte preisen.« (Carol Gilligan: *Die andere Stimme,* S. 34) Weibliche Identität findet sich in Beziehung, in Interdependenz. Frauen definieren sich im Kontext von Beziehungen. Beziehungsverlust kann sich deshalb als Identitäts-, als Selbstverlust zeigen.

Wenn wir uns an unsere Lebensgeschichte heranwagen, ist es zunächst nötig, uns in unserem Geschlecht zu sehen. Beschrieben wird von uns das Leben einer Frau oder eines Mannes in einer Welt patriarchaler Werte. Diese Werte sind nicht nur beschränkend für Frauen. Das Patriarchat frißt auch seine männlichen Kinder, die nicht in seinem Sinne funktionieren können und funktionieren wollen.

Hier stellt sich die Frage nach den Grenzen von Selbstbestimmung, wenn Rollen vorgegeben und eng gesteckt sind, wenn Authentizität für beide Geschlechter letztlich ein zu erringendes Gut ist. Das männliche Selbst ist zwar mehr im Einklang mit dem, was in dieser Welt geachtet und gefördert und entlohnt wird, aber auch Männer bezahlen einen hohen Preis: Gefährlich sind Bindung, Intimität, Regression und Hilflosigkeit.

Auf der Suche nach dem wahren Selbst

Fast alle Frauen werden dazu gebracht, sich ein künstliches Selbst zuzulegen, das BILD einer Frau zu erfüllen. Wenige leben ihre wilden, freien, frechen, unbändigen, klugen, kämpferischen Seiten voll aus, wenige können ihren Körper akzeptieren, fast alle passen sich an, machen Kompromisse, stecken zurück, werden beschnitten und schlechter bezahlt. Jean Baker Miller sagt, daß weibliche Authentizität, das Ziel weiblicher Entwicklung, »(...) aus bestimmten Beziehungsformen resultiere – aus Beziehungen frei von Herrschaft und Unterwerfung«. (Emily Hancock: *Tief unter unserer Haut,* S. 289)

Für dieses Ziel gehen Frauen einen langen und harten Weg der Selbstfindung, der Selbstermächtigung. Autonomie als Zielformulierung hat bei Frauen einen verbindenden Aspekt: Je mehr sie sie selbst sind, um so bessere Beziehungen können sie führen, wenn sie es wollen, um so bewußter und achtsamer können sie mit sich und anderen umgehen. Und erst in der mühsam errungenen Abgrenzung zur Mutter, in einem Aufbau des eigenen Saturn entsteht die Fähigkeit, für sich zu kämpfen (Mars). Ohne Abgrenzung können wir auch nicht wütend werden (Mars) und uns durchsetzen.

Auf der Suche nach dem abgespaltenen Teil

Wir werden alle im Verlauf unserer Lebensgeschichte auf Phasen treffen, wo wir uns selbst ganz nah, und wo wir erschreckend fern von uns waren.

Generell verlaufen männlicher und weiblicher Lebenslauf verschieden – different. Frauen auf der Suche danach, ihre diversen Anteile zu leben, werden versuchen, Kinder, Familie und Beruf zu erleben, viele brechen zu ihrem eigenen Leben auf, wenn die Kinder größer sind. Männer wenden sich nach Jahren harter Arbeit auf der Karriereleiter zu dieser Zeit eher der Beziehung und der Familie zu, auf der Suche nach dem abgespaltenen, dem gefühlsorientierten Teil. Die Begegnung mit dem bislang abgespaltenen Teil ist das, was die »Krise der Lebensmitte« ausmacht. Gail Sheehy schreibt in »In der Mitte des Lebens«, einer Untersuchung, die sich auf bürgerliche Familien konzentriert, daß sich in dieser Zeit männliches und weibliches Voranschreiten wie bei einem Rhombus am weitesten voneinander entfernt haben.

Der Lebenslauf ist kreisförmig

Wenn wir uns die Frage stellen, wann wir am meisten wir selbst waren, müssen wir vielleicht weit in unsere Geschichte zurückgehen. In ihren Untersuchungen fand Emily Hancock heraus, daß im Leben von Frauen die Zeit zwischen 8–10 Jahren die Zeit ist, in der das Mädchen noch relativ ungebrochen seine Kraft spürt. Viele Frauen nehmen erst spät wieder Kontakt zu diesem Mädchen auf und entdecken in dieser Begegnung ihr Selbst vor der Selbstaufgabe, die sie mehr oder weniger mit dem Frausein praktizierten.

»Das Muster der Identitätsentwicklung, das diese Frauen aufgedeckt haben, steht in deutlichem Gegensatz zu vereinfachenden psychologischen Theorien. Der kreisförmige Charakter, der sich bei diesen Frauen für den Prozeß der Selbstfindung als typisch erwies, widerspricht dem von Erikson aufgestellten linearen Stufenplan. Frauen bilden ihre Identität nicht in der Adoleszenz heraus, sie greifen vielmehr als Erwachsene auf ihre Mädchenzeit zurück, um zu ihrem authentischen Selbst zu finden. Jede der befragten Frauen hatte bereits im frühesten Lebensstadium eine Identität entwickelt, die sie als authentisch, wahr und echt empfunden hatte, die ihr aber in den nachfolgenden Jahren verlorengegangen war. Wenn die Einzelheiten auch unterschiedlich waren und die Diskontinuität variierte, jede der Frauen, die ich zu ihrer Identitätsentwicklung befragte, hat von dem erstaunlichen Phänomen gesprochen, daß sie ihr Selbst verloren und wiederentdeckt hatte.« (Hancock: *Tief unter unserer Haut,* S. 275)

Das lineare Modell der Reife trifft auf Frauen nicht zu, denn es negiert den Faktor Beziehung, es beschreibt eher die einsame Reise eines Mannes im Patriarchat, die so auch nicht stattfindet, nichtsdestotrotz ideologisch überhöht ist.

Bei all unseren biografischen Forschungen ist es nötig, das Geschlecht der beteiligten Personen zu berücksichtigen und die Gefangenheit im Geschlecht: Mütter, Töchter, Schwestern als Frauen, Väter, Söhne und Brüder als Männer zu betrachten und zu verstehen.

Der Felderkreis der Astrologie

In der Astrologie haben wir es mit einem kreisförmigen System zu tun. Wir haben den Tierkreis und den Felderkreis. Die Planeten bewegen und plazieren sich im Tierkreis (der scheinbaren Bahn der Sonne um die Erde) und gestalten über den Felderkreis im Leben der einzelnen Erfahrungs- und Aufgabenbereiche.

Wir können uns vorstellen – da unser Leben ja mit dem Aszendenten beginnt –, daß wir uns mit dem Älterwerden durch die Felder bewegen. Louise und Bruno Huber haben ein Buch verfaßt mit dem Titel »Lebensuhr im Horoskop«, in dem sie die Idee des *Alterspunktes* vorstellen, der sich direktional durch das Geburtsbild vorwärtsbewegt. Pro Feld (sie verwenden dabei Koch-Felder) bewegen wir uns dann um 6 Jahre weiter. Mit 18 stünden wir dann am IC, mit 36 am Deszendenten etc. Interessanterweise wird aber auch mit Placidus- und äqualen (30 Grad-) Feldern mit dem Alterpunkt gearbeitet. Wie so oft stehen wir in der Astrologie – angesichts einer enormen Methodenvielfalt – vor der Aufgabe, uns selbst an die Überprüfung zu machen.

Die Felderwanderung

Aber jenseits des Felderstreits begeistert die Idee einer *Felderwanderung,* in der wir uns mit der Zeit selbst durch unser Geburtsbild bewegen und so eine immer neue Perspektive zum Ganzen einnehmen. Was Emily Hancock »kreisförmiges Wachstum« nennt, läßt sich im Felderkreis wiederfinden: In unserem Älterwerden schreiten wir voran, in unserer Entwicklung können wir aber ohne weiteres gleichzeitig an verschiedenen Punkten sein, die vom Kreis umschlossen werden. In manchen Punkten sind wir eben ganz klein, ganz zart, in anderen Bereichen durften wir uns aufgrund bestimmter Umstände nicht ausleben, für den dritten war angesichts von familiärer oder beruflicher Einbindung und Zwangslage überhaupt kein Raum. Manche Frau wird erst mit vierzig Mutter und hat schon eine eigene Karriere hinter sich, andere Frauen fangen jetzt erst an, sich beruflich zu orientieren, während Männer – nach der klassischen Phasentheorie maßgebend – um diese Zeit ihre beruflichen Verpflichtungen neu einschätzen. Noch 1968 erklärte Erikson, daß weibliche Reife hieße, sich als Frau von der Fürsorge durch die Familie zu lösen, um einen fremden Mann zu lieben und sich der Fürsorge für den eigenen Nachwuchs zu verpflichten.

Wenn wir auch bestimmte Zeiten – sprich Felder – nicht ausleben konnten, können wir »nacharbeiten« und Rückgriffe machen, während wir uns im Kreis vorwärtsbewegen. Das ist ja genau, was in der Therapie geschieht, daß Defizite aus der Vergangenheit aufgearbeitet werden.

Der Felderkreis läßt sich als Spirale betrachten. Reif werden bedeutet dann auch, Erfahrenes neu zu bewerten, einen anderen – höheren – Standpunkt dazu einnehmen zu können, verlorene Teile wiederfinden zu können, sich selbst neu definieren zu können, das Leben bewußter zu gestalten.

Die retrograde Felderwanderung

Mit der Geburt gehen wir ins erste Feld hinein. Wir werden von unserer Mutter abgenabelt, beginnen eine eigene Existenz. Wir gehen den Weg nach rechts.

Gleichzeitig begeben wir uns auch nach links ins 12. Feld. Es gibt zusätzlich zur Idee der direktionalen Felderwanderung, des Alterspunktes, auch das Konzept einer retrograden Felderwanderung, bei der jedes Feld vom Aszendenten aus rückwärts durch das Geburtsbild in 7 Jahren durchschritten wird. Dann wären wir rückwärts durch die Felder gehend mit 21 am MC, mit 42 am Deszendenten etc. Knapp zusammengefaßt ließen sich diese beiden unterschiedlichen, und doch zwingend zusammengehörigen Wege als »der rechte Weg des Machens« (ins 1. Feld) und »der linke Weg des Seins« (ins 12. Feld) überschreiben. Der rechte Weg spiegelt die Ausdehnung in die Umwelt, ist entwicklungsorientiert, hat mit Selbstentdeckung und Selbsterweiterung zu tun. Der linke Weg spiegelt die vom Persönlichen gelösten Entwicklungen, die dazu führen, sich dem überpersönlichen Bereich anschließen zu können.

Der Weg ins 1. Feld ist auch der Weg ins 12. Feld

Auch wenn wir auf die Welt gekommen sind, erleben wir uns zunächst nicht getrennt von der Umwelt, nicht getrennt von unserer Mutter. Da ist kein Unterschied zwischen *Ich* und *Nicht-Ich*. Als Baby wußten wir nicht, daß es immer WIR als eine und dieselbe Person sind, die gebadet, gefüttert und spazierengefahren wurde. Erst im Laufe der Zeit haben wir gelernt, Momente zu einer Kontinuität zu verbinden, Einzelerfahrungen zu integrieren, eine Art Lebenslinie zu erfahren. Optimalerweise wurde diese Kontinuität durch die liebevolle, »haltende« Präsenz unserer Mutter vermittelt, die uns vor Traumata – dem Abbruch der Lebenslinie – bewahrte, und die (meistens) wußte, was wir brauchten. Unser Ich baute sich auf. Es ging aber auch immer wieder verloren, wenn z.B. Ruhe war, wir herumlagen, wir alleine waren, nichts mit uns gemacht wurde. Diese Erfahrungen der Ich-Losigkeit sind Vorläufer der Fähigkeit, alleine zu sein und zu entspannen. (Das Zeichen an der Spitze des 12. Feldes beschreibt, wie wir uns fühlen, wenn wir ins Alleinsein geworfen sind oder wenn wir den Rückzug freiwillig wählen und ihn dann ausfüllen.) Aus der Entspannung steigt schließlich von ganz alleine ein *Impuls* auf (Widder/Mars/1. Feld), der dann wieder zu einer Erfahrung führt. D.h., die Mutter (bzw. eine hingebungsvolle Person) braucht nur da zu sein. Optimalerweise manipuliert sie das Kind nicht, sie wartet, bis ein Impuls vom Baby kommt. Sie hält die Linie, aber sie macht sie nicht: *Sein* ist möglich, und aus diesem *Sein* entsteht *Tun*. Der englische Kinderarzt und Psychologe D.W. Winnicott schreibt dazu: »Kreativität ist das Tun, das aus dem Sein entsteht.« (Davies/Wallbridge: *Eine Einführung in das Werk von D.W. Winnicott,* S. 66)

Am *Anfang* ist das *Sein,* aus dem heraus *Tun* entsteht.

Der Aszendent beschreibt die Geburt. Er ist Spitze des 1. und Ende des 12. Feldes, Beginn unseres eigenen Lebens, das uns ermöglicht wird durch die Symbiose mit unserer Mutter. So lassen sich 12. und 1. Feld auch sehen wie die beiden Arme unserer Mutter, die uns in verschiedener Weise halten. Mit dem linken Arm garantiert sie vertrauenswürdig haltend unser *Sein,* mit dem rechten erlaubt sie uns eigene Impulse, und mit dem rechten greift sie aber selbst dann und wann schützend und auch störend und dadurch ich-fördernd ein, wenn die Störung nicht zu massiv ist.

Wird dem Baby weitgehend überlassen, daß Handeln aus ihm selbst entsteht, ist es der Erzeuger, der Schöpfer seiner Welt. »Man stelle sich ein Baby vor, das noch nie gefüttert wurde. Es wird hungrig, und Phantasievorstellungen tauchen auf; aus seinem Bedürfnis heraus erschafft sich das Baby eine Quelle der Befriedigung, obwohl keine vorhergehende Erfahrung ihm zeigt, was es erwarten kann. Wenn die Mutter in diesem Moment ihre Brust dort anbietet, wo das Baby etwas erwartet, und wenn man dem Kind viel Zeit läßt, mit Mund und Händen und vielleicht mit dem Geruchssinn alles um es herum zu befühlen und zu betasten, dann erschafft es genau das, was da ist und darauf wartet, entdeckt zu werden. Es hat schließlich die Illusion, daß diese reale Brust genau das ist, was es aus Bedürfnis, Gier und dem ersten Impuls primitiver Liebe erschaffen hat. Anblick, Geruch und Geschmack werden registriert, und nach einer Weile wird sich das Baby vielleicht genau die Brust schaffen, die die Mutter anzubieten hat. Tausendmal, bevor das Kind entwöhnt wird, mag es eben diese Einführung in die äußere Realität durch eine bestimmte Frau, die Mutter, erhalten. Tausendmal hatte es das Gefühl, daß das, wonach es verlangte, von ihm erschaffen wurde und auch da war. Daraus entwickelt sich der Glaube, daß die Welt das enthält, was das Kind verlangt und braucht, und folglich hat es die Hoffnung, daß eine lebendige Beziehung zwischen innerer und äußerer Realität besteht, zwischen angeborener primärer Kreativität und der Welt im ganzen, in der wir alle gemeinsam leben.« (Davies/Wallbridge, S. 72)

D.h., das Baby lebt aus einer Illusion heraus (12. Feld): Es hat die Illusion, das erschaffen (1. Feld) zu haben, was ist. Es hat die Illusion der Allmacht, der Omnipotenz.

Dies setzt eine mit dem Kind kooperierende Mutter voraus. »Die hinreichend gute Mutter befriedigt die Omnipotenz des Säuglings und macht sie bis zu einem gewissen Grad plausibel. Sie tut dies wiederholt. Die Stärke, die das schwache Ich des Säuglings dadurch erlangt, daß die Mutter den Omnipotenzäußerungen des Säuglings entgegenkommt, erweckt ein Wahres Selbst zum Leben.« (Davies/Wallbridge, S. 82)

Omnipotenz ist für das Kind Erfahrungssache: Seine Bedürfnisse werden befriedigt. Hier ist Realität identisch mit der schöpferischen Fähigkeit des Kindes. Hier gibt es eine Einheit (Neptun): Das Kind trinkt von einer Brust, die zu seinem Selbst gehört, und die Mutter nährt einen Säugling, der zu ihrem Selbst gehört.

So gestehen wir unseren Babys und Kleinkindern auch in der Folge eine Welt der Illusionen – des Spielens – zu, in der Teddys Tröster sind, Puppen FreundInnen, Kartons Schiffe und Bauklötze ein Paradies. Ohne diese Objekte, die Winnicott Übergangsobjekte nennt, können wir keine Realität erschaffen. Die Illusion des Babys, die Brust zu erschaffen, des Kleinkinds, verschwunden zu sein, wenn es die Augen schließt etc., ist ein intermediärer Erfahrungsbereich »(...) der nicht im Hinblick auf deine Zugehörigkeit zur inneren oder äußeren Realität in Frage gestellt wird. (Er) begründet den größeren Teil der Erfahrungen des Kindes und bleibt ein Leben lang für außergewöhnliche Erfahrungen im Bereich der Kunst, der Religion, der Imagination und der schöpferischen wissenschaftlichen Arbeit erhalten.« (D.W. Winnicott: *Vom Spiel zur Kreativität,* S. 25)

Natürlicherweise wachsen die Fähigkeiten des Babys, sich von der Mutter fortzubewegen. Die Mutter wird sich ebenso natürlicherweise mehr und mehr vom Baby abtrennen. Sie wird dem Baby zunehmend auch Erfahrungen zubilligen und zumuten, die es erleben lassen, daß sie ein Einzelwesen ist und daß es eine Realität gibt, die desillusionierend ist, die u.U. als Kränkung erfahren wird, die das (gehaltene) Baby aber ertragen kann. Aus dem Zustand völliger Abhängigkeit geht das Baby in einen Zustand relativer Abhängigkeit über (ab ca. 6. Monat): *Ich* und *Nicht-Ich* werden immer mehr als Verschiedenes erfahren.

Wird aber das Kind zu früh in seinem *Sein* gestört, wird zuviel und vor allen Dingen zu viel ihm nicht Entsprechendes mit ihm gemacht, *Muß* es reagieren: Es wird ins *Tun,* ins *Machen* hineingedrängt.

Wenn wir unsere Leben anschauen, werden wir schnell sehen, in welchem Bereich wir mehr zu Hause sind. Wir können an unseren Geburtsbildern gewisse Tendenzen ablesen: Betonungen des ersten Feldes in die untere Hälfte des Geburtsbildes hinein bedeuten einen Überhang im Machen, Agieren und Reagieren, *Ich.* Betonungen im 12. Feld in die obere Hälfte des Geburtsbildes hinein zeigen einen Überhang im Sein, *Nicht-Ich.* Und beide Seiten von Ich und Nicht-Ich ergeben das ganze Selbst.

Der Weg ins 12. Feld zeigt uns also den Weg ins Sein, zeigt uns die Kraft der Illusionen. Winnicott sagt, die dem Baby zugestandene Illusion hat im Leben der Erwachsenen einen bedeutenden Anteil an Religion und Kunst. Grenzenlose Schöpfungspotenz, Magie und der Zauber unserer frühen Tage bleiben in unserem Leben lebendig in Form von Märchen, Fantasien und Träumen, in der Kreativität, im Kommenlassen, Nicht-Tun, Entspannen, Entstehenlassen, in dem Wissen, daß es eine Antwort gibt, wenn wir rufen. Optimalerweise ist durch unsere Mutter im 12. Feld das Vertrauen entstanden, das wir brauchen, um uns ins Leben hineinzubewegen (1. Feld). Entscheidend für unseren Ich-Aufbau ist die *Hingabe* (12. Feld) der Mutter. Die Mutter weiß, was das Kind braucht. »Der Grund dafür ist ihre *Hingabe;* sie ist die einzige Motivation, die funktioniert.« (D.W. Winnicott: *Familie und individuelle Entwicklung,* S. 40)

Die neptunischen Fähigkeiten der Einfühlung, des Zurückstellens eigener Interesse, der Selbstaufgabe, d.h., die aktive Anpassung an die Bedürfnisse des Babys entwickelt eine – hinreichend gute – Mutter ohne Anleitung, d.h., die Fähigkeit ist in uns, und unter bestimmten Bedingungen sind wir in der Lage, *Alles* zu geben ohne Rücksicht auf uns selbst. Diese Fähigkeit erlaubt dem Baby die Entwicklung einer Ich-Stärke, die es durchs Leben trägt.

Den retrograden Feldern folgen

Wenn wir die retrograden Felder im Geburtsbild betrachten, ist es wichtig zu sehen, daß wir hier aus dem 12. Feld schauen, mit einem Blick voller Annahme, voller Hingabe an alles, was geschieht, ohne Widerstand und Willensenergie. Was immer wir aus dieser Perspektive erleben, geht einfach in uns rein oder durch uns durch. Im Gegensatz dazu sind die Erfahrungen, die wir auf der direktionalen Felderreise machen, Aufforderung an unseren Kampfgeist, an unseren Eigenwillen, an unsere Selbstbehauptung. Aus der Perspektive des 12. Feldes ist alles eine Illusion, ein Traum.

Im 12. Feld sind wir nahe der Mutter, nahe dem Urgrund. Wir sind voller Fantasie und das Leben ist noch ein Wunder. *Das Leben ist ein Traum, doch wir wissen nicht, daß es ein Traum ist* – Eins mit dem Traum sind wir im Wasserelement.

Mit 7 Jahren gehen wir dann ins 11. Feld und werden über die Schule in kollektive Prozesse eingebunden, werden Teil eines Klassenverbandes, im Sportverein Teil eines Teams und im Kreis der FreundInnen Teil einer Gruppe. Die Konzepte darüber, wie denn die Welt zu erklären sei, werden differenzierter, die Schule will und soll uns an den aktuellen Wissensstandard heranführen. Medien stehen uns zusehends mehr zur Verfügung. In ersten Rebellionen am Ende des 11. Feldes setzen wir uns vom Alten ab, wir sind modern, zukunftsweisend, am Ball der Zeit. *Wir spielen mit dem Traum, träumen aktiv.* – Wir sind im Luftelement.

Mit 14 geht's ins 10. Feld und die Themen der Berufsfindung und des Erwachsenwerdens treten mehr ins Leben. Verantwortlichkeiten werden größer und die Abtrennung vom Zuhause erfolgt. *Die Traumwelt verdichtet sich zu einer Realität. Der Traum ist wirklich.* – Wir sind im Erdelement.

Mit 21 betreten wir das 9. Feld und experimentieren auf der Suche nach unserem eigenen Lebensstil und Weltbild und der Entwicklung eines Lebensideals, für das es sich dazusein erst lohnt. *Wir engagieren uns in unserer Realität, brennen für oder gegen sie, suchen nach einem neuen, einem besseren Traum.* – Wir sind im Feuerelement.

Mit 28 wechseln wir ins 8. Feld und erleben eine oft krisenhafte Infragestellung unserer selbst, was uns einen entscheidenden Schritt bei der Ablösung von elterlichen und gesellschaftlich vorgegebenen

Werten ermöglicht, einen Durchbruch zu dem, was uns in unserer Essenz ausmacht. *Wir sind nicht so ideal wie unser Traum. Unsere Ängste und Fixierungen sind eher ein Alptraum, wir verstehen unter Schmerzen, daß auch der schlimmste Horror nur ein Traum ist.* – Wir sind im Wasserelement.

Mit 35 gehen wir ins 7. Feld und reifen zu mehr Toleranz und zu größerer Beziehungsfähigkeit und zur Einsicht, daß alles, was um uns geschieht, auch mit uns zu tun hat. *Wir erkennen alle in ihren Träumen, Illusionen und Projektionen und gestehen ihnen zu, daß ihre anders sind als unsere. Wir relativieren unsere Träume.* – Wir sind im Luftelement.

Mit 42 wechseln wir ins 6. Feld. Auch die letzten Eckchen unserer Seele werden ausgeleuchtet und ausgemistet, wir werden feiner in der Betrachtung von uns selbst und der Welt, achtsamer mit unserem Körper, sozialer in bezug auf andere. Wir verstehen, daß alles voneinander abhängig ist und in Abhängigkeit geschieht. *Wir arbeiten methodisch an der Erkenntnis, daß alles ein Traum ist, daß da nichts ist und doch etwas erscheint.* – Wir sind im Erdelement.

Mit 49 geht es ins 5. Feld hinein, und wir sind mehr und mehr in der Lage, unser Wissen und unsere Weisheit an unser Herz anzubinden. Wir wissen mehr, was uns wichtig ist, die Abhängigkeit von Außenbestätigung ist einer größeren Souveränität gewichen. *Wir verstehen, daß unser Geist der Boss ist, er träumt den Traum.* – Wir sind im Feuerelement.

Mit 56 betreten wir das 4. Feld und kommen immer mehr heim zu uns selbst. Wir sind uns vertraut, können gut für uns sorgen. Wir wissen nun, daß nur wir für unser Glück verantwortlich sind. Wir können uns sogar müheloser um andere kümmern, weil wir zu unserer inneren Quelle vorgestoßen sind. Das kostet uns noch mal einiges. Wir werden sanft und bestechend klar. *Wir wissen nun, daß wir, die wir den Traum träumen, selbst ein Traum sind. Voller Vertrauen lassen wir los.* – Wir sind im Wasserelement.

Mit 63 wechseln wir ins 3. Feld, verabschieden uns langsam aus dem Berufsleben und wenden uns unseren eigenen Interessen und der direkten Lebensumgebung zu. Wir gehen verstärkt unseren Hobbies nach, reisen, treffen andere in interessanten Kursen oder Gruppen, tauschen uns mit Gleichgesinnten aus, geben unser Wissen und unsere Lebensweisheit weiter. Jenseits der Berufswelt sind vor allem die FreundInnen wichtig, und wir sind freier und offener. *Im Wissen, daß alles ein Traum ist, werden wir lockerer, leichter und fröhlicher, und nehmen alles, was kommt, wie es kommt.* Durch alles, was geschieht, gehen alte Prozesse zu Ende, warum sich dann widersetzen? – Wir sind im Luftelement.

Mit 70 betreten wir das 2. Feld und relativieren zunehmend unser Verhältnis zu unserem Besitz, zu unserem Körper und zur Materie überhaupt. Verstärkt kümmern wir uns um das, was wirklich substantiell ist, was *bleibt,* wenn wir gehen, wenn wir sterben. Wir sehen, welch ungeheuren inneren Reichtum wir angesammelt haben und noch weiter sammeln können. Wir fühlen uns endlich sicher durch das Verstehen, daß alles unsicher und vergänglich ist. *Im Wissen darum, daß alles in uns ist, daß wir reich sind, hört das Greifen auf.* – Wir sind im Erdelement.

Mit 77 gehen wir ins 1. Feld. Wir machen uns bereit für den Abschied und einen neuen Start. Es geht nur noch um's *Sein,* um das spontane Dasein in diesem Moment, jenseits von Konzepten und Vorstellungen, frei von Angst und Ernsthaftigkeit, mutig wie ein Kind. *Das verstehen, daß alles ein Traum ist, hinterläßt nichts als Liebe, die sich auf alle Menschen ausdehnt. Wir gehen ins Licht.* – Wir sind im Feuerelement.

Wie gesagt, dieser retrograde Weg durch die Felder beschreibt sehr idealistisch, was uns auf dem Weg, das Leben als Traum zu erkennen, begegnen mag.

In unserer westlichen Welt schreit aber alles nach *Ich*-Werdung, Egoaufbau, nach Materialisation, es schreit danach, daß wir uns auf den Weg machen, direktional durch die Felder zu laufen.

Auf zwei Wegen gleichzeitig

Wir gehen also vom Aszendenten ins 1. Feld hinein auf die direktionale und gleichzeitig ins 12. Feld hinein auf die retrograde Felderwanderung.

Dies geschieht parallel. Die beiden Wege trennen sich zunächst, um sich dann mit 38 Jahren und 10 Monaten zu treffen (im 7. Feld), sich erneut voneinander zu lösen, um sich im Alter von 77 Jahren und 7 Monaten erneut zu vereinigen (im 1. Feld). Auf dem Weg stehen die beiden Wege miteinander in Berührung. Es gibt Zeiten, da stehen sie im Quadrat, in Opposition, im Trigon etc.

In *Astrobits* haben Frauke Rindermann und Max Baltin diese Rhythmenkommunikation auseinandergetüftelt. Sie nennen den direktionalen Weg Yang-, und den retrograden Yin-Weg. Ich will hier also nicht auf die Details eingehen.

Ich möchte nur ermutigen, bei der biografischen Forschung beide Felderwanderungen zu berücksichtigen, und mit den Methoden Erfahrungen zu machen. (Ein Beispiel dazu findet sich beim 1. Feld, S. 157)

Der Vorteil, mit der Felderwanderung zu arbeiten, liegt – jenseits von zeitlichen Zuordnungsmöglichkeiten – darin, mit den Feldern vertrauter zu werden, sie nicht nur als *Aufgaben,* sondern als *Erfahrungsräume* zu betrachten.

Der Weg durch die Geschichte

Die direktionale Felderwanderung durch die 12 Felder

Das Geburtsbild ist ein Erfahrungsraum, in dem wir von jedem Punkt aus einen anderen Bezug zum Gesamtbild haben. Wenn wir durch ein Feld gehen, sind wir in dieser Zeit mit der Thematik des entsprechenden Feldes befaßt. Wie wir an das Thema herangehen, hat mit dem jeweiligen Tierkreiszeichen zu tun, das wir durchlaufen. Hochinteressant sind dabei die Wechsel von Tierkreiszeichen zu Tierkreiszeichen. Auf unserem Weg begegnen wir den Planeten direkt (als Konjunktion), oder indirekt (als Opposition, Quadrat etc.). Jedes Zusammentreffen zeigt an, auf welchem energetischen Boden wir uns während der Zeit des Übergangs (+/– 3 Monate) bewegen. Der entsprechende Planet mit dem jeweiligen Winkel steckt das Thema oder den Rahmen ab.

Wir stellen uns also vor, daß wir am Aszendenten auf die Welt kommen. Je nach Größe des 1. Feldes (bei äqualen Feldern wären das 5 Grad pro Jahr), wären wir mit einem Jahr um einige Grade vorwärtsgekommen, mit drei Jahren stünden wir in der Mitte des 1. Feldes.

Die Idee der Felderwanderung liegt darin, daß *wir* selbst uns durch unser Geburtsbild bewegen, daß wir selbst uns *je nach Alter* unterschiedlich erfahren und aus jeweils anderer Perspektive auf unser Leben schauen.

Wir können unsere Lebensgeschichte direktional durch die Felder verfolgen. Jedes Feld umfaßt dabei einen Zeitraum von sechs Jahren. Das 1. Feld durchlaufen wir von der Geburt an bis zum sechsten Lebensjahr.

1. Feld:	0– 6 Jahre
2. Feld:	6–12 Jahre
3. Feld:	12–18 Jahre
4. Feld:	18–24 Jahre
5. Feld:	24–30 Jahre
6. Feld:	30–36 Jahre
7. Feld:	36–42 Jahre
8. Feld:	42–48 Jahre
9. Feld:	48–54 Jahre

10. Feld:	54–60 Jahre
11. Feld:	60–66 Jahre
12. Feld:	66–72 Jahre
1. Feld:	72–78 Jahre etc.

Es gibt auch eine Vorgehensweise, die direktionale Felderwanderung in 7-Jahres-Schritten zu machen. Hier ist – wie an so vielen Stellen der Astrologie – unsere persönliche Überprüfung und Erarbeitung angesagt.

Da ich die Felderwanderung in Sechser-Schritten sehr eingängig finde, folge ich ihrem Weg.

Das Entstehen einer Ich-Idee
Das 1. Feld

Die Zeit von 0–6 Jahren

Das 1. Feld astrologisch:

Zunächst ist es gut zu rekapitulieren, wofür das 1. Feld in der Deutung des Geburtsbildes steht. Das 1. Feld gehört zum Feuerelement in seiner kardinalen Form, zum Tierkreiszeichen Widder und zum Planeten Mars.

Es geht um Durchsetzungsfähigkeit, unseren Willen, unsere körperliche Energie/Konstitution, das Entstehen einer Ich-Idee. Das Leben ist eine Herausforderung, der wir uns stellen. Über das 1. Feld erkämpfen wir im Leben einen Platz. Es geht darum, mutig, kraftvoll, aktiv, initiativ und autonom zu werden, sich an die Spitze der Bewegung zu setzen, Einzelgängerwege zu gehen, Initialzündungen zu legen. Das 1. Feld gibt die Aufgabe vor, Ziele und Ideale anzupeilen und diese zu verfolgen.

Das 1. Feld durchlaufen wir in der Zeit von 0–6 Jahren. Für uns alle ist mit ca. einem Jahr die Marsopposition, mit ca. zwei Jahren der Marsreturn, mit ca. zweieinhalb Jahren das zunehmende Saturnsemisextil fällig. Mit drei Jahren erleben wir das zunehmende Jupiterquadrat, mit fünfeinhalb Jahren das zunehmende Saturnsextil, mit ca. sechs die Jupiteropposition. (siehe »Frühkindliche Transite«, S. 101)

Weil wir uns aber auf die Reise in unsere Geschichte begeben, reichen uns diese Stichworte nicht aus, denn uns interessiert, was das 1. Feld für ein Kind bedeutet, und was es hier lernt.

Das 1. Feld in unserer Lebensgeschichte

Aller Anfang ist im 1. Feld. Das Aszendent beschreibt unsere Geburt, unser Hereinkommen ins Leben, unsere Abnabelung. Sind wir auch in der ersten Zeit außerordentlich abhängig von anderen, die sich um uns kümmern, so gibt es doch ein inneres Bestreben, eine natürliche Dynamik zu mehr Eigenständigkeit und Eigenleben, die psychomotorische Entwicklung. Wenn wir uns zurückerinnern an unsere frühe Kindheit, dann sehen wir, daß wir eine in unserem Leben einzigartige Dynamik hatten. Unermüdlich haben wir gelernt, entdeckt, probiert, gestaunt. 1000mal sind wir beim Laufenlernen hingefallen und 1000mal sind wir wieder aufgestanden. Wir sind hingefallen und haben geweint. Mit tröstenden Worten wurden Tränen weggewischt und schon ging es wieder – schier unermüdlich – weiter. Mütter und Väter wissen, über welch außerordentliche Energie Kinder verfügen und wie fraglos und bedingungslos sie diese Energie einsetzen. Wenn wir geboren werden, ist alles bis auf unsere Mutter neu für uns – und auch sie erfahren wir nun aus einer anderen Perspektive. Bis auf wenige Ausnahmen ist sie am Anfang unsere Welt. Von ihrer Fähigkeit, die Zeichen zu deuten, die wir aussenden, hängt ab, wie das Zusammensein funktioniert, wie sich unser »Dialog« entwickelt.

Ganz am Anfang unseres Lebens sind wir vor der Übermacht der einstürmenden Reize geschützt. Doch schon nach ein paar Wochen wird diese Reizbarriere durchlässiger, und wir werden für eine Zeit nervöser und irritierter, unsere Mutter übernimmt dann den Abschirmdienst. Unsere Eltern regulieren diese Reize so gut sie können. Es gibt Reizquellen die uns begeistern, welche, die uns überfordern und uns herausfordern, so daß wir z.B. bei Überreizung immer mehr selbst die Grenzen stecken lernen.

Wir erfahren unseren Körper anschmiegsam in Entspannung und versteift in Anspannung, wir erleben, wie wir durch Hinwendung zu unserer Mutter und Abwendung von ihr Spannung auf- und abbauen können.

Wir erfahren uns immer mehr als Einzelwesen. Bereits mit drei/vier Monaten erleben wir Ansätze, uns als Handelnde zu erfahren, können unterscheiden, welche Bewegungen von uns ausgingen, welche mit uns gemacht wurden. Wir lösen uns von unserer Mutter. Optimalerweise können wir uns von ihr lösen, weil sie da ist und da bleibt. Wir lernen Alleinsein durch ihre Präsenz. Wir krabbeln von ihr weg und können wieder zu ihr zurück. Wir machen immer mehr eigene Schritte. Unsere Zähne wachsen, zur Brustnahrung oder zur Flasche kommt langsam festere Nahrung hinzu.

Mit ca. acht Monaten können wir unterscheiden zwischen fremden und vertrauten Menschen, wir werden bindungsfähig. Trennungsangst setzt ein, wir fremdeln, was wir aber später mit ca. drei Jahren überwunden haben.

Und wir erfahren mehr oder weniger dramatisch, aber immer krisenhaft, die Trennung von der Mutter, die »zweite Geburt«, ab ca. 15./18. Lebensmonat, bis wir mit ungefähr drei Jahren ein erstes Gefühl von Abgrenzung und Identität aufgebaut haben. Mit ca. zwei Jahren erkennen wir uns im Spiegelbild und sagen *»Ich«* und *»Du«*.

Wir können mit drei Jahren ein Bild von unserer Mutter in uns tragen, auch wenn sie selbst nicht da ist.

Wir sind reif für den Kindergarten. Wir brauchen keine Windel mehr, unser Eßverhalten wird dem der Familie ähnlicher, auch Schnuller und Fläschchen geben wir auf, behalten aber wahrscheinlich zum Einschlafen ein Kuscheltier. Unser Spiel wird vielfältiger, das Kinderzimmer füllt sich.

Wir lernen sprechen. Zu unserem Körpergeist entwickelt sich ein denkender Geist. Am Anfang steht uns als Artikulationsmöglichkeit das Schreien zur Verfügung, dann bilden wir Laute und ungefähr zu unserem ersten Geburtstag können wir ein Wort sprechen: »Dada, Mama, Auto…« Zum zweiten Geburtstag bilden wir schon Zweiwortsätze: »Brot haben, Papa Auto, Kind weint…«. Wir haben verstanden, daß Worte Namen für Dinge sind. Mit drei Jahren bilden wir schon Sätze mit grammatikalischer Komplexität und unser Wortschatz ist explosionsartig gewachsen.

Wir haben nun eine benennbare Welt neben der nonverbalen Erfahrung, die aber so manches Mal völlig getrennt voneinander existieren.

Unsere Psychomotorik entwickelt sich. Wir haben krabbeln, stehen, laufen gelernt, Treppen steigen, Dreirad fahren, wir fangen Bälle etc. Wir können uns selbst anziehen, Knöpfe zumachen und Schnürsenkel binden. Und viele von uns fahren mit sechs schon Fahrrad oder Rollschuhe. Wir werden in unseren Körperbewegungen sicherer und gleichzeitig feiner.

Wir wissen schon mit zwei Jahren, ob wir Junge oder Mädchen sind, mit drei bis vier Jahren interessieren wir uns für alles, was mit dem Geschlecht und den Geschlechtsorganen zu tun hat, welchen Spaß es bereitet, sie zu berühren.

Doch Geschlechtskonstanz erreichen wir frühestens mit sechs Jahren. Wir folgen Geschlechtsrollenstereotypen, spielen Mädchen- bzw. Jungenspiele. Jungen sind darin noch rigider als Mädchen, weil kaum Männer in der frühkindlichen Betreuung und Erziehung auftauchen. Jungen sind motorisch aktiver, heftiger, aggressiver. Mädchen sind stärker verbal orientiert. Jungen werden immer noch für weibliches Verhalten stärker zurechtgewiesen und abgelehnt, Mädchen dürfen eher jungenhaft sein.

Das 1. Feld ist die Initiationsphase in unserem Leben: Hier wird ein Grundmuster gezogen, auf das dann alles Weitere, alles Kommende bezogen wird, zu dem alles Kommende einen Aspekt bilden wird.

Wenn wir das 1. Feld betrachten, ist es wichtig, in die Perspektive eines kleinen Kindes zu schlüpfen und die Welt, unsere Welt, mit seinen Augen zu betrachten. Aus dieser Perspektive schauen wir uns dann die Planeten an, die uns im 1. Feld, und z.B. in der Opposition oder im Quadrat etc. begegnen.

Die erste planetare Energie, die uns begegnet, ist begreiflicherweise ungeheuer wichtig. Nicht umsonst werden Planeten am Aszendenten als dominant für das Geburtsbild angesehen. Wir waren noch ganz klein, ganz offen, ganz fraglos, als wir mit dieser Energie in Berührung kamen, und sie konnte ganz tief in uns eindringen, eine grundlegende Lebenshaltung schaffen.

Beispiel

Konjunktion mit Mars in 1:
Beim Übergang über Mars im 1. Feld in der Felderwanderung ist z.B. die männliche Bezugsperson gestorben. Der Vater ging in den Krieg und kam nicht mehr heim. Der Vater hatte einen tödlichen Unfall etc. Das kleine Kind, das diesen Verlust erlebt, »beschließt« nun, die väterlich-männliche Energie aus sich selbst heraus zu entwickeln. Vielleicht will es um der Mutter willen den Vater ersetzen und »seine« Energie verkörpern, vielleicht trägt die Mutter dies auch an das Kind heran: In ihm soll jetzt besonders der verlorengegangene Vater weiterleben, das Kind soll es bringen.

Verläßt z.B. der Vater die Familie, weil die Eltern sich nicht mehr verstehen, übernimmt das Kind mit Mars in 1 ebenfalls seine Energie, was besonders konfliktreich ist, wenn die Mutter den Vater ablehnt und haßt, weil das Kind ihn dann um so mehr hochhalten muß.
Hier prägt sich als tiefste Kerbe ein
- stark sein zu müssen
- nur auf sich selbst zu bauen
- daß das Leben ein Kampf ist
- als Junge schon ein Mann sein zu müssen
- den Vater zu vertreten, mit dem Vater identifiziert sein
- als Mädchen schon früh zu lernen und zu wissen, wie man sich durchbeißt
- sich auf niemanden zu verlassen
- EinzelkämpferIn zu sein.

Das 1. Feld im Felderkreis

Gegenüber vom 1. ist das 7. Feld. Das gegenüberliegende Feld liefert immer den Stoff, der zu bearbeiten ist, oder anders formuliert: Hier liegt die Motivation, der Motor für die Entwicklungsschritte des

Feldes, das wir gerade passieren. Thema des 1. Feldes ist zwar der Ich-Aufbau, unsere keimende Ich-Idee, befaßt sind wir im 1. Feld mit unserer *Umgebung,* mit den anderen, auf die wir angewiesen sind, die wir brauchen, die unsere Welt gestalten, an denen wir uns reiben, an denen wir unser kleines Ich ausprobieren. Wir sind von Anfang an im Dialog, in Beziehung und erlernen Beziehungsmuster. Da gibt es ein Elternpaar, mit dem wir in Beziehung sind, eine frühe Dreierbeziehung, in der sich verschiedene Koalitionen und Ausgrenzungen bilden können, die nachhaltig unser Beziehungsverhalten und unsere eigene Ausgrenzungsbereitschaft bedingen.

Die Eltern sind Partner und Freunde, sie sind aber eben auch Eltern. Wenn wir im 1. Feld sind, stehen wir automatisch im Quadrat zum 4. Feld. Das 4. Feld ist das Feld der Herkunft, der Ahnenreihe, des Rückbezugs, der über dieses Leben hinausgeht. Wir haben eine Geschichte – und gleichzeitig machen wir im 1. Feld einen neuen Anfang, an dem die aber ungelösten Konflikte der Vergangenheit kleben. Die Symbiose mit unserer Mutter löst sich, doch wir sind durch das ganze 1. Feld hindurch noch sehr angewiesen auf sie, bzw. jemanden, der/die sich um uns kümmert. Wir sind verbunden mit ihr, und wir bewegen uns von ihr weg. Wird die Verbindung mit ihr zu früh durchschnitten, hat das schwerwiegende Folgen. Läßt sie uns keinen eigenen Raum, trübt das unsere Entfaltungsmöglichkeit.

Zudem sind wir im Quadrat zum 10. Feld. Es gibt also eine Reibungsfläche, an der wir erfahren, daß es Grenzen gibt, gesellschaftliche Normen, Grenzen der Realität, der Materie, längst nicht alles ist möglich. Es gibt die Werte, Regeln und Rollen der Erwachsenen, es gibt einen gesellschaftlichen Kontext, auf den wir keinen Einfluß haben, der aber unser Leben bestimmt. Wir sind darauf angewiesen, daß andere unsere Grenzen respektieren und uns zu unserem eigenen Schutz Grenzen setzen. Dadurch lernen wir, was es bedeutet, Grenzen zu haben und selbst zu setzen, ein heikler Prozeß, dem wir im 1. Feld ausgesetzt sind. Offensichtlich wird hier bereits die Abgrenzung zum Jungen eher gesehen, sie sind für Mütter die *Anderen,* was es den Jungs in der Folge erst ermöglicht, aggressiver zu sein. Ohne Abgrenzung ist Wut nicht möglich.

Das Quadrat zum 4. und 10. Feld veranschaulicht das Prinzip von Ursache und Wirkung, an dem wir über den familiären und gesellschaftlichen Kontext unentrinnbar teilhaben. Es veranschaulicht die Idee von Karma, die Idee des abhängigen Entstehens, daß nichts geschieht, ohne daß nicht an einer Stelle ein entsprechender Same gelegt wurde.

Wir stehen im Trigon zum 5. und zum 9. Feld. Wir leben in einer Zeit des Spiels (5. Feld), des Experimentierens, der natürlichen Kreativität und der ungeheuren Expansion (9. Feld). Die Welt ist u.a. märchenhaft, voller HeldInnen, die uns beflügeln. Wir reisen mit dem Finger auf der Landkarte, unserer Fantasie sind keine Grenzen gesetzt, wir schlüpfen in Rollen und wieder heraus. Wir sind die »Masters of the Universe«, die Prinzessinnen, PiratInnen, Monster und Tiere, was immer wir wollen. D. W. Winnicott sagt, daß das kindliche Spiel die Voraussetzung für unsere Kreativität als Erwachsene ist.

Wir stehen im Sextil zum 3. und zum 11. Feld. Lernen ist eine Selbstverständlichkeit. Jeder Tag ist Lernen, wir sind völlig mit unserer Umgebung verbunden. Wir treten leicht in Kontakt mit anderen: Geschwister, Spielplatz, Krabbelgruppe und Kindergarten sind unsere Übungsfelder. Wir lernen Wörter zu benutzen, Sätze zu bilden und den Dialog mit der Umgebung zu verfeinern. Wir fragen unsere Eltern Löcher in den Bauch (3. Feld). Alles interessiert potentiell. Faszinierend ist das Universum, endlose forschende Fragen nach Gott und der Welt und dem, was hinter dem Ende der Welt ist, werden gestellt. Raumschiff Erde. Paradoxien gibt es nicht, alles ist möglich in der Vorstellung (11. Feld). Die ersten Gruppenerfahrungen werden gemacht.

Wir stehen im Semisextil zum 2. und zum 12. Feld. Da gibt es noch Bezüge zu einer jenseitigen Welt. Es heißt, daß Kinder bis zum Schulalter noch Erinnerungen an frühere Leben haben, die plötzlich auftauchen können. Die geheimnisvolle Welt des Unsichtbaren kann aber auch verunsichern und beängstigen, wenn z.B. mit »dem lieben Gott« gedroht wird. Unsere Sensitivität für Unterschwelliges, Unbewußtes und für Schwingungen, läßt uns viel mehr von unserer Umgebung mitkriegen, als unsere Eltern, im Bemühen, uns gut zu erziehen, sich träumen lassen. Die symbiotische Verbindung mit unserer Mutter bestimmt uns gerade am Anfang unseres Lebens. (Je näher wir noch am Aszendenten stehen, umso näher sind wir noch dem 12. Feld.) Wir *sind* abhängig und ausgeliefert. Wir lernen ja erst, Ich zu sagen.

Das Semisextil zum 2. Feld zeigt die Schwerkraft der Verhältnisse. Wir haben noch keinen eigenen Selbstwert. Was immer mit uns geschieht, *ist* so, ohne daß wir uns abgrenzen könnten. Wir sind noch so sehr eins mit unserer Umwelt, daß wir das Schlechte und das Gute *sind*, das uns passiert. Wir gewöhnen uns an alles, und alles läßt sich in unserem Körper nieder und bildet Struktur. Wir wachsen mit bestehenden Werten auf und bilden an ihnen unsere eigenen Werte heraus.

Wir stehen im Quinkunx zum 6. und zum 8. Feld. Das 6. Feld erwartet Ordnung, Aufräumen, Zähneputzen, Körperpflege, tägliches Einerlei, Benimmregeln, »Nein« zu manchem unserer Experimente. Wir sind alles andere als perfekt, werden dressiert, erzogen, in jedem Fall. Gleichzeitig reizt das 6. Feld, weil wir selbst ja auch immer besser werden wollen in unserem Tun. Daß etwas nicht in Ordnung ist, können wir oft nur durch Krankheit, Dysfunktion oder Ungehorsam zeigen, aber es ist überhaupt nicht gesichert, ob wir erkannt werden oder nur weitere Strafen oder Mißachtung abbekommen.

Das 8. Feld bedroht unsere naive kindliche Sensualität und Sexualität mit uns nicht entsprechenden Reaktionen von Erwachsenen, mit deren Fixierungen. Andere haben Macht über uns. Wir spielen mit der Macht, indem wir z.B. Mutter spielen. Sie ist es schließlich, die bei fast allen von uns die meiste Macht ausübte in unserem frühen Leben. Reizvoll ist es, Polizist zu spielen oder Cowboy – Anleihen an der Macht der Großen zu nehmen. In unserer frühen Kindheit erleben wir erhebende Phasen von Allmächtigkeit und vernichtende Zeiten der Ohnmacht, mit denen wir umgehen lernen.

Je intensiver die Gefühle derer um uns herum, desto angstvoller sind wir. Da wird eine Menge auf uns ausgetragen, was wir nicht verursachten. Oft genug ziehen uns unsere Eltern hemmungslos in ihre persönlichen Schwierigkeiten, ihren Beziehungs- und Berufsstreß hinein. Wir werden manipuliert, benutzt und mißbraucht im Familienkrieg. All das geschieht nicht bewußt. All das bedeutet schärfste Irritation (Quinkunx) für unseren Ichaufbau.

Fragen zur Zeit des 1. Feldes (0–6)

Diese Fragen dienen nur als Erinnerungsstützen und Anregung. Es ist auf keinen Fall notwendig, sie alle explizit zu beantworten.

- Welche Rolle hat für deine Eltern gespielt, daß du ein Mädchen/ein Junge warst?
- Wie war die Lage deiner Eltern, als du kamst?
- Wie alt waren sie?
- Wie war die Rollenverteilung in der Familie?
- Welche Rolle hat dein Vater bei deiner Betreuung gespielt?
- Wenn beide Eltern arbeiten gingen, wer hat sich um dich gekümmert?
- Gab es Kinder vor dir, wie haben sie auf dich reagiert?
- Was bedeutete es für dich, Geschwister zu haben?
- Wie war das für dich, als nach dir ein weiteres Kind geboren wurde?
- Gab es Hausangestellte oder Kindermädchen und Babysitter, welche Rolle spielten sie?

- In welcher Landschaft, in welchem Haus verbrachtest du deine Kindheit?
- Wie war das Umfeld?
- Gab es einen Garten?
- Hattest du ein eigenes Zimmer?
- Wer wohnte mit im Haus?
- Welche Rolle spielten die Verwandten?
- Welche Rolle spielte die Nachbarschaft?
- Gab es Umzüge?
- An welche Sinneseindrücke erinnerst du dich (Gerüche, Töne, Farben)?
- Erinnerst du dich an den ersten Rummelplatz, den ersten Zirkus, den ersten Besuch im Zoo?
- Wie wurdest du gekleidet?
- Welche Spiele, welches Spielzeug mochtest du am liebsten?
- An welche Tätigkeiten erinnerst du dich?
- Gab es Haustiere?
- Was und wen hast du nachgeahmt?
- Was waren deine Eigenarten?
- Welche Märchen, Geschichten, Comics oder Filme liebtest du, gab es schon ein Radio, einen Fernseher, was durftest du hören bzw. sehen, woran erinnerst du dich?
- Wie hast du die Welt entdeckt?
- An welche Naturerlebnisse erinnerst du dich?
- Welchen Tagesrhythmus gab es in der Familie, welche Rituale wurden vollzogen?
- Wurde in der Familie gemeinsam gespielt, gesungen, gebastelt, Sport getrieben?
- Warst du im Kindergarten, wie war das für dich?
- Welche Ausflüge, Besuche, Reisen und Feste habt ihr als Familie erlebt?
- Welcher Religion gehörte die Familie an, und wie war das im Alltag spürbar?

- Was ist deine erste Erinnerung?
- Deine ersten Ängste
- Deine schlimmste Enttäuschung
- Als du dich zum ersten Mal allein gefühlt hast
- Dein tiefster Kummer
- Deine schrecklichste, schmerzhafteste Erfahrung
- Deine erste große Freude
- Deine glücklichste Erinnerung
- Deine erste sexuelle Erinnerung

- Gibt es Erinnerungen, die mit der Zeitgeschichte zu tun haben?
- Wenn du ein Kriegskind bist, wie erinnerst du dich daran, daß Krieg herrschte?

- Wie war deine Gesundheit?
- Gab es Verletzungen, Unfälle, Schocks, Krankheiten, Operationen?
- Bist du beschnitten worden?
- Hattest du an Entbehrungen zu leiden?
- Welche Trennungen/Verluste hast du erlitten?
- Wie war deine Konstitution?
- Hattest du Allergien?
- Welche Impfungen hast du bekommen?
- Welche Kinderkrankheiten hattest du?
- Wie war die Sauberkeitserziehung, ab wann brauchtest du keine Windel mehr?
- Gab es Besonderheiten bei der Motorik, beim Laufenlernen, beim Zahnwechsel, Sprachlernen?
- Warst du BettnässerIn, DaumenlutscherIn, NägelbeißerIn?
- Bist du gestillt worden, wenn ja wie lange?
- Wie war die Ernährung?
- Was war dein Lieblingsessen?

Übungen zum 1. Feld

Gruppenübung
Kinderspiele

Voraussetzung: Kinderspiele, ein Essen, das kleine Kinder mögen

Trefft euch zum Spielen. Jede/r aus der Gruppe bringt ein Spiel bzw. eine Spielidee mit, die aus der Kleinkindzeit (ca. 2–3 Jahre) kommt. Auch Kinderlieder aus dieser Zeit sind willkommen. Ihr könnt Bausteine mitbringen, Holz-, Gummi- und Kuscheltiere, ein Topfkonzert machen, mit Fingerfarben malen, eine Seereise im Pappkarton machen. Wenn es eine Gelegenheit zu einem gemeinsamen Sandkastenbesuch gibt, schöpft sie aus: mit Förmchen, Schaufel und Bagger. Einigt euch vor dem Spieletreffen, wer die BetreuerInnenrolle übernimmt und etwas Kindgemäßes zum Essen und Trinken mitbringt. Auf

Nuckelfläschchen zurückzugreifen, läßt euch die Zeit noch intensiver spüren. Laßt euch darauf ein, noch einmal klein zu sein und spielt drauf los. Nehmt euch dafür ca. zwei Stunden Zeit und beschließt euer Treffen mit dem Essen.
Nehmt euch danach eine halbe Stunde Zeit zum Nachspüren und Austauschen.

Elternbotschaften

»Mein eigener Vater ist jetzt neunzig Jahre alt. Er hat in den mehr als fünfzig Jahren, die ich ihn kenne, wenig mehr zu mir gesagt als ein stereotypes: »Sei ein guter Junge, Lewie.« Den größten Teil seines Arbeitslebens hat er Wäsche ausgefahren, sechs Tage die Woche, zehn Stunden am Tag, in dem gewalttätigen Slumviertel von Newark in New Jersey. Mein Vater hat seine Botschaft nie in Worte gefaßt, aber die jahrzehntelange Beobachtung seines Verhaltens und intensive Selbstbeobachtung lassen mich annehmen, daß seine zentralen Botschaften an mich so lauten würden: »Weißt du, Lew, ich bin ein Mann voller Angst. Ich habe einfach Glück gehabt, daß mich noch niemand umgebracht hat. Du weißt, wie schwer mein Leben ist und daß ich mich nie amüsiere. Ich leide immer. Das Leben ist hart. Du mußt lächeln und zu allen Menschen nett sein, selbst wenn du sie haßt. Sonst kriegen sie dich. Meine Arbeit ist schwer, aber das ist eben mein Schicksal. Seit ich ein kleiner Junge war, habe ich gearbeitet. Erst habe ich Zeitungen ausgetragen. Wir brauchten das Geld, ich habe fünfzig Cent die Woche verdient und alles meinem Vater gegeben. Einmal habe ich einen Penny für Süßigkeiten behalten. Als mein Vater das erfuhr, hat er mich verprügelt. Nach seiner Überzeugung mußten wir alle alles geben, was wir hatten, damit die Familie überleben konnte. Du brauchst eine Frau. Aber Frauen sind schrecklich. Sie nörgeln immer an dir herum. Erwarte nicht, daß sie dich sexuell lieben. Frauen mögen eigentlich keinen Sex. Wenn sie dich lassen, dann nur, um etwas aus dir herauszuholen. Wenn sie dich lassen, sollst du ihnen dankbar sein, weil sie dir einen Gefallen tun. Aber sie kochen, halten das Geld zusammen und erziehen die Kinder. Mit ihnen kannst du nicht leben, aber ohne sie auch nicht. Spiele immer die Rolle des netten Kerls. Halte deine Wut verborgen und laß sie nie ausbrechen, denn sonst kriegst du Ärger. Da ich weiß, wie stark väterliche Botschaften wirken, habe ich viel Zeit investiert, um die Botschaft meines Vater zu entschlüsseln und anders zu leben als er.« (Lewis Yablonsky: *Du bist ich – Die unendliche Vater-Sohn-Beziehung*, S. 29)

Im astrologischen System haben wir die Möglichkeit, die Elternbotschaften, die Eltern nicht bewußt aussprechen, sondern die die ganze Zeit untergründig wirken, für alle 12 Felder gezielt herauszuarbeiten. Wir fangen mit dem 1. Feld an.

Gruppenübung
Elternbotschaften zum 1. Feld
– eine Übung in vier Schritten

Voraussetzung: Decken, Kissen, Schreibzeug

Legt euch entspannt hin.

Der *erste* Schritt der Übung:
Die Kursleitung liest ein paar Fragen zum 1. Feld vor:

1. Was hast du in deiner Familie gelernt, wie man sich am besten *durchsetzt?*
2. Wie hoch war der Energielevel in deiner Familie, welche Botschaften wurden dir vermittelt in bezug auf *Lebenskraft?*
3. Was haben sie dir vermittelt, wenn es darum ging, eigene *Initiative* zu entwickeln?

Die Kursleitung wiederholt die Fragen nach fünf Minuten.
Nehmt euch 10 Minuten Zeit, über diese Fragen nachzudenken, Bilder und Erinnerungen kommen zu lassen.
Setzt euch dann auf und schreibt auf, was euch eingefallen ist.
Filtert dann die essentiellen Punkte heraus.
Es ist hilfreich, manche dieser Sätze mit eurem Nachnamen zu beginnen: z.B. zu Frage 2: »Die Müllers sind zäh.« In Familien, in denen sehr unterschiedliche Botschaften von Vater und Mutter vermittelt wurden, und je nachdem, ob wir Frauen oder Männer sind, ist es nötig, diese verschiedenen Botschaften aufzuschreiben. Zu Frage 1 z.B.: »Papa sagt: Wer Macht hat, setzt sich durch«, »Mama sagt: Schwäche setzt sich durch« und sich dann für den Satz zu entscheiden, mit dem wir uns identifiziert haben.
Wenn ihr mit einer der Fragen nicht viel anfangen könnt, beschreibt die dazugehörige allgemeine Stimmung, an die ihr euch erinnert. Z.B. zu Frage 3: »Es gibt Raum zur eigenen Entfaltung.«

Der *zweite* Schritt der Übung besteht darin, die Antworten in Ich-Form zu bringen:
»Ich bin zäh«, »Ich setzte mich mit Hilfe von Schwäche durch«, »Ich habe Raum zur eigenen Entfaltung«.
Dann wählt aus den drei Statements eins aus, das euch am wichtigsten ist, in dem *im Moment* die meiste Energie steckt.
Die TeilnehmerInnen gehen dann durch den Raum und begegnen sich mit ihrem charakteristischen Satz. Jeder/r trifft auf jede/n und sagt den Satz und hört sich den Satz der anderen Person an.
Nehmt aufmerksam wahr, was es mit euch macht, diesen Satz zu sagen.
Wenn alle fertig sind, haltet einen Moment lang inne, und wählt euch dann eine Person aus der Gruppe, mit der ihr weiterarbeiten wollt.
Im *dritten* Schritt tauscht ihr mit der anderen Person – dafür habt ihr jeweils 10 Minuten – die Gefühle aus, die mit dem Aussprechen des Satzes einhergingen: Scham, Stolz, Freude etc. und was euch auf diese Weise fühlen läßt.
Dann geht es darum, mit Hilfe der anderen Person herauszufinden, was die Eltern eine solche Haltung einnehmen ließ, welche (positive) Absicht die Eltern mit ihren Sätzen und ihrer Lebensweise hatten. Macht das für euch beide.
Was ist z.B. nützlich daran, zäh zu sein, was mag die Eltern bewogen haben, Zähigkeit als Wert zu formulieren, wie war ihr Energieeinsatz, welche Hindernisse mußten sie überwinden, mit welchen Krankheiten hatten sie zu kämpfen?
Sucht dann nach einer Formulierung, die ungebrochen ausgesprochen werden kann: »Ich habe Kraft: Ich kann etwas aushalten, wenn *ich* will.«
Falls es nicht möglich ist, eine positive Formulierung zu finden, ist das eben so und eine Umformulierung bleibt offen.
Schaut dann in euer Geburtsbild und betrachtet neben dem 1. Feld auch den Planeten Mars und das, was im Tierkreiszeichen Widder steht. Tauscht euch darüber weitere 10 Minuten aus.
Beim angegebenen Beispiel handelt es sich um Krebs im 1. Feld: »Mit Tränen setze ich mich durch« und Steinbockmars: »Ich bin zäh, ich kann etwas aushalten.« (Beide Eltern haben eine Mars/Saturn-Konjunktion.)
Im *vierten* Schritt begegnet ihr euch dann in der Gruppe ein zweites Mal ganz bewußt mit dem gefundenen Satz. »Ich habe Kraft: Ich kann etwas aushalten, wenn *ich* will.«

Spürt nach, wie es ist, diesen Satz kraftvoll und selbstbewußt auszusprechen.

Übung
Beschreibung des 1. Feldes

Wenn du deine Lebensgeschichte rückwärts und vorwärts rekapituliert hast, verfügst du über das nötige Material, um in verdichteter Form dein 1. Feld zu beschreiben.

Fasse die wichtigen Erkenntnisse über deine ersten sechs Lebensjahre zusammen. Betrachte dabei die Zeichen, die im 1. Feld stehen. Wenn es in der Felderwanderung einen Zeichenwechsel gab, dann spüre hin, was dieser Zeichenwechsel in deiner Umgebung gewesen sein kann.
Wenn ein Planet bzw. Planeten im 1. Feld stehen, dann beschreibe sie sowohl als Faktoren in der Felderwanderung als auch als wichtige Punkte deines Geburtsbildes überhaupt.
Welche wichtigen Transite (und Progressionen) waren in den ersten sechs Jahren fällig, und was bedeuteten sie in deinem Leben?
Male ein Bild als Zusammenfassung deiner Gefühle und Eindrücke zum 1. Feld.
Wenn du in dieser Weise alle deine 12 Felder durchgehst und beschreibst, ist deine biografische Eigenanalyse fertig.

Beispiel: Das 1. Feld

Beispiel: Ich komme in Köln im Dreifaltigkeitshospital auf die Welt, meine Mutter wird unterstützt von Hebamme Irmgard. Mein Vater ist auf der Arbeit, geht aber heute etwas früher nach Hause mit dem Satz: »Meine Frau hat ein Kind bekommen.« Ich komme ziemlich leicht und flutschig auf die Welt. Mein Vater arbeitet zu dieser Zeit in Leverkusen, wechselt dann nach Uerdingen, wohin wir mit der Familie sechs Wochen nach meiner Geburt umziehen. *(Progressiver Mond in 3, Transituranus Sextil Merkur und dann Konjunktion Aszendent)*

Ich habe einen Krebsaszendenten und laufe die ersten zwei Jahre in der Felderwanderung durch den Krebs. Bis ich mich ankündigte, lebten meine Eltern gar nicht zusammen, nun nimmt das Familienleben viel mehr Raum ein. Außer mir gibt es eine zwei Jahre ältere

Schwester und eine zwölf Jahre ältere Schwester aus der ersten Ehe meiner Mutter. Mein Vater arbeitet viel und gerne und ist wenig präsent. Meine Mutter schmeißt den Haushalt, ist aber gesundheitlich angegriffen, ihr zur Seite steht eine Haushaltshilfe, die wir Tante nennen, und die ich heiß und innig liebe.

Nach ca. vier Monaten werde ich abgestillt. *(Transitsaturn Konjunktion Saturn 9/54.)*

Ich spüre, wie verzweifelt meine Eltern ihre Illusionen hochhalten, obwohl die Konflikte zwischen ihnen doch zum Himmel schreien. Ich habe im Geburtsbild ein Neptun-Quadrat zum Aszendenten und wachse mit der heimlichen Liebe meiner Mutter zu ihrem ersten – längst toten – Mann und dem quartalsmäßigen Saufen meines Vaters auf. *(Transitneptun Konjunktion Neptun 8/54 retrograde Felderwanderung Quadrat Neptun 8/54)*

Meine Eltern haben auch Spaß zusammen. Sie gehen aus, gehen zum Tanzen ins Casino. Mein Vater macht interessante Geschäftsreisen, ist dauernd unterwegs, manchmal begleitet ihn meine Mutter. Oder sie fährt zur Kur und kommt dann als strahlende Schönheit heim.

Wir werden irgendwie untergebracht, wenn meine Mutter krank oder in Kur ist, wenn sie zusammen reisen. Wenn sie ausgehen, lassen sie uns früh auch allein zu Haus.

Der Hauptteil des 2. Feldes liegt in Löwe. *(Felderwanderung in Löwe 2/56)* Meine Eltern sind bemüht, sich eine angemessene Existenz aufzubauen. Meine Mutter hat einen gutbürgerlichen Hintergrund voll von Standesdünkel, mein Vater schafft das Geld ran, das zum Eigenheim führt. *(Transitjupiter in 4)* 1957 ziehen wir um. Hier gibt es Platz zum Spielen im Garten und auf der Straße, in der sich die Kinder aus der Nachbarschaft treffen. Meine Mutter ist eine kreative Frau, die viel mit uns malt und bastelt. Und nicht nur das – sie ist eine Queen, eine Königin mit den entsprechenden Attitüden. Sie hat Stil, ist künstlerisch orientiert – und natürlich schauen wir Mädchen uns da eine Menge ab.

Im Garten können wir toben und Zelte aufstellen. Es gibt tolle Weihnachtsgeschenke und wunderbare Geburtstags- und Karnevalsparties mit Kostümen, die selbstgeschneidert werden und in die sie viel Energie steckt. In den Ferien geht's nach Holland an die See.

Meine Mutter spielt viel mit uns. Ein Fernseher kommt bewußt erst ins Haus, als ich 14 bin. Sie lehrt mich lesen, was ich schon vor der Schule kann, in die ich bereits mit fünf Jahren eingeschult werde. *(retrograde Felderwanderung in Zwillinge 6/59)* Sie versorgt mich mit Büchern. Wir haben sogar einen alten roten Schallplattenspieler nur für uns Kinder, auf dem wir Märchenplatten hören dürfen, und, sonntags kleben wir zur Kinderstunde am Äther. Da gibt es ein kleines, tolles Mädchen, das vor den anderen Kasperletheater spielt und allen einen Groschen abnimmt. Da gibt es ein kluges, freches, neugieriges Mädchen.

Doch mehr noch gibt es Ängstlichkeit, Schüchternheit und eine Sturheit, die meine Schwester als granitgleich bezeichnet: Ich verschließe mich undurchdringbar und lüge viel: vorsichtshalber.

Während meiner ersten Lebensjahre läuft Pluto als Transit über den Mond: Meine Mutter will es echt zwingen, daß wir eine »glückliche Familie« werden. Mein Vater ist allerdings nur eine »Vernunftwahl«.

Die Oma väterlicherseits, die meine Patentante ist, hat »beschlossen«, daß ich Mutters Kind und damit nicht richtig okay bin: Meine Mutter raucht und lackiert sich die Nägel, was der Oma außerordentlich mißfällt. Meine Mutter betrachtet mich, als wäre ich das Kind ihres toten Mannes. *(Transitpluto Konjunktion Mond/Pluto bis 5/56)* Ich glaube, nur so kann sie es verkraften, daß sie, als ich ein Jahr alt bin, ihre Älteste – seine wirkliche Tochter – zu seiner Mutter gibt. *(retrograde Felderwanderung Konjunktion Uranus 6/55)* Meine Eltern hatten Riesenstreß wegen der Großen, die machte verzweifelt durch kleine Diebereien und Schulstreß auf sich aufmerksam und wird weggegeben. Sie kommt dann nur noch in den Ferien.

Es gab einen häßlichen Erbschaftskonflikt mit der mütterlichen Linie mit Familienfehde, der '56, als die Oma stirbt, noch einmal Aufwind bekommt und über den meine Eltern über Jahre hinweg streiten.

Meine Mutter leidet viel, *(Transitpluto Konjunktion Mond)* nicht nur wegen ihrer Krankheiten (Gallenkolliken und Rheuma), es sterben auch ihre Oma gleich nach meiner Geburt und zwei Jahre später ihre Mutter und ihr Opa. *(Transitjupiter Konjunktion Mond/Pluto 5 + 6/56:)* Kurz nach dem Tod ihrer Mutter wird meine Mutter in Wuppertal an der Galle operiert, und wir beiden Mädchen, zwei und vier Jahre alt – werden in einem Kinderheim untergebracht. Ich glaube, meine Mutter ist durch all dieses Sterben völlig überbelastet, und sie hält sich noch mehr an unserer Familie fest.

Zwei Jahre später stirbt dann die Mutter meines Vaters. *(Transitneptun Konjunktion Saturn 11/58)*

Als ein männlicher Verwandter für mich Babysitter spielt, reibt er sich an mir auf seinem Schoß zum Samenerguß, was mich erstarren läßt. Ich spüre, daß das nicht in Ordnung ist. *(11/57 progressiver Pluto Konjunktion Mond und progressive Sonne Konjunktion Pluto, retrograde Felderwanderung Opposition Mars, Felderwanderung Quadrat Saturn, Transitsaturn Opposition Venus)* Als mein Vater zufällig ins

Haus zurückkommt und aus dem Flur ruft, denke ich natürlich, daß er mich nun rettet, er ist aber sofort wieder weg, und der von mir so geliebte Verwandte hält mir den Mund zu, damit ich nicht rufe: »Halt bloß den Mund, sonst passiert was!«, und legt mich dann – selbst erschrocken - alleine in mein Bettchen. Ich bin dreieinhalb. Ich halte den Mund. (Und vergesse, bis 1985 Pluto im Transit auf Saturn kommt.)

Ich liebe meine Mutter und identifiziere mich mit ihr, und will auch gar nicht weg von ihr: Statt in den Kindergarten zu gehen wie meine Schwester, bleibe ich zuhause. Mein Vater ist manchmal nett, oft nicht da und manchmal plötzlich und erschreckend laut: wenn er getrunken hat und brüllend streitet. Ich entwickle eine mißtrauische und abwehrende Haltung ihm gegenüber. Aber meine Mutter verläßt mich auch! Nach einem Streit mit meinem Vater haut sie ab. *(11/58 progressiver Mond Quadrat Uranus, Transitsaturn Trigon Mond, Transitneptun Konjunktion Saturn)* Sie kommt zwar schnell wieder, aber sie hat uns einfach da mit ihm sitzen lassen! (Als sie sich das Leben nimmt, ist der progressive Mond auf meinem Uranus angekommen.)

Meine größere Schwester hat mich zu ihrem Leidwesen als »süße Kleine« unter sich. Als ich komme, ist sie eifersüchtig und haßt mich von Herzen. Ich hefte mich aber an ihre Fersen, wir streiten uns häufig, sie ist blöderweise immer die Stärkere, so daß ich zu unlauteren Mitteln greife, um auch mal zu gewinnen. Aber wir spielen auch ganz versunken miteinander. Sie übernimmt zunehmend Verantwortung für mich, beschützt mich, wenn die Eltern ausgehen, weggehen und sich streiten.

Das 1. Feld verlasse ich Fingernägel kauend, auf Gummifiguren lutschend, bettnässend, verängstigt. Halte mich an Puppen und meinem Teddy, an meiner Schwester und vor allem auch an meiner Mutter fest. Ich lerne die Erfolgsstory der Schüchternen und Schwachen. Ich kokettiere und mache auf unschuldig, setze mich mit Tränen durch. Ich werde zum Lämmchen und lerne für mein Leben, mich mit Sanftmut (Krebs) und Herz (Löwe) durchzusetzen, sozusagen mit sanfter Gewalt und mit Liebe.

Ich lerne im 1. Feld die elementaren Dinge, und bin eine wunderbare Puppenmutter und voller Fantasie, doch ich lerne nicht, selbständig auszuschreiten und mich mutig und wehrhaft ins Leben hineinzubewegen: Da draußen ist es gefährlich, und es wird zu viel gestorben. Das 1. Feld zieht eine Mißbrauchsbilanz. Es gab keinen Respekt vor diesem kleinen Mädchen, vor mir und meinen Grenzen. Weil es keine Grenzen gibt, gibt es auch keine Wut, allenfalls Tränen der Hilflosigkeit.

Mein 1. Feld – Assoziationen und Ahnungen. Gemalt 1983 (P.N.)

Selbstwert, die Verfestigung des Ich
Das 2. Feld

Die Zeit von 6–12 Jahren

Das 2. Feld astrologisch:

In der Astrologie finden sich zum 2. Feld folgende Stichworte: Es gehört zum Erdelement in seiner fixen Form, zum Tierkreiszeichen Stier und zum Planeten Erde, in der klassischen Astrologie auch zum Planeten Venus.

Es geht um Erdung, Werte, Manifestation, Selbstwertgefühl, Talente, die eigenen Ressourcen und den Umgang mit dem Material: den Dingen, dem Geld, der Ökonomie. Es geht um Genußfähigkeit, Sinnlichkeit, Körperlichkeit, Vertrautheit mit dem eigenen Körper. Werte und Traditionen, die sinnvoll sind, sollen bewahrt werden. Wir sollen herausfinden, was uns Sicherheit und Festigkeit gibt, und uns nötige Sicherheiten schaffen. Angesichts der Tatsache, daß wir nun einmal auf der Erde gelandet sind, sollen wir etwas daraus machen, unsere kostbare irdische Existenz positiv gewichten und bestätigen, ein Realitätsbewußtsein entwickeln.

Alle Planeten, die im 2. Feld stehen, sind uns im wahrsten Sinne sehr viel wert. Was im 2. Feld steht, strebt nach Manifestation, Materialisation.

Das 2. Feld umfaßt den Zeitraum von 6–12. Im 2. Feld findet mit ungefähr 7 Jahren das zunehmende Saturnquadrat statt, mit 9 das abnehmende Jupiterquadrat, mit 10 das zunehmende Saturntrigon, zwischen 11–13 das zunehmende Uranussextil. Am Ende des 2. Feldes steht der 1. Jupiterreturn.

Das 2. Feld in unserer Lebensgeschichte

Der Beginn des 2. Feldes ist für fast alle Kinder verbunden mit der Zeit der Einschulung. Für manche beginnt jetzt erst die Trennung von der Mutter. Auch für die durch den Kindergarten geschulten Kinder beginnt eine ernsthaftere Zeit, die ein Mehr an Konzentration, Stillsitzen, Ordnung und Regelmäßigkeit bedeutet. Die meisten Kinder sind sechs oder sieben Jahre alt, wenn sie in die Schule kommen.

Die älteren haben dabei den Vorteil, stabiler zu sein und Frustrationen besser aushalten zu können (1. Saturnquadrat).

Mit ca. 7 verstehen wir das Ursache-Wirkungsprinzip mehr und mehr (Saturn), wir wissen z. B. jetzt, daß man für Geld arbeiten muß, daß das nichts ist, was man nur auf der Bank abhebt.

Mit der Schule treten Aufgaben, Verpflichtungen, Leistungen ins Leben der Kinder, Projektarbeit und Gruppenarbeit werden geübt. Eine fremde Person – meist eine Lehrerin, selten ein Lehrer – hat nun das Sagen bzw. die Macht.

Fast alle Kinder gehen mit Begeisterung und Eifer in die erste Schulzeit hinein, was sich je nach individueller Lernbereitschaft, der Beziehung zur Lehrerin, der familiären Haltung zur Schule und je nach Schulart und -atmosphäre länger oder kürzer hält bzw. erneuert. Unser Denken wird differenzierter und sachlicher, wir lernen strukturieren, in Kategorien zu denken, wir können Gesetzmäßigkeiten erkennen und verstehen. Piaget nennt dies das Stadium der »konkreten Operationen«.

Schulreife wird nicht umsonst häufig in Verbindung gebracht mit dem Zahnwechsel. Bleibende Zähne ersetzen die Milchzähne. (1. Saturnquadrat). Dies ist äußeres Zeichen eines inneren Strukturwandels, einer größeren Abgrenzungsfähigkeit bzw. Getrenntheit und bewußterem eigenen Wollen bzw. Nicht-Wollen.

Auch wenn viele Umstände bei den einzelnen mitspielen, gibt es eine Tendenz, daß Kinder mit ca. 8 vermehrt mit Kindern des eigenen Geschlechts spielen und sich in den anderen Jungen bzw. Mädchen spiegeln und bestätigen, was so manchesmal auch bedeutet, das andere Geschlecht abzuwerten. Die Kinderfreundschaft wird über die Familie hinaus wichtig. Sie kann sehr eng und intim sein, ohne sexuell zu sein. In der Kinderfreundschaft, die manchmal auch gegen die Wünsche der Eltern gebildet und geführt wird, bilden sich wesentliche Werte und Moralvorstellungen.

Gut und Böse sind Kategorien des 2. Feldes. Unser Geist verfestigt sich in bezug auf Anziehung und Abstoßung, als zwei Pole, zwischen denen wir hin- und herspringen. Feindliche Mächte werden spielerisch geschaffen und besiegt, bzw. es gibt sie ganz real und sie fordern Reaktionen.

Auch wenn wir schon als Kleinkinder am Markt teilhaben, bekommen wir jetzt eigenes Geld in die Finger, mit dem wir umgehen lernen. Wir sparen vielleicht für etwas, was uns unsere Eltern nicht kaufen wollen. Wir bekommen ein immer deutlicher werdendes Gefühl dafür, was uns die verschiedenen Dinge wert sind, was es bedeutet, Geld zu haben oder nicht zu haben und auch, was Qualität ausmacht.

Kennzeichnend für die Jahre von 6–10 (klassisch auch Latenzzeit genannt), ist eine Verfestigung des Ich, d.h. unsere Anhaftung an uns selbst, an unseren Körper sowie die damit einhergehenden Ängste vor dem Tod werden größer.

Das Ich wird zunehmend organisiert, eine gewisse Logik, Vernunft und Abwehr bildet sich und wird verstärkt eingesetzt.

Das 2. Feld im Felderkreis

Gegenüber vom 2. Feld liegt das 8., das auch als Transformationsfeld bezeichnet wird. Das 8. Feld erwartet das Durchschneiden von Anhaftung – *Loslassen.* Was hier transformiert werden muß, ist vor allen Dingen die nach außen projizierte Negativität. Diese wird im 2. Feld erschaffen: Böse ist das, was draußen ist: Papa ist ein Arschloch, Mama ist streng, Lehrer sind doof. Das 8. Feld ermöglicht und erfordert mit seiner von uns erschaffenen »Schattenwelt«, daß wir im 2. Feld ausgrenzen, was wir nicht als zu uns gehörig erfahren wollen und können. Da wir im 2. Feld aber noch sehr jung sind, geschieht dieser Ausgrenzungsprozeß unbewußt und hat sehr viel mit unserer sozialen Umgebung zu tun. Die oft bedrohliche, fremde Welt draußen erfordert ein festes Ich, erfordert das Suchen nach Orten, die sicher sind und Halt geben. Normalerweise sind wir im 2. Feld noch fest eingebunden in familiäre Strukturen, die uns eine weitere Erprobung unserer selbst ermöglichen. Als Mädchen üben wir uns selbstverständlich in den Verrichtungen von Frauen. Da unsere Mutter präsent ist, sehen wir, was Frauen tun. Als Jungen üben wir uns an unserem Vater, wenn er da ist oder im fiktiven Männlichen und versuchen, herauszufinden, was einen »Nicht-Nichtmann« ausmacht, wenn unser Vater abwesend ist.

Im 2. Feld wird Selbstwert zunehmend erzeugt. Der männliche Selbstwert im Patriarchat ist territorial und bestätigt sich tendenziell in Arbeit, Leistung, Geld, mit dem Einsatz instrumenteller Aggression; der weibliche tendenziell in Liebenswürdigkeit, der Fähigkeit für andere zu sorgen, andere glücklich zu machen. Mädchen sind sprachlich begabter, Jungen eher im Bereich Mathematik. Frauen und Mädchen werden zwar 75% der Gesamtarbeit auf dem Planeten verrichten, dafür aber nur einen Bruchteil des Weltvermögens besitzen.

Das 2. Feld reibt sich mit dem 5., das eine geistige Selbstfindung anregt. Wir sind eben noch relativ klein und weit von Selbstbestimmung entfernt. Wir arbeiten uns an Leitbildern ab, sammeln erst noch gestaltend das ein, was wir als unsere Persönlichkeit empfinden. In der Schule wird verlangt, daß Bäume so oder so gemalt werden, auch wenn das unserem eigenen Empfinden zuwider läuft, unsere ursprüngliche Kreativität wird *geformt,* d.h. beschnitten bzw. deformiert. Das Quadrat zum 11. Feld zwingt uns in Gruppen (Schule z.B.), in Kollektive, ob wir das nun wollen oder nicht, ob es zu uns paßt oder nicht, und reibt uns u.U. in Konflikten auf. Wir gewinnen über die Familie hinausgehende Eindrücke: daß andere anders sind und anders leben, kann ein Infragestellen der elterlichen Werte, provozieren: Unsere Eltern sind einfach nicht die Welt.

Wir stehen im Trigon zum 6. und 10. Feld. Unterstützung kommt aus den Erdfeldern, die uns helfen, ernsthaft zu sein, Ordnung und Rhythmus zu lernen, die uns sogar lehren können, daß Schule Spaß macht, und daß wir selbst auf unsere Sachen achten. Moralische Instanzen und die Gewissensbildung werden vorangetrieben. Manche wissen jetzt schon, was sie später einmal werden wollen.

Wir stehen im Sextil zum 4. und zum 12. Feld. Das Sextil zum 4. zeigt die Selbstverständlichkeit, mit der wir uns noch unserer Familie zugehörig fühlen. Selbst wenn es Konflikte gibt, sind wir verbunden und angebunden. Wir sind auch noch ganz nah am Reich der Imagination, der Phantasie und Träume, auch wenn unsere Logik sich langsam bildet, erlaubt sie noch das Unmögliche und Unbegrenzte (Sextil zu 12.).

Im 2. Feld stehen wir im Halbsextil zum 1. und zum 3. Feld. Eingezwängt sind wir zwischen Kleinsein, dem Kindsein und der nächsten Phase, der Adoleszenz. Manchmal verhalten wir uns noch wie ein Baby, und manchmal stehen wir schon fest auf unseren eigenen Beinen, um dann aber nur genau zu wissen, wie unendlich viel wir noch lernen müssen.

Wir stehen im Quinkunx zum 7. und zum 9. Feld. Faszinierend, irritierend und abstoßend sind Beziehungen. Jungen finden Mädchen doof und Mädchen Jungen unmöglich, eher bestätigen sich die Geschlechter intern, als daß sie Begegnung ermutigten. Unser Radius hinaus in die Welt ist noch sehr beschränkt, findet vielfach in Begleitung der Familie statt. Alleine erobern wir uns zunächst die nähere Umgebung. Die große weite Welt kommt über den Atlas, die Nachrichten – vorwiegend vermittelt zu uns, alleine in dieser Welt kämen wir uns verloren vor, obwohl wir schon überleben könnten.

Fragen zur Zeit des 2. Feldes (6–12)

- Wann bist du eingeschult worden?
- Erinnerst du dich an den 1. Schultag?
- War deine Schule koedukativ?

- Wie fandest du die Schulzeit, was hat dir Spaß gemacht, was war blöd?
- Wie warst du als SchülerIn?
- Wie war deine Beziehung zu den LehrerInnen?
- Wie war deine Beziehung zu den MitschülerInnen?
- Welche Highlights fallen dir aus deiner Schulzeit ein?
- Was war die schlimmste Situation in der Schule?
- Wovon wurdest du ausgeschlossen?
- Wann hast du die Schule gewechselt – Hauptschule, Realschule, Gymnasium, Internat – und wie war der Wechsel für dich?
- In welchen Fächern warst du schlecht, hast du Nachhilfe bekommen?

- Was hast du in den Ferien gemacht?
- Wohin seid ihr gereist?
- Warst du in der Natur?
- Was hast du gesammelt?
- Hast du Sport getrieben, warst du in einem Verein, gab es Siege und Pokale?
- Welche Spiele hast du am liebsten gespielt?
- Wie hießen deine Puppen?
- Welche Bücher und Filme mochtest du am meisten, durftest du fernsehen – wieviel und was?
- Was hat dich berührt aus der Zeitgeschichte, woran erinnerst du dich?
- Wann bist du zum ersten Mal alleine unterwegs, einkaufen gewesen, Fahrrad und Bus gefahren ...?
- Was durftest du alleine machen?

- Wer war deine wichtigste Bezugsperson?
- Wer war deine beste Freundin, dein bester Freund, was habt ihr zusammen gemacht?
- Wie war das Verhältnis zu deinen Geschwistern?

- Wie war das Verhältnis zu deinen Eltern?
- Welche Rolle hast du in deiner Familie gespielt (der bzw. die Auffällige bzw. AußenseiterIn, ManagerIn, der bzw. die Unsichtbar/e, Prinz oder Prinzessin)?
- Welche Werte waren deinen Eltern wichtig?
- Wofür wurdest du gelobt, wofür wurdest du bestraft?
- Wo waren die Reibungsflächen mit deinen Eltern?
- Wen hast du gefürchtet? Wie war dein Umgang mit Autorität?
- Gab es Oma und Opa?

- Wie war der Tagesrhythmus, wie die Gewohnheiten in deiner Familie?
- Gab es eine religiöse Erziehung?
- Bist du zur 1. heiligen Kommunion gegangen und anderen religiösen Festen?
- Welche Verpflichtungen hattest du zu Hause? Was mußtest du arbeiten?
- Ab wann gab es Taschengeld, wieviel, und wie bist du damit umgegangen?

- Wurdest du gerecht behandelt?
- Wurde deine musische Seite gefördert?
- Wurden deine Gefühle wahrgenommen und deine Grenzen respektiert?
- Wurdest du als Mädchen bzw. Junge wahrgenommen? Welche Rolle spielte dein Geschlecht für dich? Welche Rolle spielte es für deine Umwelt?
- Ab wann wähltest du deine Kleidung selbst?
- Welche Konflikte hattest du mit Mädchen, welche mit Jungen?
- Hattest du ein Gefühl für deine Zukunft, z.B. was du einmal werden wolltest?

- Wie war dein Verhältnis zu deinem Körper?
- Woran hast du am meisten gelitten?
- In welcher Situation fühltest du dich beschämt, lächerlich gemacht, und wofür hast du dich geschämt?
- Was hat dich wütend gemacht, und wie bist du mit deiner Wut umgegangen?
- Wie hast du bekommen, was du wolltest?
- Wann hast du gelogen?
- Hast du geklaut?
- Was hat dir echt Angst gemacht, was hat dich gequält?
- Zu welchen Dingen bist du gezwungen worden?
- Was hat dir den größten Spaß gemacht?
- Konntest du gut alleine sein?
- In welchen Situationen fühltest du dich im Einklang mit dir?

- Gab es Krankheiten, Unfälle, Operationen?
- Manche Mädchen bekommen schon am Ende des 2. Feldes ihre erste Blutung, die Fragen dazu finden sich unter »3. Feld«.

Gruppenübung
Ein Kindergeburtstag

Voraussetzung: ein großer Raum, Essen, Süßigkeiten und Getränke, die zu einem Kindergeburtstag gehören

Stellt euch vor, ihr seid ungefähr 7 Jahre alt und feiert zusammen Geburtstag.
Jede/r von euch bringt eine Spielidee mit, z.B.:
– Eine Schokoladentafel in Zeitungspapier einwickeln, reihum würfeln, wer eine sechs hat, darf sich Handschuhe, Schal und Mütze anziehen und mit Messer und Gabel das Schokopäckchen bearbeiten.
– eine Schatzsuche
– Schminke
– Begriffe raten
– Teekesselchen
– Schokokußwettessen
– Blinde Kuh
– Topfschlagen etc.
Eine/r von euch übernimmt die Mutter- oder Vaterrolle und achtet darauf, daß der Geburtstag nicht zu chaotisch wird, wann der Kuchen serviert wird etc.

Laßt euch zwei Stunden Zeit zum Feiern und Spielen.
Macht am Schluß eine Runde, wie es für die einzelnen war, tauscht euch aus und beseitigt das Schlachtfeld.

Mein 2. Feld – Assoziationen und Ahnungen. Gemalt 1983 (P.N.)

Gruppenübung
Elternbotschaften zum 2. Feld in vier Schritten

Ablauf siehe S. 155
Geht die Übung sorgfältig durch und macht alle vier Schritte!

Fragen zum 2. Feld:
1. Welche Botschaften vermittelten dir deine Eltern in bezug auf *Geld* und *Besitz?*
2. Welche Haltung kam herüber in bezug auf *Körperlichkeit?*
3. Was war man sich bei euch selbst *wert?*

Beispiel
1. Schritt:
zu 1.: »Papa sagt: Geld muß erarbeitet und gut verwaltet werden.« »Mama sagt: Es ist schön, sich was leisten zu können.«
zu 2.: »Mama sagt: Auf den Körper kann man sich nicht verlassen.«
zu 3.: Wir sind wer!

2. Schritt:
Ich präsentiere mich den anderen mit dem Satz: »Ich kann mich auf meinen Körper nicht verlassen.«

3. Schritt:
Mit Hilfe einer anderen Person wird nachgespürt:
– Ich erzähle von den Krankheiten und Leiden meiner Mutter und von ihren Perfektionsansprüchen an das Aussehen ihrer Töchter (sie hatte eine Jungfrauvenus): Mit ihrer endlosen Nörgelei hat sie mein Selbstbewußtsein in bezug auf meinen Körper unterminiert.
– Meine Mutter hat vermittelt, daß es gefährlich ist, in einem weiblichen Körper zu stecken, das mache angreifbar.
– Ich habe das Gefühl, als steckten die Zustände meiner Mutter noch immer schmerzlich in meinem Körper, als gehöre mein Körper gar nicht wirklich mir selbst, als sei ich eine Verlängerung von ihr, als müßte noch etwas ab- und aufgelöst werden.
– Ich kann sehen, daß meine Mutter besorgt war um mich und meine körperliche Stabilität. Das ist aber auch das einzig

Positive, was ich hier erkennen kann. Ich formuliere meinen Satz, mit dem ich mich dann im

4. Schritt
der Gruppe präsentiere: »Durch alle Entfremdung eigne ich mir meinen Körper an. Ich verabschiede mich vom Körpergefühl meiner Mutter.«

(astrologisch: Löwe an der Spitze des 2. Feldes und Mond/ Pluto im 2. Feld, Stiersonne im Quadrat zu Mond/Pluto)

Lernen und Kontakt
Das 3. Feld

Die Zeit von 12–18 Jahren

Das 3. Feld astrologisch:

Das 3. Feld gehört zum Luftelement in seiner verteilenden Form, zum Tierkreiszeichen Zwillinge und dem Planeten Merkur.

Im 3. Feld geht es um den »Nahbereich«, alles, was sich in unserer näheren Umgebung, in der Nachbarschaft abspielt als alltäglicher Kontakt. Nach einem Feuer- und einem Erdfeld steht nun die Erfahrung eines Luftraumes an: Lernen, verstehen, Wissen ansammeln, Austausch, Kontakt, Flexibilität. Wir sollen abstrahieren lernen und unseren Blick auf die Welt erweitern. Die Aufgabe des 3. Feldes liegt darin, daß wir intellektuell offen, neugierig, wißbegierig sind, unsere Interessen verfolgen und alle möglichen Medien und Kommunikationsmöglichkeiten nutzen lernen. Das 3. Feld gibt Hinweise auf unsere Geschwister. Je nachdem, welcher Planet im 3. Feld steht, kann das Lernschwierigkeiten und -blockaden anzeigen, bzw. Widerstände gegen das herkömmliche Ausbildungssystem.

Wir durchlaufen das 3. Feld in der Zeit von 12–18 Jahren. Zwischen 11–13 Jahren findet das zunehmende Uranussextil statt. Mit 12 erleben wir den 1. Jupiterreturn, mit 14 die Saturnopposition. Zwischen 18–21 ist das zunehmende Uranusquadrat fällig.

Das 3. Feld in unserer Lebensgeschichte

Die Pubertät beginnt. Wir werden zu Jugendlichen, wachsen immer mehr zu Frauen und Männern heran. Die Adoleszenz ist für viele von uns eine Zeit voller wechselnder Zustände. Zwischen Verstummen und Kreischen ist so ziemlich alles möglich. Pickel wachsen, Barthaare sprießen, Stimmen brechen. Wir orientieren uns an unseren Freundinnen und Freunden, für und gegen unsere Eltern, um den Prozeß des Erwachsenwerdens gestalten zu können. Wir wachsen nicht nur in etwas Vorgegebenes hinein, sondern modifizieren und erarbeiten, ja erkämpfen uns unsere Rollen auch mit ihren Anpassungen und Resignationen jeweils neu.

Das 3. Feld im Felderkreis

Gegenüber vom 3. Feld liegt das 9., das uns auffordert, ein Weltbild zu finden. Im 3. Feld nehmen wir diesen Impuls gierig auf. Wir sind jetzt alt genug, uns selbständig in der Welt zu bewegen, orientieren uns locker im »Nahbereich«, machen unsere ersten Reisen mit Freunden, Gruppen – ohne die Familie. Wir sind noch in der Schule, üben uns in einem immer freier, assoziativer werdenden Denken, lernen Fremdsprachen, erfahren immer mehr über »Gott und die Welt«. Wir sind reif für Meinungen. Bewegung ist ein Schlüsselwort dieser Zeit. Wir bewegen uns mehr und mehr von zu Hause fort, sind unternehmungslustig und neugierig, erfahren Gebote und Verbote, Beschneidungen, denen wir uns mehr oder weniger heftig entgegenstellen. Wir kommen in die Pubertät, Mädchen mit ungefähr 12, Jungen mit ungefähr 14 Jahren. Interessant wird das andere Geschlecht. Es geht um Anziehung und Abstoßung, Fremdheit, den *Vergleich* und den Versuch, Verbindungen herzustellen. Wir demonstrieren, daß wir erwachsen sind und jetzt selbst entscheiden, indem wir z.B. die Dinge tun, die sonst die Erwachsenen taten: Wir rauchen, trinken und haben Sex. Wir wollen unabhängig und cool sein. Wir imitieren die Erwachsenen und distanzieren uns gleichermaßen. Unser Aufbäumen zeigen wir um so deutlicher, je früher wir die »verbotenen« Dinge der Erwachsenen tun. Mit 18 zu rauchen, ist heute nicht sonderlich sensationell. Unsere Ideale und Idole (9. Feld) fordern uns heraus. Wir schwärmen, bewundern, glorifizieren. Oft handelt es sich um Musikgrößen und LeinwandheldInnen. Manche von uns haben politische und soziale Ideale, die umgesetzt werden wollen und unseren Protest zeigen. Die männlichen Vorbilder, zu revoltieren oder auch etwas Besonderes zu werden, sind zahllos, weibliche dagegen rarer gesät.

Im Quadrat zum 3. Feld steht das 6., was uns zu Vernunft und damit oft zur Verzweiflung treibt. Disziplin, der Alltag und gesellschaftliche Vorgaben werden zu einer Anforderung an unsere Leistungsfähigkeit, der wir immer bewußter begegnen müssen. Das 6. Feld fordert Anpassungsleistungen. Mädchen machen erste Diäten und quälen sich mit gesellschaftlichen Vorgaben, wie sie auszusehen haben. Die Schule, Gedanken an den Beruf oder Lehrstellensuche – die Arbeitswelt – fordern uns heraus. Selbstzweifel lassen uns in die Knie gehen. Schleichend und fast unbemerkt resignieren viele Mädchen ungefähr in der 8. Klasse und geben hochstehende Berufswünsche auf, sie beschränken sich in ihrem Horizont, wählen den Frauenberuf, den Servicebereich, der sehr stark mit dem Wunsch einhergeht, etwas mit Menschen zu machen.

Ebenfalls im Quadrat zum 3. steht das 12. Feld. Unsere wachsende Identität ist noch im Aufbau und unsicher, oft genug fühlen wir uns nichts als verloren. Unsere Experimente mit Drogen können uns entgleiten, vor allem dann, wenn unser Alltag mit seiner Wirklichkeit unerträglich ist. Diätwirtschaft wird zu Magersucht, mit der wir dem ganzen Horror zu entschwinden suchen. Der großartig gemeinte Wunsch von Mädchen, mit und für Menschen zu arbeiten, führt zur Hingabe an die Bedürfnisse anderer, oft genug zur Selbstaufgabe.

Wir stehen im Trigon zum 7. und 11. Feld. Hilfreich für unsere Identitätsfindung sind (11. Feld) unsere Gruppen: die Clique, der Sportverein, die politische, kirchliche Arbeitsgemeinschaft etc. Hilfreich ist uns irgendeine Vorstellung von Freiheit und Freiraum, um die wir ringen. Hilfreich sind unsere Freundschaftsbeziehungen, die gleichgeschlechtlich sind. Reizvoll und beflügelnd ist es, zu flirten, zu umwerben, seine Reize und Anziehungskräfte auszuprobieren, den anderen zu begegnen (7. Feld). Wir gehen mit jemandem. Wir verteidigen einen eigenen Stil, unsere eigene Ästhetik, ziehen immer mehr nur das an, was uns gefällt und zu uns paßt, kaufen unsere Kleidung selbst.

Wir stehen im Sextil zum 1. und 5. Feld. Ein Begriff, der in der Entwicklungspsychologie für die frühe Kindheit wichtig war, taucht jetzt wieder auf: der Narzißmus. Viel und selbstverständlich und selbstverloren kreisen wir um uns selbst, unsere Großartigkeit und unser Werden zur Frau und zum Mann und die damit verbundenen Zustände. Wichtig sind zunächst vor allem *wir.* Wir sind ganz schön mutig und keß, unser Selbstbewußtsein (5. Feld) manchmal ganz groß.

Wir stehen im Halbsextil zum 2. und zum 4. Feld. Eingeklemmt zwischen materiellen Zwängen, die uns unfrei halten, belastet mit familiären Konventionen und Gewohnheiten, aus denen wir uns herausbewegen wollen, sind wir gleichzeitig auch auf der Suche nach Geborgenheit. Fast alle Jugendlichen streben als wichtiges Ziel für ihre Zukunft eine Familie an, die soll natürlich besser sein als ihre Herkunftsfamilie.

Das Quinkunx zum 8. reizt mit sexueller Aktivität und zeigt die Zerrissenheit zwischen dem Wunsch zu experimentieren und dem Fakt, daß Schwangerschaften die Folge sein können sowie dem inneren Wissen, daß Sexualität ein Bindungsfaktor ist. Die Bilder und Vorstellungen, was und wie Sex, wie Männersexualität, wie eine weibliche Sexualität sein soll, behindern ein unbefangenes, neugieriges, offenes Suchen und Begegnen nur zu sehr. Tabus reizen und verstören. Männliche Ohnmachtserfahrung wendet so mancher Jugendlicher in Gewalt. »Männliche Gewalt ist Ausdruck dafür, daß dem Mann (mehr als der Frau) gesellschaftlich verwehrt ist, zu seiner Hilflosigkeit zu stehen, daß er den daraus resultierenden Haß auf sich selbst externalisieren und auf andere projizieren muß. Verbunden mit der sozialen Erfahrung, daß die männliche Rolle auf Verantwortung und damit wiederum auf Ausgrenzung, Verdrängung und Abwertung anderer angelegt ist, kann sich im Spannungsverhältnis von männlichem Autonomiedilemma und Gendering eine »Gewaltschleife« aufbauen, welche sowohl das soziale, als auch auf das eigene Selbst bezogene Bewältigungsverhalten des Mannes typisch strukturiert.« (Böhnisch/Winter: *Männliche Sozialisation,* S. 195)

Das Quinkunx zum 10. Feld zeigt die Schwierigkeit, daß wir zwar über gute Ideen verfügen, pfiffig, jung und frisch sind, aber eben keine Erfahrung haben und deswegen oft nicht ernst genommen werden. Wir sollen zwar zunehmend Verantwortung übernehmen, werden aber noch laufend entmündigt.

Fragen zur Zeit des 3. Feldes (12–18)

- Wann setzte bei dir als Mädchen die Pubertät ein?
- Wie war dein Verhältnis zu deiner Mutter in der Adoleszenz? In welchen Bereichen hast du gegen sie und ihre Rolle rebelliert, in welchen Fragen hast du besonders ihre Nähe und Hilfe gesucht?
- Welche Rolle spielte dein Vater zu dieser Zeit, wie betrachtete er dein Frauwerden?
- Hat dir das Frauwerden Angst gemacht?
- Hattest du Unterleibsbeschwerden? Wurden sie behandelt, wenn ja wie?
- Wurde dir der Blinddarm entfernt?
- Welche Lebensperspektiven eröffneten sich für dich als Frau?
- Welche Mode stellte der Zeitgeist bereit?

- Wann setzte bei dir als Junge die Pubertät ein?
- Erinnerst du dich an den ersten Samenerguß?
- Erinnerst du dich an die erste Rasur?
- Was bedeutete es für dich, zum Mann zu werden? Welche Hilfestellung hat dir dein Vater gegeben?
- Wogegen hast du als Jugendlicher rebelliert? In welchen Bereichen hast du dich gegen die Eltern abgesetzt, in welchen hast du ihre Nähe und Hilfe gesucht?
- Wie war das Verhältnis zu deiner Mutter?

- Warst du aufgeklärt? Wer hatte das gemacht und wann?
- Wie hast du die Selbstbefriedigung entdeckt und wie erlebtest du sie?
- Was an deiner sexuellen Entwicklung hat dich gequält und hat dir Schuldgefühle gemacht?
- Wie hast du deine ersten Flirts und Begegnungen mit dem anderen Geschlecht erlebt?
- Fühltest du dich erotisch zum eigenen Geschlecht hingezogen?
- Kannst du dich an den ersten Kuß erinnern?
- Wie war die Zeit des Petting, wie war es, das erste Mal mit jemandem zu schlafen?
- Hast du jemanden aus der Ferne verehrt?
- Wie bist du mit Schüchternheit und Scham umgegangen?
- Wer hat dich eifersüchtig gemacht?
- Auf wen oder was warst du neidisch?
- Hattest du Brieffreundschaften?
- Gehörtest du zu einer Clique?
- Wo warst du mit deinen FreundInnen, eher bei dir zu Hause oder hast du sie besucht, wo habt ihr euch getroffen?
- Hattest du Raum für dich?
- Wie war dein Kleidungsstil? Konntest du selbst bestimmen, was du anzogst, ob und wie du dich schminkst?
- Wie war dein Temperament?
- Konnten deine Eltern mit dir als Teenager umgehen?
- Wie konntest du mit ihnen umgehen?
- Haben deine Eltern deine Lebensvorstellungen unterstützt?
- Welchen Traum hatten deine Eltern von dir und für dich, welchen unerfüllten Wunsch solltest du für sie leben?
- Bist du einmal von zu Hause abgehauen?
- Wer hat dich wirklich verstanden?
- Welche Rolle spielten deine Geschwister zu dieser Zeit?
- Welche Aufgaben und Pflichten hattest du zu Hause?
- Welche Jobs hast du gemacht?

- Was hat dich in der Schule interessiert?
- Wie waren deine LehrerInnen für dich?
- Welche Lernstörungen gab es?
- Bist du mit 14 oder später aus dem Religionsunterricht ausgestiegen?
- Welche Reibungspunkte gab es mit MitschülerInnen?
- Wohin seid ihr auf Klassenfahrt gereist?

- Warst du in einem Verein?
- Welchen Sport hast du getrieben?
- Was waren deine Lieblingsbücher, Spiele, Filme, Theaterstücke, Musik?
- Warst du künstlerisch aktiv?
- Bist du in die Tanzschule gegangen – Mittelball – Abschlußball?
- Erinnerst du dich an deine erste Party?
- Durftest du ausgehen, in die Kneipe, in die Disco?

- Für wen hast du geschwärmt? Deine Idole?
- Was hat dich begeistert? Deine Ideale?
- Hast du dich für das Weltgeschehen interessiert?
- Was weißt du noch über das Zeitgeschehen?
- Wofür hast du dich engagiert?
- Warst du in einer politischen Gruppe?
- Warst du religiös orientiert, in einer kirchlichen Gruppe?
- Warst du Meßdiener?
- Wie bist du dir darüber klargeworden, ob du zur Bundeswehr gehen wolltest oder in den Zivildienst?

- Konntest du deine Gefühle ausdrücken?
- Hattest du Depressionen, Liebeskummer?
- Wann hast du zum ersten Mal geraucht, Alkohol getrunken, mit Drogen experimentiert?
- Wie war deine Gesundheit?

Übungen zum 3. Feld

Gruppenübung
Eine Party feiern für Vierzehn- bis Sechzehnjährige

Voraussetzung: ein großer Raum, Musikanlage, passende Getränke und Snacks

Trefft euch zu einer Party. Bringt die Musik mit, die »zu eurer Zeit« aktuell war. Begebt euch noch einmal in den Swing der frühen Jahre, in euer tastendes Suchen nach Umgangsformen mit dem anderen Geschlecht oder auch mit dem eigenen Geschlecht, in euer Coolsein, in eure Unbekümmertheit, in eure Schüchternheit. Bringt alle etwas zu essen und zu trinken mit, woran ihr euch von euren Jugendpartys her noch erinnern könnt. Welche Klamotten habt ihr getragen, wie habt ihr euch geschminkt? Was hat euch interessiert? Welche Tänze kennt ihr noch von damals? Laßt euch aufeinander und auf die Musik ein...

Gruppenübung
Die Geschwisterreihe

Voraussetzung: Decken und Kissen, Fotos von unseren Geschwistern in verschiedenen Altersstufen

Schau dir die Fotos deiner Geschwister noch einmal ganz genau an. Leg dich bequem hin, laß Bilder entstehen zu deinen Geschwistern. Was immer kommen mag, laß es kommen. Spür hin, welchen unterschiedlichen Kontakt du zu deinen Geschwistern hattest, wie es für dich war, Brüder bzw. Schwestern zu haben. Spüre hin, was es bedeutete, einen Platz in einer Geschwisterreihe eingenommen zu haben. Wie war dein Verhältnis zu ihnen als Kind, wie ist dein Verhältnis zu ihnen heute?

Laß dir dafür 15 Minuten Zeit.

Trefft euch dann in den vier Ecken des Raumes in vier Gruppen:
1. Große Brüder und Schwestern
2. Nesthäkchen, die Kleinsten
3. Die Mittleren

und in der 4. Ecke treffen sich die Einzelkinder, die die Zeit der Reflektion dafür genutzt haben, über Vor- und Nachteile des Einzelkinddaseins nachzudenken.
Tauscht euch in euren Ecken aus.

Tretet dann aus den Ecken heraus miteinander in Kontakt, und erzählt euch, wie es für euch war, die entsprechende Position in der Geschwisterreihe einzunehmen. Wenn Vorwürfe, Ärger, Eifersucht oder Neid auftauchen, schimpft ruhig lauthals und sprecht das aus. Laßt euch dafür ebenfalls 15 Minuten Zeit.
Kommt dann im Kreis zusammen und sortiert die Erfahrungen.

Übung
Das Geburtsbild der Geschwister

Untersuche die Geburtsbilder deiner Geschwister und Halbgeschwister.
Erstelle dann die Synastrie und ein Combin.
Zu welchem Zeitpunkt wurdet ihr geboren: Schau nach, welche Transite deine Geschwister hatten, als du gekommen bist, bzw. wie das bei dir war, als jüngere Geschwister geboren wurden.
Was sagt dein Geburtsbild über Geschwister? (Was hat die Tonfigurenversammlung – Übung S. 54 ergeben?) Traditionell wird zum Thema Geschwister das 3. Feld und Merkur betrachtet.
Welche Berührungs- und welche Reibungspunkte habt ihr?
Was hat eure Beziehung ausgemacht?
Wie waren die Rollen in eurem Zusammenspiel verteilt?
Wie verstehst du dich mit deinen Brüdern?
Wie verstehst du dich mit deinen Schwestern?

Gruppenübung
Elternbotschaften zum 3. Feld in 4 Schritten

Ablauf siehe S. 155

Fragen zum 3. Feld:

1. Welche Botschaften vermittelten deine Eltern zum Thema *Wissen* und *Lernen?*
2. Wie war ihre Haltung zu Kontakt und sozialer *Kommunikation?*
3. Was vermittelten sie in bezug auf (sexuelle) *Neugier?*

Seelische Selbstfindung
Das 4. Feld

Die Zeit von 18–24 Jahren

Das 4. Feld astrologisch:

Das 4. Feld gehört zum Wasserelement in seiner kardinalen Form, zum Tierkreiszeichen Krebs und zum Mond, dem Trabanten der Erde.

Das 4. Feld ist dazu da, daß wir unsere seelischen Eigenarten kennenlernen und uns verwurzeln. Wir sollen uns mit unserer Herkunft, mit unserer Familie befassen, sie verstehen, Verantwortung für unsere Herkunft übernehmen. »Wo komme ich her?« ist die Frage im 4. Feld. Es geht darum, daß wir mit unserer Weiblichkeit und Mütterlichkeit in Kontakt kommen, uns selbst nähren lernen, ein Zuhause finden, familiäre Beziehungen eingehen, daß wir heimkommen, Geborgenheit finden und geben. Die Frage nach dem »Wo komme ich her?« führt uns über unsere direkte Familie hinaus, sie führt uns in die Erforschung des Stammbaums, die Sippen- und Menschheitsgeschichte bis hin zur mystischen Frage nach unserer Herkunft, bis hin zur Magie des Seins.

Das 4. Feld umfaßt den Zeitraum von 18–24 Jahren. In der Zeit von 18–21 ist das zunehmende Uranusquadrat fällig. Mit 18 ⅔ ist der 1. Mondknotenreturn. Mit 21/22 findet das abnehmende Saturnquadrat statt und am Ende des 4. Feldes ins 5. hinein steht der 2. Jupiterreturn an.

Das 4. Feld im Felderkreis

Das 4. Feld öffnet mit dem IC den 2. Quadranten des gesamten Felderkreises. Im 1. Quadranten ging es darum, daß wir eine Ich-Idee entwickelten, wir waren in einer Phase des Ich-Aufbaus. Im 2. Quadranten geht es nun um die *Ich-Findung*, die Ich-Zentrierung.

Gegenüber vom 4. Feld steht das 10., das uns nach unserem Verantwortungsgefühl befragt. Im 4. Feld findet Volljährigkeit statt. Inzwischen liegt sie mit 18 schon am Anfang des 4. Feldes, dem IC. D.h., wir werden reif, und uns wird zugetraut, in unserem Leben vieles selbständig in Angriff zu nehmen und einen Dienst an der Gemeinschaft zu leisten. Junge Männer gehen zur Bundeswehr oder machen Zivildienst. Die Aufforderung des 10. Feldes, einen passenden Platz in der Welt zu finden, von dem aus wir wirken können, läßt uns uns verstärkt um unseren beruflichen Werdegang kümmern und berufliche Rollen ausprobieren. Wir erkennen aber, daß uns längst nicht alle Türen offen stehen, sondern daß wir bestimmte Prägungen haben, die aus der Familie kommen, und daß es Grenzen durch das gesellschaftlich-wirtschaftlich-kulturelle Gefüge gibt und unsere jeweils durchlaufene oder abgebrochene Schulausbildung.

Auf der einen Seite geht es im 4. Feld um die Abnabelung von zu Hause, auf der anderen entdecken wir jetzt mehr und mehr, daß es aber Rückbindungen und Verbindungen gibt, daß wir bereits eine Vergangenheit haben (Quadrat zum 1. Feld), ob sie uns gefällt oder nicht. Außerdem spüren wir so manchesmal schmerzhaft unsere (kindlichen) Ängste. Es gibt aber einen starken Drang, »hier rauszukommen«, wir wissen, daß wir uns selbst nur finden können fern der gewohnten Umgebung, fern von Mama und Papa, fern der Heimat. (Quadrat zum 1. Feld)

Die Ablösung von der Familie erfordert von uns, uns selbst besser kennenzulernen, vor allem unseren eigenen inneren Raum zu entdecken, unsere gefühlsmäßigen Bedürfnisse und unsere Eigenart immer deutlicher zu spüren. Bislang waren unsere Eltern auf die eine oder andere Weise für unsere Versorgung zuständig, nun kümmern wir uns mehr und mehr um uns selbst, ernähren und nähren uns selbst.

Hilfreich sind in dieser Zeit die Trigone zum 8. und zum 12. Feld, die uns mutiger und vertrauensvoller im Umgang mit unseren Gefühlen werden lassen, die uns helfen, uns auf jemand anderen einzulassen. Wir werden mehr auf uns selbst zurückgeworfen, manche unserer Beziehungen werden intensiver und tiefer. Wir brauchen mehr Raum für uns selbst bei unserer Suche nach mehr Selbständigkeit.

Andere experimentieren mit Beziehungen (Quadrat 7. Feld) und Wohnformen, auf der Suche nach der für sie stimmigen Intimität. Wir reiben uns an den durch die Familie vorgegeben Beziehungsmustern bei der Suche nach unseren eigenen. Wir sind stark auf der Suche nach einer Ergänzung zu uns selbst und nach einer Kompensation zu dem Mangel, den wir zu Hause erlitten haben. Beziehung ist in dieser Zeit ein Bereich, der schnell in Abhängigkeit führt. Dann ist der Freund eigentlich die Mutter oder auch der Vater, die Freundin übernimmt eine Mutterrolle, und oft genug sind wir verunsichert in unserer Frauen- oder Männerrolle, als Heteros, Lesben, Schwule oder doch nicht? Die alten zu Hause erworbenen Rollen verfestigen sich eher, wenn wir gleich wieder eine Familie aufmachen. Alleinerziehende Frauen auf dem Weg, ihr eigenes Leben mit Mutterrolle, Berufs- und Beziehungswünschen und Erlebnishunger zu vereinbaren, sind oft neu verstrickt in die Herkunftsfamilie, wo die Eltern nun als Großeltern wieder eine wichtige Rolle spielen.

Die Halbsextile zum 3. und zum 5. Feld zeigen, daß wir im wahrsten Sinne eingeklemmt sind zwischen den Ausbildungs- und Lernwegen, die wir im 3. Feld begonnen haben und die weiterverfolgt bzw. beendet sein wollen, unserem starken Bedürfnis, uns nach innen zu wenden, und dem Wunsch, aber doch schon souveräner und selbstbewußter im Leben zu stehen.

Die Quinkunxe zum 9. und 11. Feld bieten zusätzliche Irritationen: Während wir uns gerade sammeln, gibt es draußen eine Welt voller Versprechungen und Inspiration und Freunde und Gruppen, die einen mit ihren Ansprüchen von sich wegziehen.

Fragen zur Zeit des 4. Feldes (18–24)

- Wann bist du zu Hause ausgezogen, warum und wohin?
- Wenn du zu Hause geblieben bist, warum hast du das gemacht und wie war das für dich?
- Wie war das Verhältnis zu deiner Herkunftsfamilie?
- Wann hast du den Führerschein gemacht, ein Auto gehabt?
- Wann war deine Schulzeit zu Ende, welchen Berufsweg, welches Studium wähltest du?
- Wie waren die Jahre an der Uni?
- Wie wolltest du als Frau Beruf und evtl. Mutterschaft unter einen Hut bringen?
- Wie war deine Ausbildungszeit?
- Wie waren deine Jobs?
- Bist du zur Bundeswehr gegangen und welche Bedeutung hatte das für dich?
- Hast du Zivildienst gemacht, welche Erfahrungen hast du dabei gemacht, und was hat dir das bedeutet?
- Wie waren deine Lebenspläne?

- Wie konntest du mit deinen Gefühlen umgehen?
- Woran hast du am meisten gelitten?
- Hast Du an Selbstmord gedacht – wenn ja, was machte dir das Leben so schwer?
- Wer hat dich beeinflußt, wer hat dir geholfen?

- Wie waren deine Beziehungen?
- Gab es Liebesenttäuschungen?
- Welchen Lebensstil für dich als junge Frau, als jungen Mann hast du in dieser Zeit gefunden?
- Wie nah fühltest du dich dir selbst?
- Wie sah deine eigene Wohnung, dein Wohngemeinschaftszimmer aus?

- Welche Reisen hast du unternommen?
- Auf welchem Gebiet fühltest du dich frei, auf welchem unfrei?
- Warst du politisch, sozial, karitativ aktiv?
- Auf welchen Demonstrationen warst du?
- Welche Momente aus dem Weltgeschehen sind dir gegenwärtig?
- Was hat dir den größten Spaß gemacht?
- Welche Hobbys hattest du?
- An welche Grenzen bist du gestoßen?
- Wie bist du mit Geld umgegangen, wo kam es her, wie hast du dich durchgeschlagen?
- Wie war deine Beziehung zur Wahrheit?
- Wie war dein Lebensrhythmus im Alltag?
- Welche Krankheiten gab es, Unfälle, Operationen, Allergien etc.?

- Wolltest du ein Kind?
- Gab es eine Abtreibung?
- Was bedeutete es für dich, Mutter oder Vater zu werden?
- Wer hat dich dabei unterstützt?

Übungen zum 4. Feld

Übung
Einen Stammbaum erstellen

Voraussetzung: Ein großer Bogen Papier, Stift, Daten der Familienangehörigen

Wer hat alles zu deiner Familie, deiner Sippe dazugehört? Sammle die Geburts- und Sterbedaten deiner Familienmitglieder soweit zurück, wie du kannst. Frage in deiner Familie herum, oft ist schon einmal ein Stammbaum erstellt worden. Zeichne dann einen Stammbaum, der mindestens deine Urgroßeltern umfaßt.

Gib den weiblichen Verwandten einen Kreis als Symbol und den männlichen ein Viereck. Schreibe in das Symbol ihren Namen, ihre Geburts- und Todesdaten. Bereits verstorbene Verwandte können mit einem diagonalen Kreuz angezeigt werden.
Richte für jede Generation eine Reihe ein.
Verzeichne die Geschwister neben den Eltern in der Abfolge ihres Alters.

- Woran sind deine Sippenmitglieder gestorben, wie alt wurden sie?
- Tauchen die gleichen Vornamen häufiger auf?
- Welche Berufe gab es?
- Welche Traditionen wurden weitergegeben?
- Wer fiel aus der Reihe?
- Auf welchem sozialen Hintergrund lebten die Sippenmitglieder, zu welcher Schicht gehörten sie? Gab es »Aufstieg« oder »Abstieg« durch Heirat?

Übung
Einen emotionalen Stammbaum erstellen

Voraussetzung: dein Stammbaum, bunte Stifte

Mach eine Kopie deines Stammbaums oder zeichne ihn noch einmal. Dann verdeutliche *deine* Beziehungen zu den Beteiligten in Form von verschiedenen Linien und Strichen.
Vielleicht wählst du eine Zackenlinie für konfliktreiche Beziehungen, eine Schlängellinie für seichte Beziehungen, dicke Striche für dicke Beziehungen, durchbrochene Linien für abgebrochene Beziehungen Du kannst natürlich auch mit Blitzen, Totenköpfen, Herzchen und Fragezeichen arbeiten.
Schreibe dann auf, welche der Beziehungen nicht in Ordnung sind, worin der Konflikt liegt und überlege, was du von deiner Seite aus zu einer Befriedung betragen könntest.
Wenn ein Konflikt unüberwindbar erscheint, schreibe auf, worin die Verletzung lag und warum du meinst, daß es zur Zeit keine Lösung gibt.
Besprich dein Bild mit einer anderen Person, und laß dir ihren Stammbaum erklären.

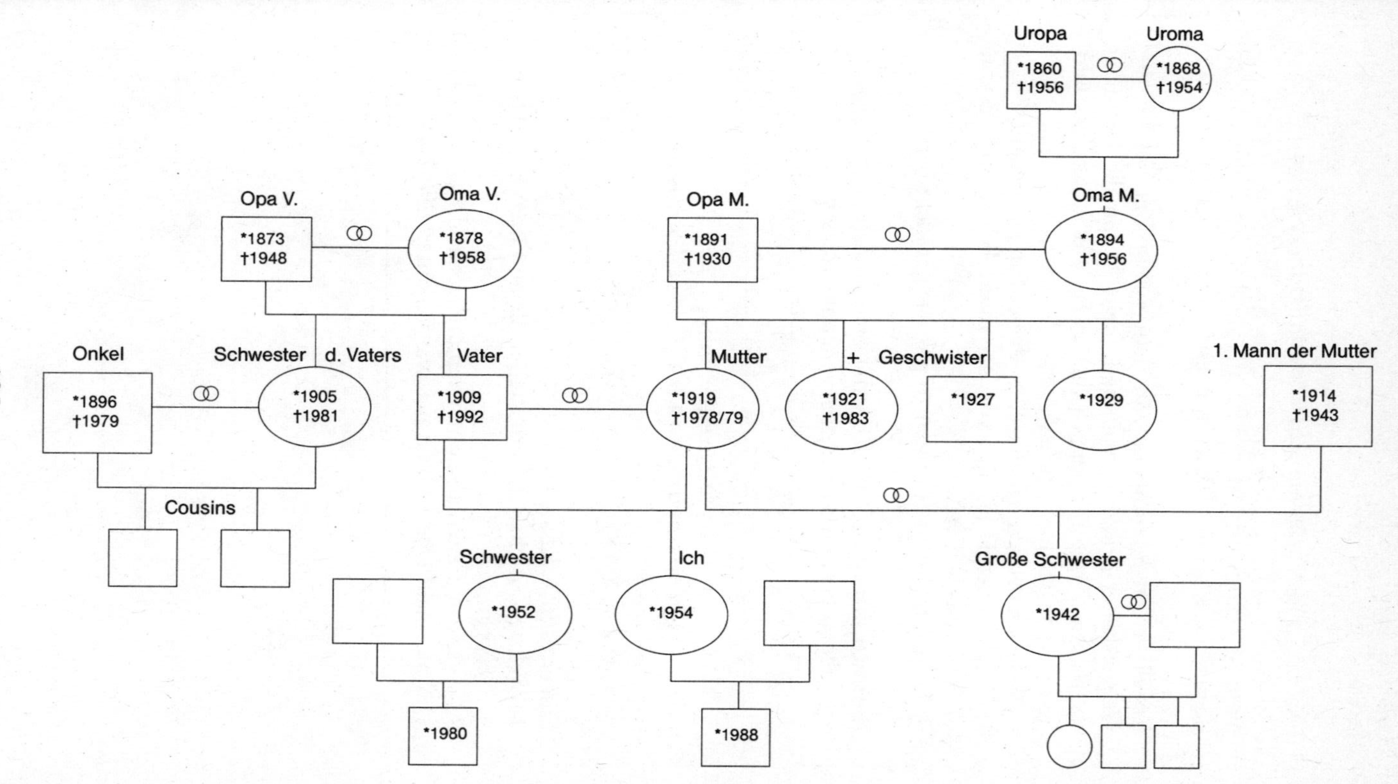
Uropa
*1860
†1956
Uroma
*1868
†1954
Opa V.
*1873
†1948
Oma V.
*1878
†1958
Opa M.
*1891
†1930
Oma M.
*1894
†1956
Onkel
*1896
†1979
Schwester d. Vaters
*1905
†1981
Vater
*1909
†1992
Mutter
*1919
†1978/79
+ Geschwister
*1921
†1983
*1927
*1929
1. Mann der Mutter
*1914
†1943
Cousins
Schwester
*1952
Ich
*1954
Große Schwester
*1942
*1980
*1988

Übung
Einen astrologischen Stammbaum erstellen

Voraussetzung: dein Stammbaum, verkleinerte Geburtsbilder deiner Sippe, großes Papier, Kleber

Erstelle einen Stammbaum, in dem genug Platz ist für die Geburtsbilder deiner Verwandten. Steht dir nur das Geburtsdatum zur Verfügung, kannst du nur ein unvollständiges Bild (der Planetenstände) hineinkleben.
– Welche Energien haben sich in deiner Familie gehäuft?
– Welche Energie kommt von der mütterlichen, welche von der väterlichen Seite?
– Welche Energien kommen so gut wie gar nicht vor?

Besprich deinen Stammbaum mit einer anderen, astrologisch erfahrenen Person: Vier Augen sehen mehr als zwei.

Gruppenübung
Elternbotschaften zum 4. Feld in 4 Schritten

Ablauf siehe S. 155

Fragen zum 4. Feld:
1. Welche Botschaften vermittelten deine Eltern zum Thema *Geborgenheit?*
2. Was vermittelten sie zum Thema *Heimat?*
3. Was macht eine *Familie* aus, was bedeuten *Blutsbande?*

Geistige Selbstfindung, unterscheiden lernen
Das 5. Feld

Die Zeit von 24–30 Jahren

Das 5. Feld astrologisch:

Das 5. Feld gehört zum Feuerelement in seiner fixen Form, dem Tierkreiszeichen Löwe, der Sonne, dem Zentrum unseres Sonnensystems.

Im 5. Feld geht es darum, unsere geistige Mitte zu finden, ein geistiges Differenzierungsvermögen zu entwickeln, herauszufinden, was uns in unserem Herzen bewegt und wichtig ist. Zur Mitte zu kommen, bedeutet auch, Verantwortung für uns zu übernehmen, selbstbewußt zu werden und zu sein, selbstsicher zu werden und dieses Selbstbewußtsein auszustrahlen. Wie die Sonne zu werden, großzügig zu scheinen, ist Ziel des 5. Feldes. Wir strahlen unsere Herzlichkeit, unsere Herzenswärme, unsere Kreativität aus, wir wissen, wer wir sind und zeigen das in all unserer Pracht und Herrlichkeit: Wir sind was Besonderes! Wir überprüfen alle geistigen Autoritäten, ob wir sie akzeptieren können oder nicht und finden immer mehr zur unserer inneren zentrierten Kraft.

Das 5. Feld umfaßt den Zeitraum von 24–30 Jahren. Mit 25–27 ist das zunehmende Uranustrigon mit ungefähr 27 das zunehmende Neptunsextil, mit 27/28 die Rückkehr des sekundärprogressiven Mondes und mit 28/29 die Saturnrückkehr fällig.

Das 5. Feld im Felderkreis

Das 5. Feld steht gegenüber vom 11. Gesucht wird die Gruppe, im Kollektiv finden wir uns. Von hier kommt der Stoff für die kommenden Entwicklungsschritte:

- Was ist mit unserer Einzigartigkeit?
- Wie können wir ein inspirierender und kreativer Teil einer Gruppe, eines Teams, der Gesellschaft werden, wenn wir uns selbst nicht kennen?

- Wie können wir eine Vision entwickeln, wie können wir Zukunft denken, wenn wir nicht wissen, wer wir sind, was in uns steckt?
- Wie können wir von uns loskommen, uns lösen, immer mehr um uns herum sehen, wenn wir uns selbst nicht haben?
- Wie können wir Menschheitsanliegen in Angriff nehmen, wenn wir unser Leben nicht selbst gestalten?
- Wie können wir anderen FreundIn sein, wenn wir uns selbst nicht lieben?
- Wie können wir andere glücklich machen, wenn wir selbst nicht glücklich sind?
- Was ist mit unserer Würde – Menschenwürde?
- Wie frei fühlen wir uns?

Im 5. Feld stehen wir im Quadrat zum 2. Feld.
Auf dem Weg, wir selbst zu werden, wir selbst zu sein, stehen Umschichtungsprozesse an:
- Welche Werte aus der Kindheit müssen umgewichtet werden?
- Worauf haben wir unser Leben aufgebaut – wie ist das Fundament?
- Wie bestimmen uns unsere Gewohnheiten?
- Haben wir unsere Ressourcen ausgeschöpft?
- Wie sicher fühlen wir uns, und was macht unsere Sicherheit aus?
- Was lohnt sich wirklich zu bewahren?

Im 5. Feld stehen wir im Quadrat zum 8. Feld.
Um kreativ zu werden, müssen wir aufdecken:
- Welche Tabus behindern uns?
- Welche Ängste quälen uns?
- Durch welche Abhängigkeiten sind wir gebunden?
- Welche Zwänge und Obsessionen machen uns unfrei?
- Welche negativen Projektionen müssen zu uns zurückgenommen werden?
- Was ist mit unserer Geschlechtsidentität?

Auf dem Weg zu unserem Herzen (5. Feld) stützen uns die Trigone zum 1. und zum 9. Feld: Unsere Begeisterungsfähigkeit, unsere kindliche Neugier, Abenteuerlust (1. Feld), unsere Leidenschaft zu erkennen, unsere Intuition, unsere innere Führung, die uns Menschen und Situationen treffen läßt, die unsere Weisheit vermehren (9. Feld), unsere Lust auf Ausweitung, unser Wunsch, Verständnis für das Fremde zu entwickeln, geistig zu expandieren. Für viele von uns ist das 5. Feld eine Zeit des Expressionismus. Stolz sind die Zurückhaltenden, wenn sie sich nun endlich mal trauen, sich zu zeigen.

Wichtig ist für die Ängstlichen, mal auf den Tisch zu hauen, Wut zu zeigen und zu äußern. Manchmal übertreiben wir dabei völlig, wir probieren uns ja erst aus.

Aus alledem, was wir sehen und treffen, picken wir uns etwas heraus, von dem wir meinen, daß es zu uns paßt, daß es wichtig für uns ist: Wir lernen zu unterscheiden.

Die Sextile zu den Luftfeldern 3 und 7 lassen uns wißbegierig sein und Kontakt aufnehmen zu »Gott und der Welt«, in Beziehungen finden wir uns mit unseren Licht- und Schattenseiten. Die Halbsextile zu 4 und 6 lassen uns nicht vergessen, daß wir eine Herkunftsfamilie (4) haben, die wir – egal wie sie ist – nicht ablegen können, die wichtig ist, wenn es darum geht, zu uns selbst, zu unserer Liebe zu kommen. Nach der seelischen Selbstfindung (4) kommt die geistige Selbstfindung (5). Und die Verbindung zu 6 läßt uns nicht vergessen, daß wir weit davon entfernt sind, rund und ganz, geschweige denn perfekt zu sein.

Die Quinkunxe zu 10 und 12 bieten Reibungsflächen: Selbstaufgabe (12), wo wir doch unser Ich gerade erst zentrieren? (Osho sagte einmal: »Wir können unser Ego nur dann aufgeben, wenn wir es haben.«), und trotz aller gesellschaftlicher Anforderungen, und allen Wünschen, in dieser Welt Verantwortung zu tragen, fehlt es uns noch an Erfahrung. Wir experimentieren eben noch.

Fragen zur Zeit des 5. Feldes (24–30)

- Wie war dein Lebensstil?
- Wie hast du gelebt? Alleine, Wohngemeinschaft, Beziehung, Familie?
- Wieviel Zeit und Raum hattest du für dich und deine Entwicklung?
- Wie hast du dich als Frau bzw. als Mann erlebt?
- Wie wurdest du gesehen – wie hast du dich selbst gesehen?
- Wie war dein Liebesleben?
- Konntest du lieben und wurdest du geliebt?

- Wenn du in diesen Jahren Kinder bekommen hast, wie war das für dich?
- Wie hat die Elternschaft deine Beziehung verändert?
- Was hat die Mutterschaft für dein Leben, für dein Selbstbild und für deinen beruflichen Werdegang bedeutet?
- Wie war es für dich, Vater zu werden, wie hast du deine Vaterschaft gestaltet?

- Wie bist du mit deinem Kind umgegangen?
- Was hat das Geschlecht deines Kindes für dich bedeutet?
- Was hast du von ihm gelernt?
- Wie war das Verhältnis von Familie, Beruf und Eigenleben?

- Warst du mit deiner Ausbildung fertig?
- Wie ging es dir im Beruf? Hattest du die richtige Berufswahl getroffen?

- Wie war dein Verhältnis zu deinen Vorgesetzten?
- Welche beruflichen Ambitionen hattest du?
- Wieviel Verantwortung hast du getragen?
- Hat dir die Arbeit Spaß gemacht?
- Hast du eine Fortbildung gemacht, noch mal eine neue Ausbildung angefangen?
- Hast du beruflich das gefunden, was dir entspricht?

- Wie war deine geistige Orientierung?
- Hast du nach ihr gesucht?
- Was war deine Wahrheit?
- Welche Werte waren dir wichtig?
- Wohin bist du gereist?
- Was hast du von der Welt mitbekommen?
- Wie war das Verhältnis von Innenleben und Außenorientierung?
- Hattest du das Gefühl, immer mehr bei dir selbst anzukommen?
- Gab es eine spirituelle Quelle für dich und eine spirituelle Praxis?
- Warst du in einer Gruppe Gleichgesinnter?
- Warst du politisch aktiv?

- Wie hast du deine Freizeit verbracht?
- Was waren deine Hobbies?
- Hast du Sport getrieben?
- Was waren deine eigenen Interessen?
- Warst du kreativ?

- Hast du dein eigenes Geld verdient?
- Wurdest von den Eltern, vom Staat unterstützt?
- Wenn du eigenes Geld hattest, wie bist du damit umgegangen, hast du gespart, investiert?
- Was hast du dir geleistet?

- Woran hast du am meisten gelitten?
- Hattest du Ängste und Depressionen?

- Was hat dich am meisten frustriert?
- In welchen Zwängen hast du gesteckt?
- Welche Krisen hast du durchlebt?
- Wer hat dir bei deinen Problemen am meisten helfen können?
- Wie war deine Gesundheit?

Übungen zum 5. Feld

Gruppenübung
Elternbotschaften zum 5. Feld in vier Schritten

Ablauf siehe S. 155

Fragen zum 5. Feld:
1. Was waren die Botschaften deiner Eltern zum Thema *Lebensfreude?*
2. Was kam herüber zum Thema *Spiel und Kreativität?*
3. Was vermittelten sie in bezug auf *Liebe und Romantik?*

Übung
Eine Liebesbeziehung beschreiben

Untersuche das Geburtsbild einer deiner romantischen Liebesbeziehungen. Erstelle zudem ein Composit, bei einer langjährigen Beziehung auch das Combin.

Beispiel: Love affair

Es ist Winter 1984. Uranus steht gegenüber von meiner Zwillingevenus und ich fahre mit einem Freund – meiner großen Jugendliebe – nach Neuseeland. Wir wollen mit dem Fahrrad das ganze Land durchradeln. Schon am Flughafen in Auckland treffen wir *ihn*. Er ist Amerikaner, smart und reizend, auch gerade frisch eingetroffen und wie wir mit dem Fahrrad da. In den folgenden Wochen und Monaten unserer Reise fahren wir immer wieder Strecken zusammen, und ich verliebe mich mehr und mehr.

Er ist einfach sweet, hat diese amerikanische Art, so über den Planeten zu schreiten, als gehöre ihm die Welt, lässig und selbst-

Radix

Er

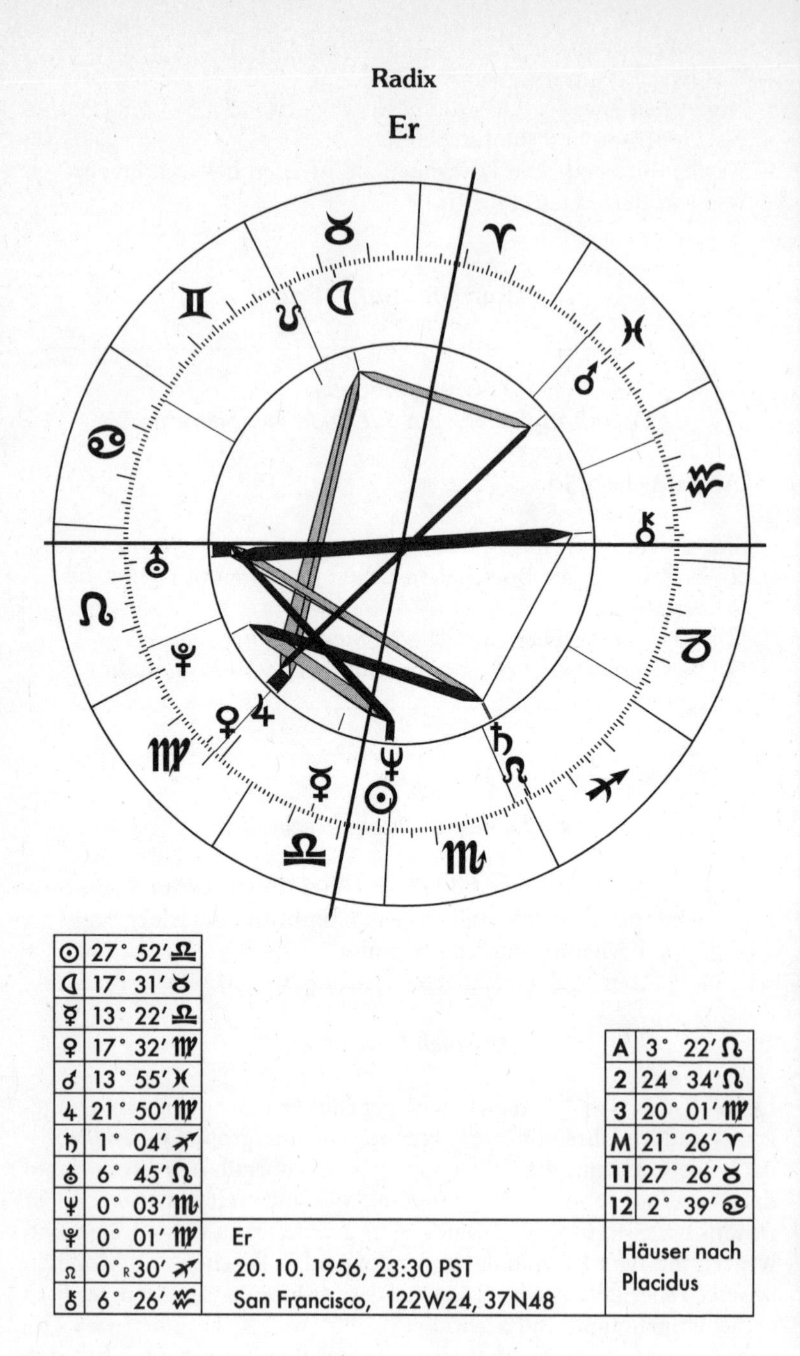

☉	27° 52′ ♎
☽	17° 31′ ♉
☿	13° 22′ ♎
♀	17° 32′ ♍
♂	13° 55′ ♓
♃	21° 50′ ♍
♄	1° 04′ ♐
♅	6° 45′ ♌
♆	0° 03′ ♏
♇	0° 01′ ♍
☊	0° R 30′ ♐
⚷	6° 26′ ♒

A	3° 22′ ♌
2	24° 34′ ♌
3	20° 01′ ♍
M	21° 26′ ♈
11	27° 26′ ♉
12	2° 39′ ♋

Er
20. 10. 1956, 23:30 PST
San Francisco, 122W24, 37N48

Häuser nach Placidus

verständlich, allerdings ohne großkotzig zu sein. Ich bin hingerissen. Alles an ihm ist schlichte Perfektion – ein Wunder an Understatement, und dazu ist er von erlesener Höflichkeit und voller Respekt. Niemals würde er etwas mit mir anfangen, solange wir zu dritt fahren. Und wir fahren immer zu dritt. Also quatschen wir uns um Sinn und Verstand. Nachts am Lagerfeuer vereinigen wir uns in gewaltigen Worten unter neuseeländischem Himmel, der von solch überwältigender Weite ist, daß ich so manches Mal wie in einem Rausch aus Glück und Freiheit taumele. It's great! Und er ist Pilot. Das Ganze knistert nur so vor Romantik – ein Fall für's 5. Feld. Und weil wir uns ja nicht »kriegen«, nur zwei verrückte Monate miteinander verbringen – ein Fall für's Composit. Ich hätte ihn auf der Stelle geheiratet, hätte er mich gefragt – hat er aber nicht.

Er ist eine Waagesonne mit Jungfrauvenus (siehe Abb. auf S. 192). Alleine seinen Händen zuzusehen, wie sie das Fahrrad reparieren oder Klamotten flicken, ist ein Hochgenuß. Ein Löweaszendent mit Uranus darauf macht ihn zum Weltenbürger, der locker und leicht, erschütternd unabhängig und mit Eleganz und Würde von Bühne zu Bühne springt bzw. fliegt. Sein Stiermond läßt ihn zu unserem Weihnachtsfest unter glühender Sonne Truthahn auf dem Campingplatz bereiten – stilecht – mit Füllung. Mit Sonne/Neptun und mit seinem Fischemars vereinigt er sich kanufahrend mit dem reißenden Fluß, mit den Gletschern und Bergen, die er besteigt, mit dem Gegenwind, der uns beim Radfahren ins Gesicht schneidet, mit der Musik aus dem Walkman ... Nur mit mir nicht. Auf jeden Fall nicht sexuell.

Auch wenn ich nicht herausfinde, was ihn quält, spüre ich doch die Schmerzen am Grunde seiner Seele, diese Angst, wirklich aufzumachen (Saturn Quadrat Pluto) und die Einsamkeit die damit einhergeht. Ich sehe, wie er aus Momenten der Berührtheit heraus auf sein Rad steigt und nicht nur räumlich, sondern auch dem Gefühl entschwindet (Sonne/Neptun).

Im Composit teilen wir uns einen Zwillingeaszendenten (siehe Abb. auf S. 194). Wie gesagt, wir erzählen stundenlang über Gott und die Welt. Ich auf Englisch und mit Händen und Füßen, hemmungslos interessiert an allem, was das Gegenüber zu bieten hat. Wir sind dauernd in Bewegung und dauernd zu dritt und dauernd im Moment, der jedesmal der letzte sein könnte. Wir leben eine intensive Zeit mit einer Konjunktion von Uranus/Venus/Merkur, die im Quadrat zu Neptun in 4 steht. Wir spüren, daß jede/r von uns auf der Suche ist nach seinem spirituellen Grund und fragen einander darüber aus. Umgeben von einem unsichtbaren Kokon aus Sehnsucht, gehen wir auseinander, ohne uns zu verabreden und treffen uns an den verrücktesten Orten, mitten in der Öde oder mitten in einer

Composit

Er und ich

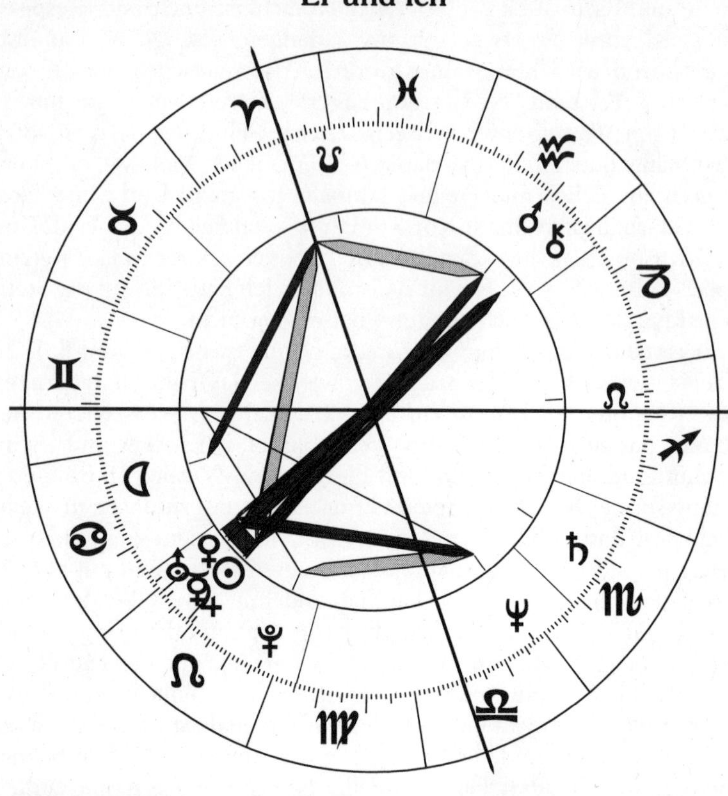

☉	8° 30′ ♌
☽	6° 40′ ♋
☿	2° 05′ ♌
♀	0° 43′ ♌
♂	10° 42′ ♒
♃	9° 28′ ♌
♄	18° 02′ ♏
♅	28° 17′ ♋
♆	27° 02′ ♎
♇	26° 16′ ♌
☊	24° 12′ ♐
⚷	2° 33′ ♒

A	21° 14′ ♊
2	26° 03′ ♋
3	4° 52′ ♍
M	9° 59′ ♈
11	7° 54′ ♉
12	0° 36′ ♊

Er und ich
Composit nach R. Hand
Auckland, 174E45, 36S51

Häuser nach Placidus

Stadt. Im Mittelpunkt unseres Interesses steht, welche Sichtweisen der/die andere vom Leben hat. Wir tauschen aus, was uns geholfen hat, unser Bewußtsein zu erweitern, zu lernen, zu verstehen, über eigene Grenzen hinwegzukommen. Wir teilen uns neben Venus/ Merkur im Löwen auch eine Konjunktion von Sonne und Jupiter ebenfalls im Löwen – und wäre das möglich, könnte man nachts unsere Herzen wie Sterne funkeln sehen, könnte diesen gemeinsamen Heartbeat hören, könnte unsere Augen schimmern sehen, in denen wir uns gegenseitig spiegeln, wie wunderbar, wie großartig wir sind!, und daß wir uns – da alles im 2. Feld steht – auf dem reichhaltigen Boden voller gegenseitiger Wertschätzung und gleicher Werte bewegen, die wir großzügig voreinander ausbreiten, wie einen roten Teppich, auf dem wir uns voller Begeisterung aufeinander zu- und immer wieder voneinander wegbewegen. Die Verbindung über das 2. Feld zeigt auch, daß wir die gemeinsame Zeit im wesentlichen mit praktischen Dingen verbringen, im wahrsten Sinn »down to earth« radeln wir, kochen wir, gehen einkaufen, und wieder radeln, Tee trinken, spazierengehen, schwimmen …

Unser Mond steht im Krebs im 1. Feld und zeigt die Vertrautheit, die wir teilen. Sein Stiermond schiebt sich auf meine Stiersonne. Wir wissen einfach voneinander, von den jeweiligen Gefühlen, Sehnsüchten, Ängsten.

Aber wir fallen ja nicht übereinander her (obwohl ich es manchmal kaum aushalten kann), wir bewegen uns in einem Raum voller Abstand und voller Respekt, von Herz zu Herz, ohne Übergriffe.

Wie gesagt, mir fällt das nicht leicht, und so manchesmal bin ich geplagt von quälender Eifersucht, wenn andere Mädels an seiner Seite auftauchen oder gar ein Stück mit uns fahren. Ich könnte ihnen die Augen auskratzen. (Mein 5. Feld im Geburtsbild besteht zwar zum größten Teil aus Schützeenergie, aber die Spitze ist noch im Skorpion, und mir gelingt es mühelos, mich mit meinen wunderbaren Gefühlen für diesen wunderbaren Mann zu quälen und schier zu zerreißen, wann ich denn nun …, und daß ich doch nun …, und daß ich es keinen Tag länger aushalte, wenn ich ihn nicht richtig kriege.) Doch im Composit ist Mars im Wassermann, und er radelt wieder davon, oder wir radeln davon: von kriegen keine Spur, aber irre Freude, wenn wir uns dann wiedertreffen. Mars ist im 8. Composit-Feld, für uns beide eine Nummer zu groß und zu gefährlich, sich einzulassen, wirklich Nähe, Intimität zuzulassen, ist unmöglich, das würde den Rahmen unserer Reise – gerade auch der Reise zu dritt – sprengen. Wir teilen einen Skorpionsaturn (den ich auch im Geburtshoroskop habe) im 5. Feld und schließlich ist auch der Pluto im Löwen im 2. Feld (was wir beide immer haben, und er hat Pluto

Quadrat Saturn). Die Unberührbarkeit, die da im Raume steht, ist reine Angst: Wir werden nicht ineinander eindringen. Aber das ist auch nicht nötig. Unaspektiert hängt Saturn da herum und schmälert den jubelnden Austausch der Herzen kein bißchen. Das ist die geilste, platonische Beziehung, die ich je erlebte.

Und schließlich hatten wir eine einzige süße und außerordentlich zärtliche Nacht, nachdem wir auf der Heimreise den »dritten Mann« zurückgelassen hatten, und einen herzergreifenden Abschied am Flughafen, bevor sich unsere Wege trennten.

Kinder

Traditionell steht das 5. Feld im Geburtsbild u.a. für das Thema Kinder. Kinder seien Ausdruck unserer schöpferischen Energie, heißt es. Na ja. Ich als Mutter kann dem nur bedingt zustimmen. Ich würde da eher mit D. W. Winnocott sagen: Kinder sind eine Last, nur Eltern nennen diese Last Liebe. Ein Kind ist *es selbst,* nicht Ausdruck meiner selbst. Ein Kind aufwachsen zu sehen, kann kreative Kräfte freisetzen, wenn wir denn so drauf sind, es kann uns aber auch locker durch die Hölle schicken – und ist *Arbeit,* es kostet Geld, verschlingt bis zum Abschluß der Ausbildung den Gegenwert eines Eigenheims. Es bedeutet Verzicht.

Und natürlich ist es wunderbar! Ein Kind bedeutet im wesentlichen *Beziehungsarbeit,* alltägliches Gewahrsein, spricht in seiner Unentrinnbarkeit unsere gesamte Energiepalette an.

Übung
Die Beziehung zu unseren Kindern

Erstelle das Geburtsbild deines Kindes (deiner Kinder). Welche Transite hattest du, als dein Kind auf die Welt kam? Vergleiche eure Geburtsbilder. Wie findest du dich als Mutter oder Vater im Geburtsbild deines Kindes wieder? Welche Familienproblematik trägt auch das Kind weiter? Wie bereichert und verändert es mit seinen Energien dein Leben?

Erstelle ein Combin mit deinem Kind.

Combin

Mutter und Sohn

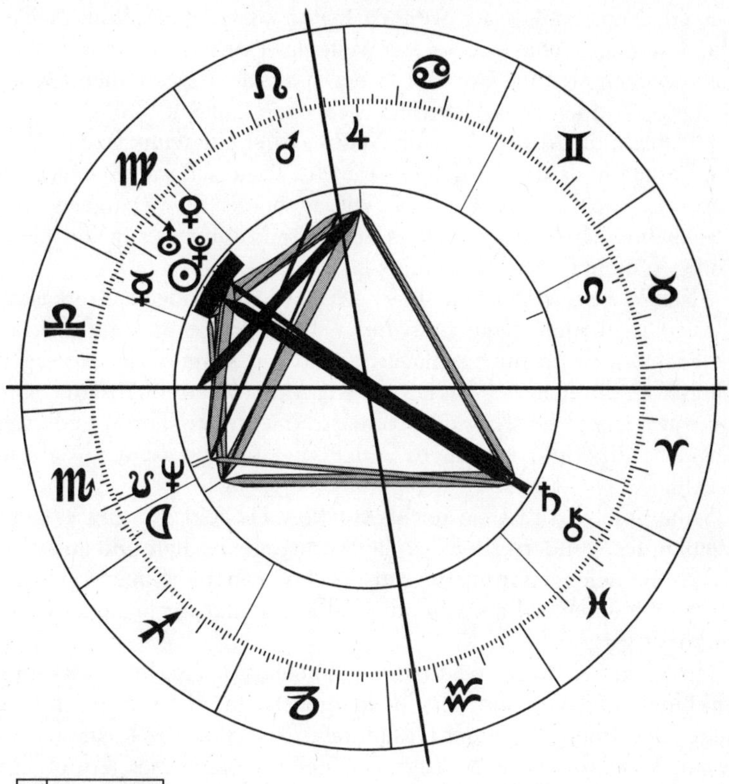

☉	25° 56′ ♍
☽	28° 05′ ♏
☿	3° 28′ ♎
♀	12° 49′ ♍
♂	15° 37′ ♌
♃	28° 42′ ♋
♄	26° R 17′ ♓
♅	20° 24′ ♍
♆	20° 02′ ♏
♇	18° 32′ ♍
☊	18° R 48′ ♉
⚷	23° 49′ ♓

A	26° 53′ ♎
2	23° 45′ ♏
3	27° 29′ ♐
M	6° 04′ ♌
11	10° 15′ ♍
12	6° 44′ ♎

Mutter und Sohn
19. 9. 1966, 8:00 GMT
10E40, 51N55

Häuser nach Placidus

Beate Niehaus
Beispiel: Combin Mutter – Kind

Am 24. März 1981, vier Wochen früher als erwartet, kommt Hals über Kopf der kleine Widder zur Welt. Das Ungestüm seines Erscheinens spiegelt sich im Combin in der Aszendent-Deszendent-Achse: Waage – Widder. Er ist der Mars (siehe Abb. auf S. 197).

Für mich, die Mutter (hier die Venus), ist er ein Wunschkind. Nach der Trauer über den Tod meiner Mutter will ich ganz einfach ein klares *Ja* zum Leben. Und ich will mehr als die – zugegeben – vielgeliebte Muse eines Malers sein. So kommt der wilde kleine König in mein Leben: Löwemars im 10. Feld.

Als er – wenige Wochen alt – nach gut überstandener Brutkastenphase auf meinem Knie sitzt und wir uns lange und aufmerksam beobachten, ist für mich schlagartig klar, was seine Blicke mir sagen: Ich gehöre dir nicht! Ich bin ein *anderer Mensch*, und du, Mama, wirst mir mit Respekt begegnen. Löwemars besteigt den Thron und gründet sein Imperium in seinem Zuhause – für ihn ist der Mars im 4. Feld.

Seine Spielwiese ist ein reichbestücktes 11. Feld. Da gibt es keine Kleinfamilie, sondern zunächst die Wohngemeinschaft und auch später immer wieder Gruppen, eine Vielfalt von Individuen, in deren Mitte er mit seiner Lebensfreude und Kreativität für tägliches Entertainment sorgt.

Für Mama ist die neue Situation gar nicht so leicht. Einerseits sorge ich hingebungsvoll für sein Wohlergehen: Jungfrauvenus entfaltet ungeahnte Energien an der Gesundheitsfront, und der Kleine wächst heran, schwimmend in Muttermilch, geölt, gesalbt, massiert, prallgefüllt mit Ökonahrung, Landluft so viel wie eben möglich und körperliche Ertüchtigung.

Aber das ist nicht alles! Ich kenne mich gar nicht so, und ich ächze nicht zu knapp unter der Bürde der alltäglichen Verantwortung. (Saturn in 5 im Combin steht genau da, wo sich im Geburtshoroskop meine Fischesonne befindet.) In den ersten Lebensmonaten des Kleinen fliehe ich mitunter nachmittags ins Kino, um seinen vehementen Forderungen zu entrinnen (Neptun in 1 im Quadrat zu Mars).

Meine Situation hat trotz der scheinbar gut funktionierenden Lebensumstände (Arbeit, Alltag, Reisen) etwas Schwermütiges und Resignatives. »Das kann doch nicht *alles* gewesen sein!« Hinzu kommen Gefühle der Isolation, Zweifel an meiner Kompetenz als Mutter und das Bedauern, daß meine künstlerischen Ambitionen weitgehend brachliegen (ein niederschmetternder Saturn in 5). Das Leben ist okay, aber alles andere als spannend. The game is over, die Pflichten rufen – jede Menge Jungfrau –, wie öde!

Zu einem radikalen Umbruch kommt es, als der Transituranus genau im Quadrat zum Combinuranus steht. Ein neuer Mann taucht auf, Inspiration und Lust auf neue Horizonte. Ohne zu zögern, schnappe ich mir eine eigene Wohnung in Kreuzberg und stürze mich in ein neues Kapitel: neues Ambiente, neue Menschen, neue Lust an der Malerei. Der Kleine ist nun 5 Jahre alt. Er leidet – wie jedes Kind – an der Trennung seiner Eltern, empfindet aber die neue Lebenssituation auch als bereichernd und begeisternd. Er lebt nun einige Jahre wechselweise bei seinem Vater (wo er die Venus, Papa der Mars ist), bis er sich, 12 Jahre alt, ganz für das Leben mit mir entscheidet. Bis er diesen endgültigen Schritt in die männliche Rolle vollzieht, hat er zwei Königreiche und ist, wo immer er erscheint, hochwillkommen. Durch den Rhythmus: mal beim Vater – mal bei der Mutter, kommt es nirgendwo zu den verwickelten Unausweichlichkeiten und Nervereien eines permanent miteinander geteilten Alltags. Jede/r von uns hat eigenständige Bereiche, eigene Erfahrungen und Beziehungen. Wir müssen nicht durch dick und dünn aneinanderkleben. Ich bin für ihn nicht die einzige und ausschließliche Versorgerin. Mama ist eben auch Frau und wird vom Sohn als solche wahrgenommen. Schließlich haben wir eine Mars/Venus-Verbindung. »Du bist die Schönste. Du könntest dir aber ruhig mal wieder ein Röckchen anziehen!« sagt der Kleine.

In den folgenden Jahren studiere ich Malerei. Saturn in 5 hat ja auch sein Gutes. Wir machen die Dinge richtig, wir lernen unser *Handwerk*. Der Junge wiederum (5 Planeten in seinem 5. Feld) entwickelt sich zum begnadeten Comic-Künstler, der makabre und multikulturelle Themen leichtfüßig rüberbringt. Multikulturell ist das Leben überhaupt (11. Feld) und sehr auf Freundschaften und Geselligkeit ausgerichtet.

Eine weitere enthusiastische Orientierung nach *Außen* deutet sich durch Jupiter in 9 an: Die Lust am Reisen, die Lust am Philosophieren, die Lust am Ideenaustausch – beflügelt, beseelt vom Trigon zum Mond, realisiert und realisierbar durch das Trigon zu Saturn. In diesem großen Dreieck spiegelt sich die Exklusivität und Innigkeit der Beziehung zwischen *dieser* Mutter und *diesem* Sohn.

Bei aller Liebe können wir aber unbesorgt sein. Jede/r von uns hat genug Eigenständigkeit, um dereinst ein eigenes Leben auf eigenen Schauplätzen zu führen. Vermutlich werde ich diejenige sein, die in die Welt hinauszieht und das häusliche Imperium dem dann erwachsenen König überläßt. *(Beate Niehaus, 15.3.1952, 22.45 Uhr, Arnsberg)*

Selbstanalyse und Perfektionierung
Das 6. Feld

Die Zeit von 30–36 Jahren

Das 6. Feld astrologisch:

Das 6. Feld gehört zum Erdelement in seiner verteilenden Form, zum Tierkreiszeichen Jungfrau, zum Planeten Merkur. Manche AstrologInnen finden hier starke Analogien zum Asteroiden VESTA.

Das 6. Feld stellt die Aufgabe, den Alltag geregelt zu kriegen mit all seiner Routine und seinen Verpflichtungen. Es geht darum, geistig, seelisch und körperlich gut zu funktionieren, deswegen auf unsere Ernährung zu achten und uns unseren Körper zu kümmen, und auch sonst um eine Lebensweise zu bemühen, bei der wir ein gutes Gewissen haben können. Es geht um die Vertiefung unserer moralischen und ethischen Kriterien. Wir sollen unseren Verstand benutzen, lernen, uns selbst, die anderen und die Welt kritisch und sachbezogen zu betrachten, zu analysieren und hilfreiche Schritte in die Wege zu leiten. Wir sollen lernen, damit zufrieden zu sein, »kleine Brötchen zu backen«, unsere Verpflichtungen in dieser Welt erkennen und tun, was wir können, um zu helfen. Es geht darum, uns beruflich zu perfektionieren und uns dort einzuordnen, wo das ansteht. Das 6. Feld stellt die Aufgabe, Arbeit und Alltag zu achten: all die kleinen Dinge, aus denen das Leben besteht. Wir sollen lernen, uns als Rädchen in einem großen Getriebe zu sehen.

Das 6. Feld umschließt den Zeitraum von 30–36 Jahren. Mit 30 ist die Jupiteropposition, mit 35/36 Jahren der 3. Jupiterreturn und das 2. zunehmende Saturnquadrat fällig. Mit ca. 30 stehen alle Planeten (Sonnenbogen)direktional im Halbsextil zu sich selbst.

Das 6. Feld im Felderkreis

Gegenüber vom 6. Feld steht das 12., das mit Erlösungssehnsucht lockt und zu uns von Egolosigkeit spricht. Über das 6. Feld bestätigen wir, daß es eines diziplinierten Weges bedarf, um dort anzukommen. Wir machen uns dienstbar, stellen uns zur Verfügung. Nachdem wir fünf Felder bereits durchlaufen haben, unser *Ich* freudig, tapfer und mühsam errichteten, kommt nun Distanz zu uns selbst mit der klassischen Frage: Wer bin ich denn überhaupt? *Warum* bin ich so, wie ich bin? Das 6. Feld verlangt eine Eigenanalyse, die Prüfung unserer selbst. Es sieht ganz so aus, als seien wir noch wesentlich mehr und gleichzeitig wesentlich weniger, als wir dachten. Das 6. Feld verlangt eine Läuterung, damit wir überhaupt erlösungswürdig (12. Feld) werden, es eröffnet uns, eine Zuflucht zu finden: Wir können – trotz aller Anstrengung – nicht alles alleine schaffen!

Was wir glaubten über uns selbst, Gott und die Welt, wird überprüft (Quadrat zum 9. Feld). Unsere alten Glaubenssätze werden auseinandergepflückt. Viele Kontakte und vieles von dem, was wir zu wissen meinten, steht in Frage (Quadrat zum 3. Feld) und bedarf einer Revision. Was davon hat sich bewährt in unserem Leben?

Das Trigon zum 2. und zum 10. Feld macht uns fit für die Arbeit. Optimalerweise funktionieren wir richtig gut, erwerben uns zusehends *Kompetenz*. Wir wissen, was wir uns wert sind, lassen uns entsprechend bezahlen und finden den beruflichen Platz, der uns und unseren Fähigkeiten entspricht. Wir kümmern uns um unsere körperliche Gesundheit, ändern Ernährungsgewohnheiten etc. Das Saturnquadrat mit ca. 35/36 Jahren zwingt uns, unseren Standort zu überprüfen.

Das Sextil zum 4. und zum 8. Feld macht uns fähig, nach innen zu schauen. Wir kümmern uns um unsere seelische Gesundheit, sehen die Verbindung von Körper, Geist und Seele. Wir wissen um unsere Empfindlichkeiten, unsere heiklen Stellen, haben keine Angst vor unserem Innenraum. Wir modifizieren unsere Sicht zu unserer Herkunft wenn nötig und arbeiten an der Bereinigung unserer Negativität.

Das Halbsextil zum 5. und zum 7. Feld zeigt, wie vergleichsweise langweilig diese Zeit sein kann. Die großartigen Ideen des 5. Feldes über unseren geistigen Weg wollen jetzt einfach nur gegangen sein. Unsere Kreativität braucht Technik, und unsere Liebe will sich auch im Alltag bewähren.

Das Quinkunx zum 1. und zum 11. Feld zeigt die Schwierigkeit, spontane Impulse zu integrieren, einen einmal gefaßten Plan aufzugeben, und unsere Pflichten auch mal Pflicht sein lassen zu können. »Jeden Tag dasselbe« ist ja furchtbar, schreit der Widder und rüttelt an den von uns selbst gebauten Gitterstäben. Diese Stimme können wir aber nicht gut hören. Vorstellungen von Freiheit und Ungebundenheit, Leichtigkeit und Abgehobenheit, nagen an uns. »Vielleicht doch ein Bierchen«, sagt dann das 12. Feld.

Fragen zur Zeit des 6. Feldes (30–36)

- Hast du dich beruflich festgesetzt und verbessert? Wie ist deine Position?
- Kannst du dich in deinem Beruf verwirklichen?
- Wieviele Stunden am Tag arbeitest du?
- Verdienst du entsprechend deines Einsatzes?
- Wie gehst du mit deinem Geld um, wofür brauchst du es?
- Gibt es eine berufliche Krise, gibt es Leerlauf?
- Engagierst du dich gewerkschaftlich, in einem Berufsverband?
- Willst du noch einmal wechseln, wenn ja, warum?
- Kennst du dein Potential und deine Fähigkeiten, kommen sie zum Einsatz?
- Was fällt dir leicht, was machst du gerne?
- Kennst du deine Grenzen?
- Akzeptierst du die Grenzen der anderen?
- Wie gehst du mit KollegInnen um?
- Was fällt dir schwer?
- Welche Arbeitsstörungen gibt es?
- Wie gehst du mit Routine um?
- Womit hast du am meisten zu tun?
- Was lernst du weiter?
- Erlebst du Erwerbslosigkeit?

- Wie ist deine Beziehung?
- Wenn du in dieser Zeit ein Kind bekommst, was bedeutet das für dich?
- Wie erlebst du dich als Mutter?
- Wie erlebst du dich als Vater?
- In welchem Geist erziehst du dein Kind?
- Wie erlebst du den Alltag mit Kind?
- Was gibst du für dein Kind auf?
- Was lehrt dich dein Kind?
- Wie integrierst du Beruf und Mutterschaft bzw. Vaterschaft?
- Engagierst du dich in der Krabbelgruppe, im Kindergarten/Kinderladen, in der Schule?
- Wie begleitest du deine größeren Kinder?

- Welche Werte sind dir wichtig, wie unterscheidet sich das von früheren?
- Wofür spendest du Geld?
- Hast du Phasen von innerer Leere, wie gehst du damit um?
- Womit bestreitest du deinen Lebensunterhalt, wenn du nicht berufstätig bist?

- Welche Ängste beschäftigen dich?
- Welche Krankheiten hast du, welche psychologischen Probleme, Unfälle, Operationen?
- Gehst du in eine Therapie, in eine Selbsthilfegruppe?
- Welche Süchte quälen dich, wie gehst du damit um?
- Wie verändert sich dein Körper?
- Was tust du für ihn?
- Hast du Zeit für dich? Wie nützt du sie? Was sind deine kleinen Fluchten?

- Gibt es Umzüge, Ortswechsel?
- Wie siehst du dich selbst in dieser Welt?
- Was siehst du von der Welt?
- Woran kannst du dich aus dem Zeitgeschehen erinnern?
- Was gibst du der Welt?
- Von wem lernst du am meisten?
- Wie kommst du mit deinen Selbstzweifeln klar, wozu beflügeln sie dich, begibst du dich noch einmal neu auf die Suche nach dir?
- Betrittst du einen geistigen, spirituellen Weg?
- Findest du ein/e MeisterIn?
- Praktizierst du regelmäßig?

- Was ist mit deinen Eltern? Wie stehst du zu ihnen?
- Wie gehst du mit ihrem Älterwerden um?
- Wenn sie krank und hilfsbedürftig werden, was gibst du ihnen?

Übungen zum 6. Feld

Übung
Eine Krankengeschichte erstellen

Voraussetzung: die Lebensgeschichte, Stift und Papier

Schreibe zunächst auf, was du über die Krankheiten in deiner Familie weißt, welche Gebrechen haben sich gehäuft, woran und in welchem Alter sind deine VorgängerInnen gestorben? Welche Dispositionen wurden dir mitgegeben?

Schreibe dann chronologisch deine Krankheiten auf, natürlich am besten mit den entsprechenden Daten, ansonsten annäherungsweise.

Gab es Unfälle, Operationen?
Gibt es weitere Symptome, die dein Körpergefühl und dein Selbstgefühl belasten?

Bei den größeren Krankheiten, deren Zeitpunkt du kennst, schau nach, welche Transite mit ihnen einhergingen und wie du sie im jeweiligen Solar wiederfindest.
Welche Faktoren aus deinem Geburtshoroskop waren hauptsächlich am Krankheitsgeschehen beteiligt? Auf welche Transite hast du am stärksten reagiert?

Welche Süchte hast du im Laufe deines Lebens erlebt, bzw. welchen Stoff (Menschen, Arbeit, Konsum, TV, Drogen etc.) brauchst du zur Zeit? Wann hat deine jeweilige Sucht angefangen, wann gab es Phasen der Entsüchtung?
Welche Faktoren aus deinem Geburtsbild bringst du mit dem Thema Sucht in Verbindung?

Was bedeutete es für dich, gesund zu leben?

Betrachte dein 6. Feld im Geburtsbild, welches Tierkreiszeichen steht an der Spitze des 6. Feldes, was ist mit dem Herrscher des 6. Feldes? Gibt es Planeten im 6. Feld? Findest du deine Krankheitsgeschichte hier zusammengefaßt? Was sagt dein 6. Feld darüber, was du brauchst, um gesund zu leben?

Gruppenübung
Elternbotschaften zum 6. Feld in 4 Schritten

Ablauf siehe S. 155

Fragen zum 6. Feld:
1. Welche Botschaften vermittelten deine Eltern dir in bezug auf *Krankheit, Gesundheit und Ernährung*?
2. Was geben sie dir mit zum Thema *Anständigkeit*?
3. Und welche Haltung gab es in bezug auf *Kompetenz*?

Über den Horizont blicken, gerecht sein
Das 7. Feld

Die Zeit von 36–42 Jahren

Das 7. Feld astrologisch:

Das 7. Feld gehört zum Luftelement in seiner kardinalen Form, zum Tierkreiszeichen Waage und zum Planeten Venus.

Thema des 7. Feldes ist, verstärkt die anderen und die Umwelt wahrzunehmen. »Hinwendung zum Du« ist eines der klassischen Stichworte des 7. Feldes. Es geht um die Entwicklung eines partnerschaftlichen, sozialen, freundlichen Verhältnisses zu anderen, die anderen als Inspiration und Gegenüber für einen gedanklichen Austausch zu begreifen. Es geht um Verständnis, Gerechtigkeit und Ausgleich, darum, Kompromisse schätzen zu lernen, Wege zusammen *mit* den anderen zu suchen, zu teilen, mitzuteilen, Brücken zueinander zu bauen. Das 7. Feld ist das Feld der Ästhetik. Wir sollen einen Sinn für Schönheit entwickeln und unsere künstlerischen Seiten fördern.

Das 7. Feld umfaßt die Zeit von 36–42 Jahren. Mit 37/38 Jahren ist das 2. zunehmende Saturntrigon fällig. Mit 39–42 erleben wir alle die Uranusopposition, mit 41/42 das zunehmende Neptunquadrat. Zur Zeit erleben wir mit ca. 39/40 Jahren das zunehmende Plutoquadrat. (Aufgrund seines unterschiedlich lang dauernden Durchlaufs durch die Zeichen muß aber speziell nachgeschlagen werden, wann denn bei dir das Plutoquadrat gewesen ist.)

Das 7. Feld im Felderkreis

Gegenüber des 7. Feldes steht das 1. Feld. Wir stehen nun zum ersten Mal »face to face« im Angesicht unserer Kindheit, unseres Lebensbeginns mit all seinen Möglichkeiten und Katastrophen. Jetzt ist der größtmögliche – objektive – Abstand da. Aufgabe des 7. Feldes ist eine Harmonisierung, die wir im Kontakt zu uns selbst und den anderen erleben. Im 7. Feld erkennen wir optimalerweise:

– Alles, was wir nicht sein wollen, müssen die anderen sein.

- Alles, was wir an uns selbst nicht ertragen, ertragen wir auch an den anderen nicht.
- Alles, was wir an den anderen hassen, fällt auf uns selbst zurück.
- Alles, womit wir im reinen sind, muß uns im Außen nicht mehr begegnen.
- Innen und Außen sind nicht getrennt.
- Nichts geschieht zufällig.
- Alles findet seinen Ausgleich.

Am Anfang unseres Lebens sind wir eins mit unserer Umwelt – wir sind die Welt. Dann trennen wir uns ab, erleben uns hier und die Welt dort. Das ist der Prozeß des 1. Feldes. Unser *Ich* entsteht in ganz speziellen Lebensumständen, die nur wir in dieser Weise erfahren. Ohne unsere Umwelt gäbe es uns gar nicht. Unser persönliches *Ich* definiert sich anhand unserer Lebensumstände, und es stirbt ohne die gewohnte Umgebung. Plötzlich in eine völlig andere Kultur versetzt, sind alle Register, die wir normalerweise ziehen, nicht mehr hilfreich. Im 7. Feld sind wir nun selbst *Außen.* Wir können auf unser Leben in seiner Bedingtheit zurückschauen, wir können alle Beteiligten sehen in ihrer Bedingtheit, in ihrem Bemühen und Versagen. Wir können sie gerechter behandeln, ihnen gerechter werden. *Ent-Spannung* kommt auf und Freundlichkeit mit uns und den anderen in unserer jeweils umgebenden Umwelt. Wir verstehen im 7. Feld, daß alles miteinander in Verbindung ist, und wir werden uns unserer Art, in Beziehung zu sein, bewußt. Verbindung mit den anderen ist nun deshalb möglich, weil wir handlungsfähiges *Subjekt* geworden sind. Mit dem 7. Feld sind wir über den Horizont gekommen, haben die untere Hälfte des Geburtsbildes, die Nachthälfte – verlassen und öffnen den 3. Quadranten, in dem es darum geht, daß es Tag wird, hell wird, und daß das Ego stirbt. Im 1. Quadranten bauten wir es auf, im 2. Quadranten verfestigten und verfeinerten wir es, nun lassen wir es gehen, um dann im 4. Quadranten ein überpersönliches Bewußtsein, ein Menschheitsbewußtsein – zu erlangen.

Der Abbau des Ego beginnt mit einer weiter werdenden Sicht von uns selbst im Netz aller unserer Beziehungen. Unsere Beziehungen müssen daraufhin untersucht werden: Wo und wie benutze ich den/die andere/n, um mich vor mir selbst zu drücken? Die einseitige Art, unser Leben zu leben (als Frau, Mann, Mutter, Berufstätige/r etc.) soll sich lockern, so daß wir das, was wir bislang an andere abgegeben haben, zu uns selbst hinzunehmen.

Wir beginnen, wenn auch manchmal noch sehr zaghaft, unsere Eltern neu zu sehen. Im 7. Feld stehen wir allerdings im Quadrat zum 4. Feld. Es ist nicht leicht, unseren Beitrag zu unserer Herkunft zu sehen, unsere Eltern nicht mehr auf die Elternrolle festzulegen und die Beziehung noch einmal zu öffnen. Das aber steht an. Aussöhnung steht an.

- Wie hast du deine Eltern gequält?
- Was hast du ihnen zugemutet?
- Was hast du von ihnen wie selbstverständlich verlangt?
- Erwartest du immer noch, daß sie endlich »richtige Eltern« werden?
- Wirst du bereit, sie so zu sehen, *wie sie sind?*

Im Quadrat zum 10. Feld zeigt sich die Notwendigkeit der vollen Selbstverantwortung, und eben auch die Schwierigkeit, diese anzutreten. Da soll niemand mehr Schuld sein?! Wenn wir das andere, das Außen auch sind, bestimmt sich unsere Zugehörigkeit zur Gesellschaft noch einmal neu. Auch hier wird der Blick gerechter und differenzierter. – Wirst du bereit, die Welt so zu sehen, wie sie ist?

Hilfreich sind die Trigone zum 3. und zum 11. Feld. Optimalerweise werden wir jetzt wirklich zur Zusammenarbeit fähig. Kooperation ist ein Zauberwort dieser Jahre. Wir lernen noch leicht Neues hinzu, gehen ebenso leicht in Kontakt und haben Lust auf einen weiträumigen Austausch mit anderen, können endlich die anderen als Bereicherung empfinden und müssen unsere inneren Löcher nicht mehr mit ihnen stopfen. Unser Blick auf die Welt öffnet sich ebenso, und wir suchen all das, was unser Bewußtsein erweitert.

Hilfreich sind auch die Sextile zum 5. und zum 9. Feld, die geradezu anfeuern und ermutigen, noch einmal lebendig, neu und frisch zu werden. Sie rufen lauthals, daß es mehr gibt, als in den alten Kindheitsmustern weiterzuleben. Wir lösen uns von diesen Rollen, von den Kindheitsbeziehungen und leben nach und nach Beziehungen als Erwachsene von Subjekt zu Subjekt, in denen gegenseitige Liebe und Förderung, Großzügigkeit und Wohlwollen mitschwingen.

Wir stehen im Halbsextil zum 6. und zum 8. Feld. Die Routine aus dem 6. Feld, der Alltag, hängt an uns und will bewältigt sein. Es scheint manchmal schwer, die Chancen der Beziehungsveränderung und der neuen Sichtweise auf das Leben zu ergreifen. Eine andere Arbeit oder eine Veränderung im Beruf wäre für uns vielleicht passend, doch trauen wir uns so manches Mal den Wechsel nicht zu. Das 8. Feld weiß ja schon, daß wir allen Schein zugunsten der Authentizität eines angstfreieren Lebens aufgeben werden und zieht – manchmal erschreckend, manchmal auch ermutigend – nach vorne ins Unbekannte, ins Risiko hinein.

Das Quinkunx zum 2. und zum 12. Feld zeigt die widerstreitenden Gefühle, ob es nicht doch am besten ist, bloß den alten Standard zu sichern, obwohl alle Zeichen auf Wechsel stehen. Die alten Werte tragen nicht mehr, denn sie sind aus dem Geist der *Ich*-Sicherung entstanden. Nun im 7. Feld sind wir aber in der Lage, das alte Ich zugunsten eines entpolarisierten und entpolarisierenden Gefühls für uns selbst zu erweitern, daß die Welt nicht nur schwarz und weiß ist, sondern ungeheuer viele Zwischentöne aufweist, die sie bunt, manchmal etwas uneindeutig, aber sehr schön macht. Die Verwirrung aus dem 12. Feld zeigt sich für einige von uns schlicht in größeren Drogendosen, um uns nicht zu stellen, nicht diesen Weg in die Welt hinaus zu wagen, uns nicht bewußt um sie zu erweitern, sondern die Konturen zu verwischen. Eigentlich fordert das 12. Feld, daß wir die aufkeimende Idee, die Umwelt zu sein, immer mehr als Gefühl zulassen, uns selbst immer weniger wichtig nehmen. Das ist aber ganz schön schwierig, denn zunächst geht es uns noch um *uns selbst* und *unsere* Erweiterung und noch nicht um Selbstaufgabe.

Fragen zur Zeit des 7. Feldes (36–42 Jahre)

- Wie kommst du mit dem Älterwerden klar?
- Erlebst du Konkurrenz zu Jüngeren?
- Welche Krisen durchläufst du, was macht dir Angst?
- Erlebst du Todesängste?
- Wo fühlst du dich unfrei?
- In welchen Bereichen strebst du eine Weiterentwicklung an?
- In welchen fühlst du dich minderwertig und unfähig, wie gehst du damit um?

- Fühlst du dich alleine oder gestützt?
- Was bedeutet dir dein/e PartnerIn?
- Wie gestaltest du dein Beziehungsleben?
- Welche Rolle hast du bislang in deiner Beziehung gespielt, welche Rolle hatte dein/e PartnerIn?
- Erlaubst du, daß sich eure Rollen verändern?
- Verliebst du dich noch einmal?
- Verläßt du dein/e Partner/In?

- Wenn du Kinder hast, was erlebst du mit ihnen?
- Wie erfährst du ihr Wachstum?
- Was bedeuten sie für dich?

- Wenn du keine Kinder bekommen hast, wie kommst du damit klar?
- Was erlebst du mit deinen Eltern?
- Versöhnst du dich mit ihnen?

- Macht dir deine Arbeit Spaß?
- Wie ist deine Position?
- Bist du kreativ?
- Kannst du deine Fähigkeiten umsetzen?
- Kannst du mit anderen zusammenarbeiten?
- Kannst du für andere dasein?
- Wen lehrst du?

- Was machst du am liebsten neben deiner Arbeit?
- Wie nah bist du deinen Idealen?
- Wie verändern sich deine Werte, deine Moral, deine Philosophie?
- Engagierst du dich politisch und sozial?
- Gehst du einen spirituellen Weg?
- Bist du kulturell interessiert?
- Welchen Hobbies gehst du nach?
- In welchem Bereich fühlst du dich dir am nächsten?

- Wie geht es dir gesundheitlich?

Übungen zum 7. Feld

Paarübung
Die liebsten Feinde

Voraussetzung: Papier und Stift, Geburtsbild

Was an deinem Partner/deiner Partnerin lehnst du ab?
Was stört dich an deinen Eltern, deinen Kindern?
Gehe dein Leben durch in bezug auf die Menschen, die du nicht leiden kannst, die dich ekeln und anwidern.
Vor welchen Menschen hast du Angst? Wen meidest du?
Auch Tiere, die erheblichen Widerstand in dir auslösen, kannst du betrachten.

Schreibe alles auf, was dir einfällt, nimm dir dafür 10 Minuten Zeit. Mach das schnell, laß es heraus, denk nicht groß nach.

Trage deine Erkenntnisse einer anderen Person vor.
Besprecht dann die Liste zusammen in bezug auf die Frage:
Was hat all das, was ich ablehne, mit mir zu tun?
Nehmt euch für jede/n von euch 15 Minuten Zeit.

Wenn ihr eins der Vorurteile bzw. eine der Aversionen nicht auf euch beziehen und/oder nicht auflösen könnt, dann setzt euch gegenüber. Wer dran ist, spricht seine/ihre Ablehnung aus. Der/die andere geht in die Position des Abgelehnten und vertritt diese so gut es geht, fragt nach realen schlechten Erfahrungen, nach dem Ursprung des Vorurteils etc.
Nehmt euch dafür 10 Minuten Zeit.

Legt dann eure Geburtsbilder neben euch und betrachtet eure Deszendenten.
Hier ist die Energie beschrieben, die im Moment unserer Geburt unterging, die im Dunklen verschwunden ist. Diese Energie geben wir bevorzugt an andere ab, die wir dann ablehnen können.
Stellt kurz einige Überlegungen zu euren Deszendenten an. (ca. 10 Minuten)

Stellt euch dann vor, ihr nehmt die Energie zu euch!
Stellt euch vor, ihr wäret dieses abgelehnte andere. Was bedeutete das für euch?
Geht dieser Frage für weitere 10 Minuten nach.

Übung
Eine Beziehungsgeschichte

Voraussetzung: die Lebensgeschichte, Papier und Stift

Schreibe kurz deine Beziehungsgeschichte.
Wann war deine erste Beziehung?
Mit wem warst du alles zusammen?
Wie lange dauerten die Beziehungen?
Wodurch kamen sie zustande?
Was am anderen, an der anderen hat dich angezogen, was am anderen, an der anderen hat dich abgestoßen?
Weshalb ging die Beziehung auseinander?
Welches Beziehungsmuster kannst du erkennen?

Wie waren deine Beziehungen zu Frauen, wodurch sind sie gekennzeichnet?
Hast und hattest du eine »beste« Freundin?
Wie waren deine Beziehungen zu Männern?
Bist du als Mann dick mit Männern befreundet, wenn ja, wie gestaltest du sie, wenn nein, was hält dich von Männern zurück?

Was sagt dein Deszendent über dein Beziehungsmuster? Was sagt deine Venus über das, was du anziehst, was du attraktiv findest, was sagt sie über dein Frauenbild, was sagt dein Mars über das, was du dir erkämpfst, was sagt er über dein Männerbild?

Gruppenübung
Elternbotschaften zum 7. Feld in 4 Schritten

Ablauf der Übung siehe S. 155

Fragen zum 7. Feld:
1. Welche Botschaften vermittelten deine Eltern dir zum Thema *Partnerschaft?*
2. Was haben sie dir in bezug auf *Harmonie* mitgegeben?
3. Was vermittelten sie dir zum Thema *Schönheit?*

Fixierungen loslassen
Das 8. Feld

Die Zeit von 42–48 Jahren

Das 8. Feld astrologisch:

Das 8. Feld gehört zum Element Wasser in seiner fixen Form, zum Tierkreiszeichen Skorpion und zum Planeten Pluto, in der klassischen Astrologie zum Planeten Mars.

Das 8. Feld stellt die Aufgabe, uns von seelischen Fixierungen zu befreien, Ängste und Tabus zu überwinden. Das klassische Stichwort für das 8. Feld ist Transformation: »Stirb und Werde«. Hier sollen wir tief und hintergründig denken lernen und den Dingen auf den Grund gehen, zur innersten Essenz der Dinge vordringen, Todesängste abbauen, ein spirituelles, magisches (Wiedergeburts-)Bewußtsein erlangen. Das 8. Feld verlangt, Krisen positiv zu gewichten, Schmerzen als Motor für Entwicklung zu betrachten, Kraft in sich selbst zu finden, seelisch stark zu werden, Selbstkontrolle zu lernen, Erwartungen an andere aufzugeben und Projektionen auf andere abzuziehen, Abhängigkeiten von anderen zu lösen, Sexualität zu entmystifizieren und enttabuisieren, und einen für sich selbst stimmigen Umgang mit Sexualität zu finden.

Das 8. Feld umfaßt die Zeit von 42–48 Jahren. Im 8. Feld findet zu Beginn der Rest des zunehmenden Neptunquadrats statt, manche erleben noch Ausläufer der Uranusopposition. Mit 43–44 Jahren ist die Saturnopposition. Mit 47 ist die Umkehrung der Mondknotenachse, und am Ende des 8., zu Beginn des 9. Feldes, ist der 4. Jupiterreturn fällig.

Das 8. Feld im Felderkreis

Der Stoff für die Entwicklung kommt aus dem 2. Feld: Unsere Gewohnheiten, unsere Werte, die Art und Weise, wie wir uns mit unserer irdischen Existenz arrangiert haben, unsere Muster stehen radikal in Frage.

– Wie sind wir mit Geld umgegangen?
– Wieviel verdienen wir?

- Welche Sicherheiten haben wir und welche brauchen wir eigentlich?
- War die »Sicherheit«, die eine Ehe bot, wirklich ein »gutes Geschäft«?

Die Verfestigungen des *Ich* sollen nun gelöst werden. Im 8. Feld machen wir uns daran, diese Fixierungen und alle, die sich darauf aufgebaut haben, loszulassen. Alle unsere Identifikationen stehen in Frage. Dafür müssen wir aber u.U. noch einmal in unseren persönlichen, inneren Keller hinunter, um die dort vergrabenen Schätze wie z.B. ungenützte Talente zu heben.
- Wie sicher sind wir uns unserer selbst?
- Wie tief und substantiell ist unsere Weltsicht?
- Wie angstfrei und unerschrocken sind wir?

Wir sollen immer mehr verstehen, daß unser Ego ein Bollwerk war, um uns nicht mit der unendlichen Weite des offenen – unfixierten – Raumes zu konfrontieren, um nicht bezugslos zu sein, sondern etwas zu haben, woran wir uns halten können. Im 8. Feld bröckelt dieser Haltepunkt. Optimalerweise erkennen wir, daß unser Ich illusionär ist, und daß wir viel mehr sind als das, worauf wir uns fixierten. Wird es uns möglich, die Identifikation mit der alten Egostruktur mehr zu lösen, dann bringt uns das in Fluß – den Fluß des Lebens, der in diesem Moment fließt, und es gelingt uns, den gegenwärtigen Moment zu erleben, und diese Erfahrung der Gegenwärtigkeit in ihrer Vollständigkeit zu erfassen. Im 8. Feld verstehen wir zunehmend, daß das Leben leidvoll *ist,* daß es nicht speziell gegen uns war, als wir litten, und – wieviel Therapie und Politik auch immer wir machen mögen – daß das nichts daran ändert, daß wir und unsere Lieben Schmerzen erleiden, daß wir krank werden, daß wir eines Tages sterben werden, und daß das allen Menschen so geht. Wir erleben die Verwandlung an unserem Körper, unsere jugendliche Schönheit ist dahin, unsere Körper zeigen Anzeichen des Verfalls. Brillen zieren unsere Nasen und manches Haar wird grau. Frauen haben nicht länger die Möglichkeit, Mutter zu werden. Die Menopause wird deutlicher spürbar. Männer verlieren an körperlicher Kraft und Dynamik.

Die alten Gewohnheiten und alten Muster haben ausgedient. Es ist Zeit für einen Neubeginn. Doch das Ego brüllt noch einmal laut auf vor dem Abschied. Wir stehen schließlich im Quadrat zum 5. Feld, das uns zwar optimalerweise geholfen hat, das Ich als geistgemacht zu erkennen, das aber nichtsdestotrotz außerordentlich deutliche Spuren des Hochmuts, des Egoismus, der eigenen Großartigkeit trägt. Immer wieder meldet sich noch eine Stimme, die fragt, ob nicht doch noch Berühmtheit ansteht, Lorbeerkranz und Millionenpublikum, ob nicht doch noch mal eine große Liebe kommt, mit der dann alles anders wird, und manchmal verlockt sie damit, die gewonnene Macht im Beruf zum eigenen Statusausbau zu mißbrauchen. Einige Male wird unser Herz brechen: beim Tod eines Elternteils, einer Scheidung, dem Verlust des jugendlichen Selbstbildes. Marion Woodman berichtet, vor vielen Jahren in England habe ihr Psychoanalytiker zu ihr gesagt: »Wissen Sie, Mrs. Woodman, Sie werden diesen Weg gehen, ob Sie wollen oder nicht. Sie können ihn entweder zurücklegen wie ein quietschendes Schwein, das zum Schlächter geführt wird, oder Sie können ihn bewußt und mit soviel Anmut gehen, wie Sie nur aufbringen können.« »Entscheidend ist«, sagt Woodman, »daß das Ich sich ergibt und das Herz öffnet, und durch diese Öffnung kommt neue Energie herein.« (Dowling, S. 86) »Durch unser Leid treten wir mit anderen Menschen in Beziehung«, erklärt Woodman. Durch die Öffnung, die ein zerbrechendes Herz verursacht, tun wir den Schritt von der Macht in die Liebe. »Damit hören die Schuldzuweisungen auf«, sagt sie. »Man erkennt seine eigene Menschlichkeit. Man erkennt die Menschlichkeit seiner Mitmenschen.« (Dowling, S. 84) Das weist auch auf das Trigon zum 12. Feld hin.

Wir stehen auch im Quadrat zum 11. Feld. Der Teil in uns, der aber die Welt verbessern wollte, der rebellisch war und sich gegen bestehende Strukturen auflehnte, der rebelliert auch jetzt weiter und reibt sich an der bei uns aufkommenden Demut, daß wir doch bei uns selbst kaum etwas substantiell verändert haben, daß wir unsere Gefühle nicht sonderlich unter Kontrolle haben, daß wir kaum HerrInnen sind im eigenen Haus. In dem Prozeß im 8. Feld, unsere neurotischen Strukturen zu erkennen und zu verlassen, werden wir selbst von ganz allein weniger wichtig, Mitgefühl wächst von innen her. Die alten Konzepte, wie die Welt sein sollte, erkennen wir als Konzepte, die – so gut und sozial sie auch sein mögen – eben Konzepte sind, und wir sehen ein, daß wir nur dann etwas bewirken können, wenn wir authentisch sind.

Wir sind im Trigon zum 4. und zum 12. Feld. Hilfreich sind alle vertrauensbildenden Maßnahmen, die wir in der Vergangenheit getroffen haben, und die wir jetzt noch ergreifen. Zu sehen, daß das Leben ein großer breiter Fluß ist, der seit Ewigkeiten fließt, vor unserer Geburt und nach unserem Tod, läßt uns den Beitrag unserer Eltern in diesem Fluß doch noch einmal relativieren. Hilfreich ist unser Vertrauen, unsere Spiritualität, das Wissen, eingebettet zu sein in einen großen Prozeß von Werden und Vergehen. Hilfreich ist das

Wissen um unsere Durchlässigkeit und die Einheit aller Wesen: daß wir einfach nur Mensch unter Menschen sind.

Wir sind im Sextil zum 6. und zum 10. Feld. Erde gibt uns in diesen Jahren ein wenig Stabilität. Die aufwühlenden emotionalen und auch körperlichen Prozesse des Abbaus begleiten wir mit Ernährungsmaßnahmen, u.U. Östrogenen oder anderen Medikamenten und einem wachsenden Gesundheitsbewußtsein. Unsere Kompetenz wirkt stabilisierend. Eine diziplinierte spirituelle Praxis fällt leichter. Wir wissen, daß wir etwas für uns tun müssen, denn von nichts kommt nichts. Bei allem eigenen Leid blicken wir jetzt schon über den Tellerrand und sehen, daß wir etwas tun können. Das Sextil hilft uns, im Alltag zu funktionieren, auf dem Teppich zu bleiben, beruflichen Anforderungen zu genügen, uns mehr in den Griff zu kriegen.

Wir stehen im Halbsextil zum 7. und zum 9. Feld, suchen nach mehr Intensität und Tiefe oder auch einfach mehr Authentizität in unseren Beziehungen. Die Harmonisierungsbestrebungen des 7. Feldes ziehen nicht mehr, wir können keine Beziehung mehr hinnehmen, die nicht stimmt. Eheliches Unglück ist heutzutage um das 20. Ehejahr am ausgeprägtesten. Dabei »(...) verbessern geschiedene Frauen mit größerer Wahrscheinlichkeit als Männer ihre Lebensqualität, wenn die Ehe beendet ist«. (Dowling, S. 133) Das 9. Feld zieht schon ein wenig, manchmal fühlen wir uns recht weise und weit, und dann wieder wissen wir genau, durch welche inneren Minenfelder wir noch hindurchmüssen auf unserem Weg heraus ans Licht, um dieses Licht dann den anderen zeigen zu können.

Wir sind im Quinkunx zum 1. und 3. Feld. Noch einmal verschärft schießen Kindheitsbilder und -muster durch unsere Seele und erschüttern uns. Es muß doch noch mehr Trauerarbeit geleistet werden, als wir dachten, das Kind in uns macht heftig auf sich aufmerksam, ob wir wollen oder nicht. Und auch der pubertäre Teil will gewichtet und betrauert werden, je nachdem, wie wir und ob wir ihn ausleben konnten. Manche kriegen den Impuls, jetzt noch mal nachzufassen, lassen sich von jugendlichen Impulsen bzw. Sehnsucht nach Jugend fortreißen. Und nicht zuletzt sind wir in unseren Familien mit unseren herangereiften Kindern konfrontiert, die einen Generationswechsel überdeutlich anzeigen. In so mancher Familie fallen die Zeit der Menopause und »Midlife-Krise« der Eltern mit den wilden Teenagerjahren der Kinder zusammen und machen die Verständigungsmöglichkeiten noch schwerer. Das Quinkunx zum 3. Feld besagt natürlich auch, daß wir mit unseren Versuchen, unsere dunkleren Seelenzustände mit ein paar lockeren Sprüchen abzutun, dann doch scheitern und daß Wissen allein eben nichts nützt, wenn wir davon nicht durchdrungen sind.

Fragen zur Zeit des 8. Feldes (42–48)

- Wie erlebst du deine Körperlichkeit, deine Sexualität?
- Wie gestalten sich für dich als Frau die Wechseljahre?
- Welche Beziehungen sind dir wichtig?
- Erlebst du Beziehungskrisen, Trennungen, neue Lieben?
- Verliebst du als Frau dich in eine Frau?
- Wie gestaltest du das Leben mit deinen Kindern, welche Konflikte, welche Freuden gibt es und wie erlebst du ihr Heranwachsen?
- Fällt es dir leichter, mit deinem Sohn oder mit deiner Tochter zu sein?

- In welchen Bereichen lebst du authentisch?

- Womit und mit wem bist du identifiziert?
- Wie sieht das Spektrum deiner Negativität aus?
- Wovor hast du am meisten Angst?
- Wenn du alles verlieren würdest, was wäre dann?
- Wie tust du dir Gutes?
- Womit bist du richtig zufrieden?
- Was interessiert dich am meisten?
- Was willst du unbedingt noch erreichen, bevor du stirbst?
- Wie bist du für andere da?

- Wo stehst du beruflich?
- Führst du andere Menschen, leitest du andere an?
- Welche Macht hast du, und wie gehst du damit um?
- Was hast du verwirklicht?
- Wieviel Geld hast du?
- Bist du in der Position, die dir entspricht?

- Welchen Sinn hat für dich das Leben?
- Won welchen Problemen hast du echt die Schnauze voll?
- Wen lehnst du ab? Wer macht dich richtig wütend? Wen haßt du, und wie setzt du dich mit diesen Gefühlen auseinander?
- Gibt es noch Konfliktfelder mit deinen Eltern?
- Wie kümmerst du dich um sie?
- In welchen Bereichen fühlst du dich erstarrt und frustriert? Was kannst du da tun?
- Wie denkst du über den Tod?
- Wie verkraftest du Verluste?
- Hast du eine religiöse, spirituelle Ausrichtung gefunden?

- Wie geht es dir gesundheitlich?
- Welche seelischen Schmerzen erleidest du?
- Hast du Selbstzerstörungstendenzen, Suchtprobleme?
- Wie kommst du in Frieden mit dir?
- Wer steht dir bei, wenn es dir schlecht geht?

- Hast du Lust auf Neues?
- Gibt es noch Ketten, die zu sprengen sind?
- Wohin reist du?
- Was bekommst du vom Leben um dich herum mit und was daran berührt dich richtig?
- Wofür oder wogegen engagierst du dich?

Übungen zum 8. Feld

Paarübung
Im Angesicht des Todes

Voraussetzung: Decken, Kissen, Papier und Stift

Leg dich bequem hin und entspanne tief. Laß dir dafür 15 Minuten Zeit. Spüre deinen Körper, spüre wie du liegst. Laß dich an den Boden los.
Die Kursleitung sagt:
Stell dir nun vor, du liegst auf dem Totenbett und wirst in kurzer Zeit sterben. Die Widerstände gegen das Sterben hast du bereits aufgegeben. Du bist jetzt in Erwartung deines Todes und schaust auf dein Leben zurück. Laß es wie einen Kinofilm vor deinen Augen abrollen.
Dafür hast du 10 Minuten Zeit.

Wenn die vorgesehene Zeit vorbei ist, komm wieder in die Gegenwart, streck dich und setz dich auf und schreibe auf, was dir wichtig ist.
- Welche Bilder sind dir gekommen?
- Was war dir in deinem Leben wichtig?
- Wer war dir wichtig?
- Was hat deinem Leben Sinn gegeben?
- Was war richtig schön?
- Was betrauerst du?
- Wovor hast du dich gedrückt?

– Was hinterläßt du?
– Was bereust du?

Nimm dir zum Aufschreiben 15 Minuten Zeit.

Dann setze dich mit einer/einem anderen zusammen und berichte von deinem Film und deinen Eindrücken.
Besprich zudem die Fragen:
– Welchen Dingen muß ich mich stellen?
– Wo ist etwas abzuschließen?
– Wo steht Wiedergutmachung an?
– Was möchte ich noch erleben, bevor ich sterbe, wie kann ich das umsetzen?
– Wie integriere ich den Tod in mein Leben?

Nimm dir dafür 15 Minuten Zeit. Dann berichtet die andere Person und bespricht mit dir die Fragen.

Gruppenübung
Elternbotschaften zum 8. Feld in 4 Schritten

Ablauf der Übung siehe S. 155

Fragen zum 8. Feld:

1. Welche Botschaft vermittelten dir deine Eltern über den *Tod?*
2. Welche Botschaft vermittelten sie dir über das *Leiden?*
3. Was gaben sie dir zum Thema *Intimität* und *Sexualität* mit auf den Weg?

Geistige Erweiterung
Das 9. Feld

Die Zeit von 48–54 Jahren

Das 9. Feld astrologisch:

Das 9. Feld gehört zum Feuerelement in seiner verteilenden Form, zum Tierkreiszeichen Schütze und zum Planeten Jupiter.

Im 9. Feld geht es um die Entwicklung eines eigenen Weltbildes, um geistige Expansion. Wir sollen etwas kennenlernen von der großen, weiten Welt, von all dem anderen, was es gibt, uns davon inspirieren und beflügeln lassen, immer mehr davon zu uns selbst nehmen: weiter und weiter und weiter werden. Hier geht es darum, geistig zu wachsen, eine eigene Weltanschauung zu finden, eine Lebensphilosophie. Wir sollen eine Antwort auf die Frage finden, was denn dem Leben einen Sinn gibt, unsere Ideale formulieren, uns für sie einsetzen und sie weitergeben, Menschlichkeit, Wärme und Großzügigkeit entwickeln. Über das Zusammentreffen mit äußeren LehrerInnen/MeisterInnen/Gurus sollen wir erkennen, daß es da etwas in uns gibt – eine weise innere Führung –, die immer für uns da ist. Es geht darum herauszufinden, was Gott für uns ist, woran wir glauben. Außerdem sollen wir unseren kreativen Impulsen nachgehen, uns immer wieder öffnen für neue Ideen, neue Kontakte, neue Länder...

Wir durchlaufen das 9. Feld zwischen 48 und 56 Jahren. Im 9. Feld erleben wir mit 48 den 4. Jupiterreturn und mit ca. 51 das 2. abnehmende Saturnquadrat. Mit 55 ist die 2. Rückkehr des sekundärprogressiven Mondes und mit 55½ der 3. Mondknotenreturn fällig.

Nun kommen wir selbst langsam in die Lage, aus all unseren Erfahrungen und all dem, was wir wissen, immer mehr Lebensweisheit – beginnende Altersweisheit – herauszufiltern, und wir geben immer leichter und müheloser das weiter, was wir verstanden haben, was uns wichtig ist, was andere beflügeln könnte, in all den Schwierigkeiten und dem Leid einen Sinn auszumachen. Julia Onken bezeichnet in ihrem Buch »Feuerzeichenfrau – ein Bericht über die Wechseljahre« den Weg der Frau aus der körperlichen Mutterschaft durch die Menopause hin zur *geistigen Mutterschaft.* Es ist die Zeit, uns verschärft mit dem zu befassen, was uns moralisch, menschlich sinnvoll erscheint, und uns dem zu widmen, was wir jetzt – freiwillig und bewußt gewählt – dazulernen wollen.

Das 9. Feld im Felderkreis

Gegenüber vom 9. Feld steht das 3., das uns auffordert, noch einmal offen, neugierig, wißbegierig zu sein, und uns die Informationen heranzuholen, die uns in unserem Weisheitspuzzle noch fehlen. Das 3. Feld erinnert uns an unsere jugendlichen Ideale – was ist daraus geworden? Wie sehr haben wir uns beschnitten, was haben wir längst auf der Strecke gelassen? Nun ist die Zeit, sich dem zu widmen! Wie wir früher Vorbilder brauchten, werden wir nun zu Vorbildern für die, die uns nachfolgen. Unsere Kinder sind langsam aus dem Haus, und wir können unsere Mütterlichkeit und Väterlichkeit ausdehnen, in neuer – *geistiger* – Weise leben. Wir sind immer noch im Schwung der Selbstverwirklichung!

Manche von uns werden Oma bzw. Opa und erleben die Freude am Kind nun auf eine neue Weise, die frei ist von der dauernden Verantwortlichkeit, und die darauf zielt, dem Enkelkind etwas Schönes und Wertvolles zu vermitteln.

Am Arbeitsplatz kommen wir zunehmend in die Position, andere anzuleiten und zu führen, sie am reichen Schatz unserer Erfahrung teilhaben zu lassen. Wir sind wieder inspiriert von jugendlichem Schwung, haben auf neue Weise Lust auf die Welt, auf's Leben. Nachdem wir uns im 8. Feld entscheidend aus unserer neurotischen Sichtweise befreien konnten, präsentiert sich das Leben wirklich noch einmal neu.

Das Quadrat zum 6. Feld zeigt uns, daß wir aber in alltäglichen Verpflichtungen stecken, die zunehmend nerven, daß es eine Routine gibt, die wir aufzubrechen suchen. Das Quadrat zum 6. erinnert an die nötige Disziplin zur Erhaltung unseres Körpers, unserer seelischen und geistigen Gesundheit. Auch das nervt manchmal, wo wir vielleicht einfach nur abheben wollen auf einer Welle neuer Erkenntnis, wir arbeiten schließlich verschärft am großen »Überbau«. Das Quadrat aus dem 12. Feld mahnt zu Demut, daß Weisheit doch nur *durch* uns hindurch spricht und nicht uns gehört und nicht auf unserem Mist gewachsen ist. Wir können uns nur öffnen für den einen großen Weisheitsgeist.

Das Trigon zum 5. und zum 1. Feld zeigt, wie sehr noch einmal Kraft – geistige Kraft – in uns einschießt. Mit dem Älterwerden kann sich das Feuerelement immer mehr als das zeigen, was es wirklich ist: geistige Energie, die unser Herz erwärmt und uns sprühen läßt vor

Begeisterung, und uns den Schwung gibt, vielleicht noch mal ein neues Projekt zu starten, uns ehrenamtlich zu engagieren etc.

Das Sextil zum 7. und zum 11. Feld verdeutlicht unsere nach der Innenwendung des 8. Feldes wieder erwachende Kontaktfreudigkeit. Ein Gruppe Gleichgesinnter zu finden, kann nun wichtig werden; mit der Arbeit an den eigenen Idealen, eine globale, kosmopolitische Sicht für die Zukunft zu entwickeln, kann uns beflügeln. Immer mehr zu sehen, was für die Menschheit wichtig ist, und welchen Beitrag gerade wir da leisten können, kann unser Denken ungeheuer erweitern. Beziehungen können sich nun immer mehr entfalten auf dem Boden gemeinsamer Interessen und Ideale. Es wird immer leichter, sich gegenseitig als Inspiration und Erweiterung und Beglückung zu erfahren.

Das Halbsextil zum 8. und zum 10. Feld zeigt Nachwehen aus dem 8. Feld, wir trugen im Leben Wunden davon, deren Narben uns zeichnen. Doch immer mehr tragen wir diese mit Würde, wie einen Schmuck, der zeigt, was wir durchgestanden haben, und woraus wir gelernt haben. Das Halbsextil zum 10. Feld verdeutlicht aber, daß wir noch nicht ganz so abgeklärt sind, wie wir es schon manchmal gerne hätten: Wir nehmen uns immer noch ganz schön wichtig. Es gibt noch Ego-Reste.

Das Quinkunx zum 2. und zum 4. Feld blitzt zwischendurch auf mit alten (auch finanziellen) Bindungen und familiären Verpflichtungen, die nicht zwingend begeisternd sein müssen. Unsere inzwischen gealterten Eltern brauchen uns immer dringender. Frauen in den 50ern wenden durchschnittlich 15 Stunden pro Woche für die Pflege ihrer Eltern auf. (Dabei leisten erwachsene Töchter zweieinhalb mal soviel Pflegearbeit wie Söhne.) Unsere Kinder sind groß und statt ihrer kümmern wir uns um die Eltern. Die Eltern-/Kindrolle verschiebt sich faktisch völlig, doch die alten Bilder und die alten Konflikte, Gewohnheiten und Abhängigkeiten steigen immer wieder auf. Die von vielen Frauen im 3. Feld getroffene Entscheidung, mit Menschen arbeiten zu wollen, für andere dasein zu wollen, erzielt im 9. Feld neue Früchte. Dienst (6. Feld) und Hingabe (12. Feld) werden in der praktischen Hinwendung zu den Eltern von Frauen noch einmal in einem Kraftakt und dank der erneuten Zurückstellung eigener Interessen integriert. »In einem in der Geschichte noch nicht dagewesenen Maße sind die Rollen als bezahlte Berufstätige und als pflegende Töchter und Schwiegertöchter abhängiger älterer Menschen zu den traditionellen Frauenrollen als Ehefrauen, Hausfrauen, Mütter und Großmütter hinzugekommen«, beobachtete die Gerontologin Elaine Brody. (Dowling, S. 72)

Fragen zur Zeit des 9. Feldes (48–54)

- Wie kommst du mit den Alterungsprozessen klar?
- Woran leidest du?

- Wie durchlebst du den Rest der Menopause?
- Wie definierst du dich als Frau neu?

- Was interessiert dich aus dem Zeitgeschehen?
- Wofür engagierst du dich?
- Kannst du zunehmend auf deine innere Stimme hören?
- Wie gehst du deinen geistigen Weg?
- Bist du in Einklang mit deinen moralischen und ethischen Vorstellungen?
- Was lernst du Neues?
- Was gibst du an andere weiter?
- Wie bist du für andere da?
- Wie entläßt du deine Kinder in die Welt?
- Wie gehst du mit ihren FreundInnen um?
- Wie förderst du die jungen Leute am Arbeitsplatz?
- Was bedeuten dir deine Enkelkinder?
- Was tust du für deine Eltern?

- Welche Änderungen erlebst du bei deiner Arbeit?
- Gelingt es dir, mehr Anteile deiner Arbeit zu delegieren?

- Wie gestaltest du deine bestehenden Beziehungen um?
- Welche Gemeinsamkeiten teilst du mit deiner Partnerin, deinem Partner?
- Was fehlt dir?
- Wie lebst du deine Sinnlichkeit und Sexualität?
- Wenn du neu in Beziehung trittst, was ist dir jetzt wichtig beim Zusammensein?

- Welche Krankheiten durchlebst du?
- Wer hilft dir bei Lebenskonflikten und Gesundheitsproblemen?
- Wie gehst du mit deiner exzessiven, süchtigen Seite um?
- Wie kümmerst du dich um dich selbst?
- Welche Reisen machst du?
- Was gönnst du dir?

Übungen zum 9. Feld

Gruppenübung
Reisefreuden, ein Diaabend

Voraussetzung: Diaprojektor und Leinwand, jedes Gruppenmitglied bringt Dias und Fotos und etwas Interessantes zu essen und zu trinken mit

Bringt zu einem eurer Gruppenabende Dias und Fotos von euren Reisen mit, vereinbart vorher, wieviel Zeit jede/r von euch bekommt, so daß ihr euch entsprechend vorbereiten könnt in der Auswahl eurer Bilder.
Schreibt bei eurer Vorbereitung alle Reisen eures Lebens chronologisch auf.
- Welche Länder haben euch am tiefsten beeindruckt?
- Wo habt ihr euch am wohlsten gefühlt?
- Welche Lebensweise hat am meisten eurer eigenen entsprochen?
- In welche Länder wollt ihr noch gerne reisen? (Vielleicht waren da ja schon andere aus der Gruppe.)

Besprecht bei der nächsten Gruppensitzung euer 9. Feld. Welches Zeichen steht an der Spitze? Was ist mit Jupiter und – falls vorhanden – Schützeplaneten?

Gruppenübung
Elternbotschaften zum 9. Feld in 4 Schritten

Ablauf der Übung siehe S. 155

Fragen zum 9. Feld:
1. Welche Botschaften vermittelten deine Eltern dir zum Thema *Reisen,* über die *Fremde* und die *Fremden?*
2. Welche Botschaft gaben sie zum Thema *Bildung?*
3. Was gaben sie dir zum Thema *Glaube und Weltanschauung* mit auf den Weg?

Meisterschaft erlangen
Das 10. Feld

Die Zeit von 54–60 Jahren

Das 10. Feld astrologisch:

Das 10. Feld gehört zum Erdelement in seiner kardinalen Form, zum Tierkreiszeichen Steinbock und zum Planeten Saturn.

Das 10. Feld stellt die Aufgabe, klar, realistisch, umsichtig und praxisbezogen zu werden, (Selbst-)Verantwortung zu übernehmen. Wir sollen einen Platz in der Welt finden und einnehmen, an dem wir nützlich sind, eine Funktion, einen Posten übernehmen können. Der MC beschreibt unser höchstes persönliches Bewußtsein. Im Sinne unseres MCs wollen wir wirken, etwas bewirken. Der MC liegt gegenüber vom IC, an dem wir unsere Wurzeln gefunden haben. Wären wir ein Baum, dann sagten die Wurzeln mit ihrer Verankerung und ihrer Nährung etwas darüber aus, welche Krone und welche Früchte wir tragen können, welches Resultat, welchen Erfolg wir erzielen. Stellt der IC die Frage: »Wo komme ich her?« so fragt der MC: »Wo gehe ich hin?« In der Astrologie wird mit dem MC unser Beruf im Sinne einer Berufung verbunden, hier ist die Energie beschrieben, in deren Sinne wir am meisten leisten können, die wir respektieren und für die wir respektiert werden mögen.

Das 10. Feld durchlaufen wir im Alter von 54–60 Jahren. Mit 56 ist das abnehmende Uranustrigon, mit ca. 59 Jahren der 2. Saturnreturn und mit 60 ist der 5. Jupiterreturn fällig.

Das 10. Feld im Felderkreis

Das 10. Feld öffnet den 4. Quadranten: Hier geht es um ein überpersönliches Verantwortungsbewußtsein, um entpersönlichte Prozesse. Der 3. Quadrant stellte die Aufgabe, das Ego loszulassen, und nun geht es im 4. Quadranten darum – befreit vom eigenen Ballast –, für sich, für andere und die Welt da sein zu können.

Gegenüber vom 10. Feld fragt das 4. danach, was wir aus uns gemacht haben im Angesicht unserer Herkunft. Der IC ist unser Unbewußtes, das im 10. Feld zu vollem Bewußtsein, und zur *Ent-*

Bindung gebracht werden soll. Unsere Vergangenheit will endlich abgeschlossen und bewältigt sein (2. Saturnreturn). Die Abtrennung und Loslösung von der Kinderrolle soll vollzogen werden. Wir kümmern uns nun um die alten Eltern. Alles, was mit Wünschen und Träumen, Sehnsüchten und Illusionen zu tun hat, soll heruntergebrannt werden zu Nüchternheit, Klarheit, Einfachheit. Wir entsagen der Illusion! Niemandem wird mehr die Schuld am eigenen Unglück zugewiesen, wir haben verstanden, daß wir die Verantwortung für unseren Zustand selbst übernehmen können. Während wir durch das 10. Feld in der Felderwanderung laufen, erleben wir mit ungefähr 58 Jahren den 2. Saturnreturn, der ganz erheblich dazu beiträgt, daß wir all unsere »alten Geschichten«, alte Verwicklungen hinter uns lassen, daß wir Bilanz ziehen und unser Leben immer mehr überblicken und es annehmen, so wie es war. Gleichzeitig ziehen wir hier Konsequenzen, stellen die Weichen für unsere Zukunft, unser Alter. Wir sind in der Blüte der Verantwortlichkeit. Wir durchlaufen die letzten Jahre des Arbeitslebens. In unserem Bereich verfügen wir nun über eine lange Erfahrung, wir haben Meisterschaft erreicht. Wir müssen nun niemandem mehr etwas beweisen, wir können dem folgen, was wir für wichtig und wert erachten, für uns und andere zu tun.

Das 10. steht im Quadrat zum 7. und zum 1. Feld. Wir schauen von ganz oben (der MC ist der Zenit) auf unser Leben und unsere Beziehungen. Wir schauen desillusioniert, ganz klar, und erleben manchmal äußerst schmerzhaft, daß Abgrenzungen und Trennungen anstehen. Wir sehen nicht nur die anderen ganz nüchtern, sondern auch uns selbst.

Das Trigon zum 2. und zum 6. Feld gibt Unterstützung. Ja, wir haben doch einen Boden unter unseren Füßen, wir haben gearbeitet, haben vorgesorgt und uns versichert, uns unserer selbst versichert, haben unseren Alltag im Griff, haben uns selbst immer wieder gezeigt, daß wir das Leben bewältigen können, daß wir Disziplin, Ausdauer und Vernunft besitzen. All das hilft uns, wenn wir nun unser Alter planen.

Das Sextil zum 8. und zum 12. Feld hilft, daß wir uns öffnen können, daß wir immer vertrauensvoller im Hier und Jetzt landen können. Aus dem 8. Feld kommt die nötige Radikalität, die wir für unsere Entbindung brauchen, der Mut weiterzugehen, auf unseren Tod zuzugehen. Das 12. Feld gibt uns befriedigende Räume des Alleinseins, des Erkennens, wer wir denn nun wirklich sind jenseits all der Rollen, die wir spielten. 8. und 12. Feld flüstern uns beide zu: Laß das Leben durch dich hindurchfließen, laß es zu!

Das Halbsextil zum 9. und zum 11. Feld zeigt die große Nüchternheit, die wir jetzt aushalten und die nötig ist nach dem Überschwang, der uns im 9. Feld erfaßte. Dort schien es, als hätten wir den Schlüssel zur Weisheit, zum Paradies, endlich in unseren Händen, nun heißt es, ihn benutzen, weitergehen, die anstehenden Dinge tun. Das 11. Feld lockt und zieht schon mit überpersönlichen Sichtweisen, wir hören uns selbst schon lauthals lachen und sehen uns erleichtert ausschreiten, doch im Moment ist noch Arbeit angesagt, die Bilanz unseres Lebens will erst noch geschrieben werden.

Das Quinkunx zum 3. und zum 5. Feld zeigt, daß wir uns angezogen, angestachelt fühlen davon, etwas Neues zu lernen, neue Kontakte einzugehen, ein neues Umfeld zu suchen, wo wir uns noch einmal neu ausleben können. Vielleicht wollen wir endlich das Tanzbein schwingen, eine Romanze beginnen, aber wir wissen, damit das alles eine wirklich neue Qualität hat, ist es nötig, die ernsthafte Zeit der kritischen Selbstüberprüfung zu erleben. Wir ziehen Bilanz aus unserer Lebenserfahrung.

Fragen zur Zeit des 10. Feldes (54–60 Jahre)

- Welche Ziele hast du erreicht?
- Was hast du bewirkt?
- Welche Früchte kannst du ernten?
- Worin bist du richtig gut geworden?

- Wie planst du deinen Ruhestand?
- Was willst du noch an Neuem erleben?
- Wie stellst du dir deine Zukunft vor?
- Kommst du finanziell klar?
- Wie hast du vorgesorgt?
- Welchen Dingen entsagst du?

- Wovon kannst du dich nicht befreien?
- Wie spürst du das Älterwerden?
- Was tust du für deinen Körper?
- Welche Krankheiten hast du, wie gehst du mit ihnen um?
- Wie hältst du deinen Geist frisch?
- Wie bereitest du dich auf das Sterben vor?
- Hast du ein Testament geschrieben?
- Welche Verluste erleidest du?

- Wie sind deine Beziehungen?
- Wem fühlst du dich zugehörig?

- Auf wen kannst du dich verlassen?
- Wen liebst du?
- Wie ist das Verhältnis zu deinen Kindern?
- Wie ist das Verhältnis zu deinen Eltern?
- Wem gegenüber fühlst du dich verpflichtet?
- Gibt es Konflikte mit anderen, die noch gelöst werden müssen?
- Womit möchtest du dich versöhnen?
- Worin fühlst du dich gescheitert?
- Hast du Phasen von Mutlosigkeit und Depression, wie gehst du damit um?
- Wie gehst du mit Einsamkeit um?

- Wie sieht dein Alltag aus?
- Wie ist die Balance von Arbeit und Freizeit?
- Was tust du für dich?
- Was tust du für andere, für die Welt?
- Wie sieht deine spirituelle Praxis aus?
- Bist du noch einmal neu kreativ?
- Wohin reist du?
- Ziehst du noch einmal um?
- Was macht dich richtig glücklich?

Übungen zum 10. Feld

Übung
Den Rucksack auspacken

Voraussetzung: Papier und Stifte

Sitz gerade auf einem Hocker. Spüre wie du sitzt und entspanne dich, atme 7 Atemzüge lang tiefer ein, halte den Atem einen Moment länger, als du es normalerweise tust, und atme auch tiefer und länger aus. Atme dann wieder wie gewöhnlich.
Stell dir vor, du hast auf deinem Rücken einen Rucksack, der alle Belastungen enthält, die du mit dir rumträgst. Schau dir den Rucksack an, sein Aussehen, seine Farbe, spüre seine Größe und sein Gewicht, wie dein Rücken ihn trägt, wo er drückt, wie er deine Sitzhaltung beeinträchtigt.
Dann stell dir vor, du nimmst den Rucksack und stellst ihn vor dich hin. Spüre im Körper, wie du die Entlastung erlebst.

Öffne den Rucksack und nimm nach und nach eine Belastung, eine Sorge, ein Kümmernis, eine Angst nach der anderen heraus. Du betrachtest sie, schreibst sie kurz auf, beschreibst sie. Wenn der Rucksack leer ist, halte kurz inne.
Kannst du dir vorstellen, mit einem leeren Rucksack weiterzugehen?
Was wird aus all den Belastungen? Schau sie dir an.
- Welche davon ist ernsthaft wichtig in deinem Leben?
- Welche muß noch bearbeitet, abgearbeitet werden?
- Welcher mußt du dich noch stellen?
- Welche können auf den Müllhaufen der Geschichte?
Pack die, die noch unerledigt sind, wieder in deinen Rucksack. Setz ihn auf, spüre nun sein Gewicht.
Du weißt, was noch im Rucksack ist und daß sein Gewicht von deiner Bereitschaft abhängt, immer wieder ein Paket aus ihm herauszunehmen.

Mache eine Zeichnung deines Rucksacks mit seinem verbliebenen Inhalt.

Gruppenübung
Elternbotschaften zum 10. Feld in 4 Schritten

Ablauf der Übung siehe S. 155

Fragen zum 10. Feld:
1. Welche Botschaften vermittelten dir deine Eltern zum Thema *Beruf?*
2. Was vermittelten sie in bezug auf *Status* und *Ansehen?*
3. Welche Botschaften gaben sie zum Thema *Alter?*

Freiheit und Offenheit
Das 11. Feld

Die Zeit von 60–66 Jahren

Das 11. Feld astrologisch:

Das 11. Feld ist Ausdruck des Luftelements in seiner fixen Form. Es gehört zum Zeichen Wassermann und dem Planeten Uranus.

Im Geburtsbild gibt das 11. Feld die Aufgabe vor, den Weg der Entpersönlichung zu gehen. Das bedeutet, daß wir immer mehr Abstand zu uns selbst haben. Wir können immer klarer sehen, daß wir nur ein Mensch unter Menschen sind, daß wir alle glücklich sein wollen, daß wir alle gleich sind. So fragt das 11. Feld nach unserer Toleranz, nach unserer Fähigkeit, alle Menschen als Schwestern und Brüder zu begreifen. Es verlangt, daß wir uns für Menschheitsanliegen interessieren und dort engagieren, wo die Menschenwürde mißachtet wird. Wir sollen in die Zukunft schauen und Visionen eines besseren und freieren, gerechteren Lebens entwickeln. Alles, was nicht hilft, daß Menschen sich als Gleiche und Freie begegnen, muß revolutioniert werden, sagt das 11. Feld: Es geht um Emanzipation, nicht nur die von Frauen, sondern um Emanzipation von allen festgefahrenen Rollen, Herrschaftsformen und Mustern. Es geht um das Aufbrechen althergebrachter Klischees. Es geht um das Kollektiv Menschheit mit all seinen wunderbaren, einzigartigen Frauen und Männern auf dem Raumschiff Erde, das sich im Kosmos bewegt. Im 11. Feld sollen wir uns mit anderen zusammentun, die unsere Vision teilen. Wir schließen uns in Gruppen zusammen, vernetzen uns – gerne auch weltweit. Hier im 11. Feld geht es darum, Freundschaften zu finden. Das 11. Feld ist modern, ist offen für den Zeitgeist, es prescht voran, ist unkonventionell, ist Avantgarde. Der Wind, der hier weht, ist sachlich, kühl, unpersönlich. Hier ist Interesse an den neuesten wissenschaftlichen Erkenntnissen und Entwicklungen. Hier vereinigt sich so manches, was paradox erschien; uraltes Weisheitswissen wird von moderner Forschung bestätigt.

Das 11. Feld umfaßt den Zeitraum von 60–66 Jahren. Am Anfang des 11. Feldes, mit 60 erleben wir den 5. Jupiterreturn. Mit 63 ist das abnehmende Uranusquadrat fällig. Wir erleben (Sonnenbogen)direktional, daß alle Planeten im Sextil zu sich selbst stehen.

Das 11. Feld im Felderkreis

Das 5. Feld winkt von gegenüber, wir sollten doch den Weg der Individuation gehen, hat es uns einst mitgegeben, wir sollten uns selbst verwirklichen, *Subjekt* werden. Nun im 11. Feld stehen wir uns in diesem Punkt objektiv gegenüber. Wie weit sind wir gekommen? Jetzt im 11. Feld sehen wir immer mehr, daß jeder Mensch besonders ist, jeder ein *Subjekt,* und daß die Qualität des Kollektivs davon abhängt, inwieweit wir diesen Weg der Selbstwerdung gehen können.

Im 5. Feld setzten wir ein Gesicht auf, erarbeiteten uns eine Identität. Im 11. Feld sehen wir, daß wir vielfältig, vielgesichtig sind, daß diese eine Rolle nur eine nötige, vorläufige Festlegung war. Wir im 11. Feld können nun andere ermutigen, ihren Weg zu gehen. Gleichzeitig verlassen wir den gesellschaftlichen Zwangsraum täglicher Arbeit, wir gehen in Rente. Jetzt ist viel mehr Raum da für uns selbst, unsere Interessen, unsere FreundInnen. Jetzt können wir uns engagieren im Sinn unserer Einsichten. Wir können aus der Reihe tanzen, Narren und Närrinnen sein im besten Sinne des Wortes. Wir können den alten Rhythmus durchbrechen, freier aufspielen: »Was haben wir denn zu verlieren?«

Das 11. Feld steht im Quadrat zum 2. und zum 8. Feld. Die beiden antworten: »Nichts außer unseren Ketten.« Wenn da noch etwas um die Füße baumelt, dann will es jetzt gelöst werden mit allem Abstand und Humor, der uns möglich ist. Da gibt es noch Ängste und Obsessionen, da gibt es Gewohnheiten, Verfestigungen und Verhärtungen, sie alle dürfen immer problemloser zu uns gehören. Die Freiheit, die im 11. Feld aufkommt, entsteht nicht durch die Ablehnung all dessen, was in uns unfrei ist, sondern durch den immer größer werdenden Raum, den wir uns gönnen: In ihm werden Schwierigkeiten von alleine kleiner. Lös dich, sagt das 11. Feld, auch von deiner Anhaftung an den Körper und an deinen Besitz, und wir suchen nach einer für uns stimmigen Haltung.

Unterstützung finden wir durch die Trigone aus dem 3. und dem 7. Feld. Der Fluß der Inspiration fließt, freundschaftliche und liebevolle Kontakte herzustellen ist relativ leicht, Gleichgesinnte werden gefunden. Unterstützt werden wir auch durch die Sextile zum 9. und zum 1. Feld. Da ist Begeisterung für unsere neue Freiheit, wir haben wieder Lust auf eigene Schritte, Lust, etwas zu wagen, unseren Horizont zu erweitern ... Wir stehen im Halbsextil zum 10. und zum 12. Feld, müssen uns natürlich auch an unseren RentnerInnenstatus gewöhnen, Abschied nehmen von der Berufswelt. Das 12. Feld lockt schon mit Gelassenheit und Entsagung, aber im Moment wollen wir noch mal ein wenig Aufregung, Erregung und frischen Wind um die

Nase. Die Quinkunxe zum 4. und 6. Feld stören uns manchmal mit ihren vernünftigen und umsorgenden Fragen nach körperlicher und seelischer Befindlichkeit, auf Vorsicht und Umsicht sind wir gerade nicht aus, wir wissen doch, daß wir nicht mehr die Jüngsten sind! – und passen dann doch recht gut auf uns auf.

Übungen zum 11. Feld

Gruppenübung
Collage – all meine Gesichter

Voraussetzung: Sammelt über einige Wochen Illustrierte, Zeitschriften, alte Bücher mit Portraitaufnahmen, Gesichtern, Fotokopien mit Fotos von Familienangehörigen, Freunden, Bekannten. Die Bilder sollten relativ klein sein. DIN A2-Papier, Schere, Kleber, Wachsmalstifte

Zeichne auf dem Papier die Umrisse deines Kopfes. Suche dann aus dem Material mindestens 20 Bilder (je mehr desto besser!) von Menschen, die du magst und nicht magst: PolitikerInnen, Modells, Fremde, Soldaten, Kinder, Alte etc. Gestalte daraus deinen Kopf. Laß dich selbst überraschen vom Material und laß dich von Bild zu Bild führen, bis du *deinen* Kopf aufgeklebt hast.

Besprecht dann in der Gruppe eure Bilder und gebt jedem Bild einen Namen.

Gruppenübung
Elternbotschaften zum 11. Feld in 4 Schritten

Ablauf siehe S. 155

Fragen zum 11. Feld:
1. Welche Botschaften vermittelten dir deine Eltern zum Thema *Freundschaft?*
2. Welche Botschaften vermittelten sie zum Thema *Politik und Gesellschaft?*
3. Und was gaben sie dir zum Thema *anders sein, aus der Reihe tanzen* mit auf den Weg?

Gelassenheit, kosmisches Sein
Das 12. Feld

Die Zeit von 66–72 Jahren

Das 12. Feld astrologisch:

Das 12. Feld ist Ausdruck des Wasserelements in seiner verteilenden Form, es gehört zum Tierkreiszeichen Fische und zum Planeten Neptun.

Im 12. Feld geht es darum, mit allem eins zu sein, mit allem verbunden zu sein. War im elften Feld der Schritt zu einem kosmischen Bewußtsein getan, so steht nun ein Schritt an, der über unseren Intellekt hinausgeht: das kosmische *Sein.* Im 12. Feld ziehen wir uns vom Trubel der Außenwelt zurück, wir gehen in uns, finden verborgene, hintergründige Zusammenhänge, finden Frieden. Wir üben uns in der Stille, sitzen zur Meditation, beschäftigen uns mit Religion, Grenzwissenschaften, mit den GöttInnen, nähern uns den mystischen Welten. Wir lösen uns immer mehr von materiellen, irdischen, körperlichen Identifikationen, finden heraus, was das Jenseits für uns ist. Wir vertrauen mehr und mehr in den Moment, lassen unsere Konzepte und Vorstellungen los, geben uns dem Augenblick mit seinen Schwingungen hin, werden gelassener, gelöster, feiner. Wir entwickeln eine selbstlose Hingabe ans *Sein.* Wir beten und bitten, sehen die Begrenztheit unseres Willens.

Das 12. Feld umfaßt den Zeitraum von 66–72 Jahren. Mit 66 erleben wir das 3. zunehmende Saturnquadrat, mit 72 den 6. Jupiterreturn.

Das 12. Feld im Felderkreis

Das 6. Feld forderte von uns, Methoden zu verwenden, um uns körperlich, seelisch und geistig zu reinigen, gesund zu werden, zu heilen. Im 12. Feld nehmen wir diesen Impuls wieder ganz stark auf, doch nun *machen* wir nicht, sondern wir lassen geschehen. Das Problem beim 12. Feld ist, wie es uns antrifft. In welcher Verfassung sind wir in diesem Alter? Es kann sein, daß wir schon so erschöpft sind vom Leben, daß wir wirklich nur noch mit uns geschehen lassen können, daß wir Behandlungen nur mehr über uns ergehen lassen können. Als ich meinen Vater ins Altersheim brachte, war das ein wundervoller, schön gestalteter Ort mit Teichen im Garten und Wasserspiel im Haus, ein Platz der Stille, des Rückzugs. Doch fast alle, die hier waren, waren vom Leben ausgelaugt, waren krank, verlassen und zu fertig, als daß sie sich bewußt der Stille hätten hingeben können.

Das 12. Feld steht im Quadrat zum 3. und zum 9. Feld. Viele machen sich auf für neue Eindrücke, andere Leute, fremde Länder, neues Wissen, meiden die Stille, die Einsamkeit, mit sich zu sein. Andere bemühen sich, ihr Wissen und ihre Weisheit als *alte Weise* und *alter Weiser* weiterzugeben. Die Trigone aus dem 4. und dem 8. Feld helfen mit ihrem Vertrauen in den Fluß des Lebens, mit ihrem Wissen um den Kreislauf des Lebens, um Wiedergeburt, und unterstützen die Suche nach einer religiösen, mystischen Heimat. Die Sextile aus dem 10. und dem 2. Feld zeigen, daß wir optimalerweise haben, was wir brauchen, daß wir entsagen können, weil wir hatten, daß wir uns freiwillig auf die wesentlichen Dinge reduzieren. Die Halbsextile zum 11. und zum 1. Feld finden uns auf einer Schwelle, uns von Lebenskonzepten zu lösen, uns aufzumachen für das, was da durch uns hindurchströmen will und wieder »kindlich« offen, kreativ zu sein. Die Quinkunxe zum 5. und zum 7. Feld schließlich irritieren ab und zu mit dem Wunsch nach Souveränität und der Schwierigkeit, manchmal hilflos zu sein und sich helfen lassen zu müssen. Wenn wir in einer Beziehung leben, stehen hier Umstrukturierungen und Ablösungen an. Leben wir allein, mag immer wieder auch Beziehungssehnsucht aufkommen.

Übungen zum 12. Feld

Übung
Meditation

Voraussetzung: Sitzkissen oder Stuhl, ein stiller Raum, ca. 40 Minuten Zeit

Sitze still und aufrecht, halte die Wirbelsäule gerade, laß deine Hände auf den Knien ruhen. Sitze so entspannt, wie es geht, sei dabei so wach, wie es geht. Du kannst die Augen offen lassen, dann ruht der Blick ein Stück vor dir auf dem Boden, du kannst sie aber auch schließen.

Beobachte deinen Atem. Laß alles in dir zur Ruhe kommen, bringe dein Gewicht nach unten, laß dich vom Kissen oder dem Stuhl tragen.

Dann betrachte dich: Wer oder was an dir ist *Ich?* Stell dir vor, du wärest ein/e KommissarIn und gingest mit allen zur Verfügung stehenden kriminalistischen Methoden zu Werke, um herauszufinden, wo das *Ich* ist.
Ist es in deinem Kopf, in deiner Brust, in deinem Händen, im Hintern, in den Füßen? Geh von oben nach unten an deinem Körper entlang. Ist das *Ich* da? Dann suche in deinem Körper von unten nach oben, ist es in den Knochen, in den Blutgefäßen, in den Organen, im Gehirn? Oder ist es in den Nerven, in den Zellen, ist es ein Atom?
Findest du es im Körper, ist der Körper dein *Ich?*
Du denkst, es ist deine Seele, dein Bewußtsein? Dann untersuche deine Gefühle und deine Gedanken. Sieh, wie sie sich dauernd verändern, wie Gedanken und Gefühle entstehen, einen Moment verweilen und wieder abziehen. Wo ist da das *Ich?*
Ist es im Glücksgefühl, in einem Moment voller Schönheit, voller Liebe? Wo ist da dein *Ich?* Wo ist es, wenn du haßt? Wo ist es, wenn Gefühle wechseln, sich verändern, wenn ein Gedanke den nächsten ablöst?
Suche weiter nach dem *Ich?* Vielleicht ist es ja außen um dich herum? Laß keine noch so abwegige Möglichkeit aus.

Gönne dir nach 20 Minuten eine Pause.
Schau dich jetzt an. Ist dein *Ich* noch so fest wie zuvor?
Dann stell dir vor, daß die Konturen deines Körpers sich auflösen, stell dir vor, wie er größer und größer wird, durchlässiger und durchlässiger, weiter und weiter, sich verströmt über die Erde in den Raum hinein, bis da nichts mehr ist.
Oder stell dir vor, wie er in all seine Atome zerfällt, mit einem Schlag birst alles auseinander in kleine und kleinste Teilchen, die aufgewirbelt sich im Raum verstreuen.
Oder stell dir vor, wie dein Körper kleiner und kleiner wird, wie du zu einem Ball wirst, einer Kugel, zu einem Stecknadelkopf und schließlich zu nichts, gelöst im Raum.
Dann laß zu, daß alle Gefühle und Gedanken und Empfindungen sich auflösen, sich verströmen. Laß alles, was du wahrnimmst, dahinfließen, davonziehen.

Verweile in diesem Gefühl der Offenheit, des weiten, grenzenlosen Raumes, der Bezugslosigkeit, so lange es geht.

Irgendwann werden wieder Gedanken kommen, laß dann deinen Geist frei, laß kommen, was kommt, und gehen, was geht, ohne dich groß damit zu befassen, dazu kannst du dich auch hinlegen, wenn du magst. Mach das für weitere 10 Minuten.

Gruppenübung
Elternbotschaften zum 12. Feld in 4 Schritten

Ablauf der Übung siehe S. 155

Fragen zum 12. Feld:
1. Welche Botschaften vermittelten deine Eltern dir zum Thema *Rückzug* und *Alleinsein?*
2. Welche Botschaft vermittelten sie zum *Jenseits?*
3. Was vermittelten sie über das *Beten?*

Mit 72 sind wir einmal direktional durch die Felder gereist, beginnen – auf höherer Ebene – noch einmal mit dem 1. Feld. Mit 74 1/2 ist der 4. Mondknotenreturn. Im 2. Feld, ab 78, findet dann das 3. abnehmende Saturnquadrat statt, mit 82/83 Jahren ist die 3. Rückkehr des sekundärprogressiven Mondes, mit 84 Jahren die 7. Jupiter-Rückkehr und der Uranusreturn, gleichzeitig kommen wir bei der retrograden Felderwanderung am Aszendenten an.

3. Teil: Heimwärts

Das Geburtsbild beschreiben
Heimwärts kommen

Nachdem die biografischen Studien vorerst abgeschlossen sind, können wir nun unser Geburtsbild als Ganzes beschreiben.

Die Felder

An welches Kreuz sind wir »genagelt«? Wie sehen unsere Eckpunkte aus (Aszendent, Deszendent, IC und MC)? Es ist hilfreich, zu jedem der vier Eckpunkte ein Bild zu malen.

Dann sehen wir uns die Felderspitzen an und beschreiben eine nach der anderen, füllen sozusagen die Zwischenräume aus. Das können wir auch völlig ohne Planeten machen. Bei der Beschreibung der Felder ist die Energie an der Spitze maßgebend für das Feld, sie ist das Initial, eine (oder zwei) weitere vorkommende Energien müssen aber ergänzend berücksichtigt werden. Wer die (historische) Felderwanderung nachvollzogen hat, kann wahrscheinlich für die bereits durchlebten Jahre die Felder aus der Erfahrung heraus relativ leicht beschreiben.

Die Planeten

Wir betrachten danach – so weit es geht – zunächst jeden Planeten in seinem Zeichen und nehmen dann Felderstellung und Aspekte hinzu. Hilfreich ist, z.B. zu Beginn jedes Kapitels eine entsprechende Musik aufzulegen, die die angesprochene Energie inspiriert und repräsentiert. Auf die Planeten bezogene Körperübungen wirken ebenfalls unterstützend, um in die Energie hineinzufinden, sie zu *spüren*. Hierzu empfehle ich die Anregungen zur astrologischen Körperarbeit von Stefan Bischof in »Astrologie mit allen Sinnen«, oder die diversen Spiel-, Spür- und Übungsanleitungen, die Barbara Schermer in »Astrologie Live« zusammengetragen hat. Sie sind nicht nur sinnlich, sondern bringen auch jede Menge Spaß. Wenn ihr euch in einer Gruppe trefft, um eure Planetentexte zu verfassen, dann macht zu

Beginn zumindest ein paar Bewegungsübungen, hört ein Musikstück und bewegt euch dazu, oder laßt euch bewegen. Setzt euch dann erst zum Schreiben (und Malen) hin.

Mach das auch, wenn du dich alleine zu Hause daranmachst, deine verschiedenen Energieanteile zu beschreiben.

Sonne

Für meine Stiersonne lege ich z.B. »Twist in my sobriety« von Tanika Tikaram auf und »African World Beat«, Trommelmusik, die erdet und über einen immer gleich bleibenden Rhythmus verfügt. Ich stelle mich vor den Spiegel und sage mir, wie wunderbar und einzigartig ich bin. Ich lache mich an. Ich bewege mich vor dem Spiegel wie eine Königin, die ihr Volk grüßt. Ich öffne meinen Brustkorb, indem ich die Arme weit öffne, wieder und wieder, so weit es geht. Durch die biografischen Forschungen weiß ich, wann die Sonne im Transit durch Saturn, Uranus, Neptun und Pluto berührt wurde, wann ich in der Felderwanderung mit ihr in Berührung war, welche Progressionen zu ihr stattfanden.

Ich weiß auch ein wenig mehr, was mit meinem Vater – der Sonnenentsprechung – los war, woran er litt, als ich auf die Welt kam, welche Qualitäten ihn auszeichneten etc.

Sonne: Such dir Musik heraus, bei der dein Herz lacht, die dein Herz öffnet, auf daß es dich warm durchflutet. Berühre deine Brust, dein Herz, lausche dem Bumbudibumbudibumbudibum, dem Rhythmus deines Herzens, fühle es unter deinen Händen klopfen. Stell dich in die Sonne! Spüre die Wärme in deinem Körper, diese verdankt er dem Feuerelement, zu dem auch deine Sonne gehört. Steh aufrecht, steh voller Würde, beweg dich so. Dann lies dir Stichworte zur Sonne durch und laß dich von ihnen zum Schreiben inspirieren.

Stichworte zur Sonnenbetrachtung:
- Was macht dich – deine Individualität – aus, was dein Identitätsgefühl?
- Was läßt dich strahlen, lieben und großzügig sein, was macht, daß dein Herz sich öffnet?
- Was zentriert dich?
- Was ist dir wichtig? Wie steht es um dein geistiges Unterscheidungsvermögen?
- Womit zeigst du dich? Wie drückst du dich aus? Wie steht es um deine Kreativität? Was spielst du gerne?

- Wie war dein Vater, welche Haltung zum Leben hat er dich gelehrt?
- Welche geistige Atmosphäre herrschte bei dir zu Hause?
- Wie steht es um dein Selbstbewußtsein?

Male zum Abschluß ein Bild zu deiner Sonne. Wenn du Lust hast, kannst du die Sonne und die verschiedenen Kräfte, die vielleicht an ihr zerren oder sie beeinflussen, auch als Collage ausdrücken. Arbeite mit diversen Materialien und Bildern.

Mond

Bevor du über den Mond schreibst, laß dich inspirieren, indem du einer Musik lauschst, die dich einhüllt wie ein beruhigendes Schlaflied, eine Musik, die Entspannung ermöglicht, ein Ankommen bei dir selbst. Was tust du, um dir Gutes zu tun?

Tu etwas davon. Nimm dich selbst in die Arme und wiege dich, so wie eine Mutter ihr Baby wiegen würde. Sei so sanft mit dir. Lege die Hände auf deinen Oberbauch und streichle ihn. Denke an deine Mutter.

Der Umlauf des Mondes hat dich vielleicht schon früher zu einer Mondbetrachtung, einem Mondtagebuch eingeladen. Welche Beobachtungen hast du gemacht, welche verschiedenen Befindlichkeiten fandest du in den verschiedenen Mondstellungen im Laufe eines Monats wieder? Auch ein Traumtagebuch ließe sich bei der Betrachtung des Mondes berücksichtigen.

Was ist im Laufe deines Lebens deinem Mond geschehen, was ist ihm astrologisch widerfahren? Dann lies die Stichworte zum Mond und schreibe auf, was dir einfällt.

Stichworte zur Mondbetrachtung:
- Was brauchst du, um dich emotional sicher, um dich zu Hause zu fühlen?
- Wie nährst du dich seelisch?
- Wie gehst du mit dem Baby, dem kleinen Kind in dir um?
- Wie kümmerst du dich um andere?
- Wie läßt du dir helfen?
- Wie steht es um den Bilderreichtum deiner Seele? Von welchen Bildern bist du bewegt, welche verfolgen dich?
- Wie war deine Mutter, was hast du von ihr gelernt, was Mütterlichkeit, was Versorgung, Nährung bedeutet?
- Wie war die seelische Atmosphäre bei dir zu Hause?

- Wie gehst du mit deinen Gefühlen um, wo hast du Vertrauen zu dir und zum Leben, welche Gefühle haben Macht über dich?

Male zum Abschluß ein Bild zu deinem Mond.

Merkur

Um dich dem Merkur anzunähern, öffne dein Fenster, nimm ein paar tiefe Atemzüge. Beobachte, wie der Atem in dich eindringt, dich auffüllt, wie er verweilt und dich dann wieder verläßt, wie du dich entleerst, um dich dann wieder aufzufüllen. Schau deinem Atem nach, wie er sich vermischt mit der anderen vorhandenen Luft, die dann von einem anderen Menschen eingeatmet, ausgeatmet wird. Sieh, wie du über die Luft immer mit den anderen verbunden bist.

Lege als Musik ein flirriges Jazzstück auf, oder ein Musikstück mit extrem viel Sprache, das schnell, aber leicht daherkommt. Stell dich zur Musik auf die Zehenspitzen und bewege dich so zu ihr.

Rekapituliere, was im Laufe deines Lebens astrologisch deinem Merkur geschehen ist. Lies die Stichworte zu Merkur durch und schreibe auf, was dir einfällt.

Stichworte zur Merkurbetrachtung:
- Wie ist deine Wahrnehmung ausgerichtet?
- Was ist der vorrangige Inhalt deiner Gedanken?
- Was lernst du am leichtesten? Welche Themen sprechen dich an? Was interessiert dich am meisten?
- Wie gehst du in Kontakt? Welchen Kommunikationsstil pflegst du?
- Wie ist dein Umgang mit den Medien?
- Wie vermittelst du zwischen den verschiedenen Instanzen in dir, wie hilft dir Merkur, dich selbst zu verstehen und dich verständlich zu machen?
- Wie kommst du zurecht in einer patriarchalischen Welt, die eine männlich orientierte Sprache spricht, was macht das mit deiner Sprache, deinem Denken?
- Wie wurde bei dir zu Hause kommuniziert?
- Wie ist deine Atmung?

Male dann zum Abschluß ein Bild zu deinem Merkur.

Venus

Lege dir eine leichte Tanzmusik – Barmusik – auf. Tanze, laß deinen Körper dich führen, achte dabei auf die Bewegung deines Beckens und deiner Schultern. Tanze vor deinem Spiegel. Stell dir vor, du wolltest dich selbst anmachen, anlocken. Setz deine Reize ein – für dich.

Was ist astrologisch im Laufe deines Lebens deiner Venus geschehen? Lies die Stichworte zu Venus durch, und beschreibe dann deine Venus.

Stichworte zur Venusbetrachtung:
- Was versetzt dich in Harmonie, wie balancierst du dich aus?
- Welchen Stil pflegst du, wenn es darum geht, dich und deine Umgebung, die Welt zu verschönern? Welche der Musen spricht durch dich?
- Wie lockst du andere an, wie spielst du mit deinen Reizen?
- Welche Menschen törnen dich an?
- Wie spürst du dich am deutlichsten in deiner Weiblichkeit?
- Was macht für dich eine Frau aus? Wer hat dich das Frausein gelehrt?
- Welchen Beziehungsstil pflegst du?

Male zum Abschluß ein Bild zu deiner Venus.

Mars

Lege dir rockige Musik auf, etwas zum Fetzen, zum Abrocken. Tanze solange, bis der Schweiß fließt, gib alles, spür dein Herz klopfen, komme außer Atem, streng dich an, hüpfe und springe, spüre deine Kraft, deine Vitalität. Stell dich vor deinen Spiegel in eine Position, die deine Kraft und Stärke zeigt.

Was ist astrologisch im Laufe deines Lebens deinem Mars geschehen? Lies die Stichworte zu Mars durch und schreibe dann über deinen Mars.

Stichworte zur Marsbetrachtung:
- Was bringt dich am deutlichsten in deine Kraft?
- Wie stark bist du?
- Wie gehst du mit deiner Sexualität um?
- Was tust du für deinen Körper?
- In welchen Situationen entfacht sich dein Mut?

– Wie setzt du dich für dich und deine Interessen ein, wie setzt du dich durch?
– Wie streitest du? Wofür kämpfst du?
– Wodurch spürst du dich am deutlichsten in deiner Männlichkeit?
– Was macht für dich einen Mann aus? Wer hat dich das Mannsein gelehrt?
– Welche Abenteuer bist du eingegangen, was hast du gewagt?

Gestalte zum Schluß ein Bild zu deinem Mars.

Jupiter

Leg dir was Großartiges auf, Siegerehrungsmusik, eine Hymne. Oder ein Gospel, Musik zum Lobpreis »der Göttin«, »des Herrn«, Musik, die deine Seele erhöht und dich jubeln läßt. Steig auf den Tisch und stell dir vor, dort unten auf dem Teppich wären die Menschen, denen du deine wichtigste Message bringst.

Was ist astrologisch im Laufe deines Lebens deinem Jupiter widerfahren? Lies die Stichworte zu Jupiter durch und formuliere dann deinen Text.

Stichworte zur Jupiterbetrachtung:
– Woran glaubst du? (Das können positive wie negative Glaubenssätze sein.)
– Was beflügelt dich?
– Wie erweiterst du deinen geistigen Horizont?
– Wohin bis du gereist, im Inneren wie im Äußeren, und was haben dich deine Reisen gelehrt?
– Wer in deiner Familie war am weisesten und gab dir einen eindeutig positiven Segen mit?
– Wie sieht dein Weltbild aus? Was ist für dich der Sinn des Lebens?
– Welches ist die wichtigste Botschaft, die du mitzuteilen hast?
– Wie sieht deine innere, weise Führung aus, wie spricht sie zu dir? Wenn du einem/r Meister/in folgst, was begeistert dich an ihr oder an ihm?
– Wie steht's um deine Intuition?
– Wen förderst du und von wem wirst du gefördert?

Erstelle zum Abschluß ein Bild deines Jupiters.

Saturn

Lege dir langsame, getragene Klaviermusik auf (Beerdigungsstil). Gehe durch dein Zimmer, verlangsame deine Bewegung immer mehr, immer mehr, werde in der Bewegung immer achtsamer, immer genauer, immer ausgerichteter. Stell dich vor deinen Spiegel, betrachte dich genau, schonungslos, kritisch, doch nicht lieblos. Wie stehst du da?

Was hast du (astrologisch) im Laufe deines Lebens über deinen Saturn gelernt? Wie hat er sich gezeigt? Lies die Fragen zu Saturn durch und schreibe dann über deinen Saturn.

Stichworte zur Saturnbetrachtung:

- Wie steht es um deine Abgrenzungsfähigkeit?
- Wie hast du gelernt, auf deinen eigenen zwei Beinen zu stehen und Verantwortung für dich zu übernehmen?
- Welche Grenzverletzungen hast du erlebt? Von welchen Ängsten, Blockaden, Hemmungen und Schuldgefühlen wirst du geplagt? Was tust du zu ihrer Heilung?
- Wie kannst du mit dir allein sein?
- Welche Verantwortung übernimmst du in der Gesellschaft, was hast du bereits bewirkt? Welchen Platz nimmst du ein, welchen möchtest du einnehmen, und was tust du dafür?
- Wie steht es um deine Nüchternheit?
- Wer in deiner Familie spielte die Rolle des oder der abgeklärten, alten Weisen?
- Vor wem hast du Respekt?
- Welche Verbitterungen und Verhärtungen strahlten deine Familienmitglieder aus?

Male ein Bild, das abschließend deinen Saturn zeigt.

Uranus

Heute ist Freejazz in seiner schrillsten Form angesagt. Wenn du diese Musik nicht ausstehen kannst, dann kann es auch arhythmische, wechselvolle Musik sein, die es nicht zuläßt, daß du länger bei einer Bewegungsform verweilst: eine Musik voller Überraschungen.

Stell dich vor deinen Spiegel und mach Faxen. Streck dir die Zunge raus, zieh Fratzen, verrenk und verzerr dich, hol die Klamotten aus dem Schrank, die du noch nie getragen hast, weil sie dir zu gewagt erschienen.

Was ist astrologisch deinem Uranus geschehen? Lies die Fragen zu Uranus durch, und schreibe dann über deinen Uranus.

Stichworte zur Uranusbetrachtung:
- Wogegen rebellierst du?
- Was gibt dir ein Gefühl von Freiheit?
- An welchen Befreiungskämpfen hast du teil?
- Wie tanzt du aus der Reihe?
- Wer tanzte in deiner Familie aus der Reihe? Gab es Freigeister in deiner Familie, und wie haben sie dich inspiriert?
- Kannst du über dich selbst lachen?
- Wie ist dein Teamgeist?
- In welchen Gruppen bist du engagiert?

Male zum Abschluß deinen Uranus.

Neptun

Nun brauchst du Musik zum »Driften«, Klänge und Töne, die dir erlauben, völlig abzuschalten und ganz tief zu entspannen. Vielleicht ist das klassische Musik für dich, vielleicht einfach nur eine simple Gitarre oder eine vorgefertigte Meditationsmusik. Laß los! Setz dich dann in Meditationshaltung auf deinen Teppich. Werde still. Laß alles so sein, wie es ist, laß deine Gedanken in Ruhe, geh ihnen nicht nach, unterdrück sie aber auch nicht.

Was ist astrologisch deinem Neptun widerfahren? Lies die Fragen zu Neptun durch, und beschreibe dann deinen Neptun.

Stichworte zu Neptun:
- In welchen Lebensfragen machst du dir am meisten vor? Wie betrügst du dich?
- Wann greifst du zur Lüge?
- Wie sorgst du dafür, *nicht* präsent zu sein?
- In welchen Situationen tauchst du ab?
- Was sind deine bevorzugten Suchtmittel?
- Welche Süchte gab es in deiner Familie?
- Was stärkt dein Vertrauen ins Leben, was hilft dir, im Fluß zu sein, dich dem Fluß des Lebens hingeben zu können?
- Wo kennst du Hingabe in deinem Leben? In welchen Momenten fühlst du dich mit anderen wirklich verbunden? Was hilft dir, menschlich zu sein?
- Wonach sehnst du dich?

- Wie steht es um deine Spiritualität?
- Was geschieht durch dich hindurch? Wobei vergißt du dich?
- Wie empfindest du dich als Teil einer Generation (Neptun in Jungfrau, Waage etc.)?

Male zum Abschluß deinen Neptun.

Pluto

Nun ist Musik nötig, die dir ins Gedärm eindringt, rauchig, tief, düster, verzweifelt, mit dem Aufschrei nach Befreiung. Musik manipuliert sowieso, und du kennst bestimmt Stücke, die direkt an deine Schmerzen rühren. Für mich war das lange Zeit »Persephone« von den Cocteau Twins, Nick Cave kam auch gut oder Frankie goes to Hollywood. Stell dich nackt vor deinen Spiegel. Stell dir vor, du ziehst dir nach und nach auch die Haut von deinen Knochen, das Fleisch fällt ab, du entledigst dich deiner Organe bis auf die Knochen: Was bleibt, wenn da körperlich nichts mehr ist?

Was hast du astrologisch mit deinem Pluto erlebt? Lies die Fragen zu Pluto durch und verfasse dann einen Text zu deinem Pluto.

Stichworte zu Pluto:
- Woran hast du am meisten gelitten, bzw. woran leidest du am meisten?
- Welchen mißbräuchlichen Übergriffen warst du ausgesetzt? Wer hat dich gequält?
- Wem gilt dein Haß? Wie hast du dich gerächt? Wie hast du andere gequält?
- Womit zerstörst du dich selbst? Wie stellst du dich deiner Angst und Zwanghaftigkeit?
- In welchem Lebensbereich steht eine völlige Kapitulation an?
- Wie nimmst du das Leiden der anderen wahr?
- Welche Beziehung hast du zu Geburt – Tod – Wiedergeburt?
- Welche Krisen und Katastrophen hast du überlebt, und was hast du daraus gelernt?
- Welche Leichen hast du noch im Keller?
- Welche Schatzkisten sind noch tief in dir verborgen, und wie hebst du sie?
- Wie empfindest du dich als Teil einer Generation (Pluto im Krebs, im Löwen etc.)?

Male zum Abschluß deinen Pluto.

Beispiele aus der Biografiearbeit

Auf den folgenden Seiten finden sich einige Beispiele aus astrologischen Biografiearbeiten über die Planeten in Zeichen und Feld und ihre Aspekte und über Felderspitzen (Beispiel Aszendent und IC).

Krebsaszendent (1983) (Quadrat Neptun, Konjunktion Uranus)

Krebs ist das Ziel, auf das ich zulaufe, übergeordnet und durch alles mitschwingend, das, was andere spontan an mir aufnehmen. Meine Suche nach Geborgenheit, nach dem Nest, das ich mir so gerne baue, das mit Uranus doch nicht zu eng und klein sein darf. Die Freiheit liegt in der Weite und in unendlicher Tiefe. Bau mir die Nester, um sie wieder zu verlassen und suche nach dem *Einen,* in dem sich alles verbindet.

Die Welt ist durch Krebsaugen schillernd und geheimnisvoll anzuschauen. Als wären meine Augen mit Weichlinsen ausgestattet (und da tut das Quadrat von Neptun aus dem 4. Feld das seine dazu), die so gerne das Harte und Eckige abrunden wollen, die viel Angst überstehen, um im Harten das Weiche zu finden, dieses suchen und suchen.

Das Quadrat von Neptun erzeugt manchmal das Gefühl, als läge zwischen mir und der Welt eine Milchglasscheibe. Ich reiße meine Augen auf und sehe immer noch nicht. Doch manchmal bringt es ein Gefühl mit sich, ganz viel von der Schwingung um mich aufnehmen und mich ihr zu überlassen zu können.

Wie gerne wäre ich selbst weich und nachgiebig. Ich erlebe mich in einem Versuch, Wärme zu geben, liebevoll zu sein, beschützend und zärtlich. Ich erlebe mich in einem Versuch, das, was andere mir geben, annehmen zu lernen.

Krebsaszendent:
- die Suche nach der Mutter
- nach meiner Mutter
- der Mutter in mir
- nach Mutter Erde

– Mutter Universum
– der uns allen beschützenden Göttin, die uns nährt
– die Suche nach dem weiblichen Prinzip, dem der Hingabe, des Gebens, Verschenkens, Empfangens, der Freude am Wachstum.

Mag diese Suche nach *Mutter*-Erde letztlich auch entstanden sein aus einem schwierigen und konfliktreichen Verhältnis zu meiner Mutter, ein Mythos entstanden aus einem Mutterkomplex und -trauma, so kann ich auch diesen in Frage stellen. Doch endet diese Frage dann schnell an den unendlichen Perspektiven, die aus einem Krebsaszendenten erwachsen.

Krebsaszendent: Die Suche nach Geborgenheit in der Mondgöttin, die mich in ihren Spiegel schauen läßt, und ich falle hinein in die Tiefe, voller Vertrauen, grenzenlos. Ich schaue die Mysterien und weiß. Ich weiß, daß ich bin, daß ich gut bin. Sie muntert mich auf: Alles, was du fühlst, ist okay. Fühle es, sei es! Schaue in den Spiegel, schaue in die unendliche Tiefe des Raumes, schaue ins Universum hinein. Laß alles geschehen. Was du fühlst, ist, was du siehst, ist. Und alles, was ist, ist angesichts des Spiegels, in den du schaust. »Hoppla«, sage ich, »was ist denn nun, ist es, oder ist es nicht?« Und sie lächelt und gibt mir die Zeit. Läßt mir die Skepsis und das Mißtrauen, weil sie um den Keim weiß, der in mich gelegt ist, den Keim der Suche nach ihr, nach der Seele, nach Vertrauen, nach der Heimkehr in sie.

»Ich weiß, daß du Angst hast, zu mir zu kommen, mit allem, was du hast und bist. Ich weiß um deine riesige Angst, denn ich bin und bin nicht. Bin durch das Vertrauen, das du in mir findest. Mich zu finden, heißt mich zu leben. Heißt, zu geben und zu nehmen. Nimm von mir, ich gebe dir, nimm und gib. Es geht niemals etwas verloren.« Sie lächelt noch einmal und zieht sich zurück.

Ja, es ist dunkel geworden, die Tage ziehen dahin. Es wechselt so schnell, eben war es noch hell, eben noch traf mich ihr Strahl, und er traf mich so tief.

So suche ich sie. Suche sie unter den Frauen. In euch lebt sie, erzählt mir von ihr; suche sie in den Männern, wo in euch ist sie zu Hause? Suche sie in den Pflanzen – euch hilft sie beim Wachsen. Suche sie am Meer in den ewigen Gezeiten von Ebbe und Flut. Suche sie in mir ... in mir ... versuche ein wenig zu geben von mir ... von ihr durch mich ... ich ...

Ich möchte sie schauen, mich ihr angleichen und habe noch so viele Fragen. So unendlich viele Fragen. »Bitte zeig dich noch einmal, Mondgöttin.« Doch ich vergaß ihren Zyklus.

Mein IC (in Zwillinge). Gemalt von Annette Bogun 1997

Sei nicht ungeduldig, laß es reifen in dir, die Fragen, die Antworten. Geh mit ihr, und du wirst sie finden. *(P.N.)*

Annette Bogun
Zwillinge-IC (1997)

Das 4. Haus sagt etwas über meine familiären Wurzeln aus. Wie war mein Elternhaus? Wo fühle ich mich heute verwurzelt? Was brauche ich, um mich zu Hause zu fühlen?

Vorrangig ist meine Erinnerung durch meinen Vater geprägt, der für mich viel präsenter war als meine Mutter. Hineingeboren wurde ich in eine Familie, die sich eigentlich nichts zu sagen hatte. Bei uns wurden viele Worte verloren, aber letztendlich aneinander vorbei geredet. Die Eltern verstanden sich gar nicht und führten den kalten Krieg miteinander. Schnell zog ich es vor, meine Zeit woanders zu verbringen, mit meinen Schwestern unterwegs zu sein oder in der Nachbarschaft herumzustrolchen. Ich war neugierig und versuchte, überall meinen Wissensdurst zu stillen, bevorzugt im Gespräch und im Zusammensein mit anderen Menschen. Mit Leichtigkeit, ohne Zwang Anregungen aufzunehmen und den Horizont zu erweitern, liegt mir sehr. Mich interessieren viele Dinge auf einmal, und es fällt mir schwer, den Fokus auf eine Sache zu legen. Lieber drei Bücher parallel lesen, als eines nach dem anderen.

Später kommunizierte ich sehr gerne mit meinem Vater über Gott und die Welt, suchte täglich unsere gemeinsame Teestunde. Er war es, der mein Interesse für Literatur, Kunst und Musik förderte. Sein Leitsatz als vertriebener Ostpreuße wurde mir ins Hirn gebrannt: *Was man im Kopf hat, kann man nicht verlieren!*

Zu Hause wurde sehr viel Wert auf die Grundlagen des Bildungsbürgertums gelegt, man sollte zumindest mitreden können, wenn man mit den schönen Künsten auch kein Geld verdienen kann. Somit wurden unsere Talente nicht gefördert, und es wurde mancher Begabung schon früh ein Ende gesetzt. Es gab nur einen Künstler. Das war Vati. Am freiesten konnte ich mich als Jüngste entfalten. Über Gefühle wurde wenig gesprochen und wenn, dann in einem Ton, daß man sowieso lieber den Mund hielt. Ein echtes und tiefes Interesse aneinander fehlte. Wir waren nicht wirklich füreinander da, wir bauten uns emotional nicht gegenseitig auf. So leben wir noch heute sehr oberflächlich, alles theoretisierend nebeneinander her. Nach wie vor reden wir viel, ohne wirklich etwas zu sagen.

Aber im Gegensatz zu meinen Geschwistern war es mir möglich, all meine Freunde mit nach Hause zu bringen, auch übers Wochen-

Mein MC (in Schütze). Gemalt von Annette Bogun 1997

ende oder in den Ferien. So gesehen war es ein offenes Haus ohne Standesdünkel.

Seit ich daheim ausgezogen bin, fühle ich mich eigentlich da verwurzelt, wo ich wohne. Ausschlaggebend für die Wahl meiner Wohnorte war bisher immer, dort auch Freunde zu haben. Geborgenheit durch Kommunikation, Austausch von Ideen, Inspiration durch andere sind für mich Grundvoraussetzungen im Leben. Besonders wohl fühle ich mich, wenn ich die Bude voll habe, und sich die Menschen miteinander verstehen. *(Annette Bogun, 3.11.1961, 15.15 Uhr, Göttingen)*

Bernd Schnitzler
Sonne und Saturn im Steinbock (1995)

Ich schaue mir an, wie und wo die Sonne bei mir Position bezogen hat an jenem 20. Januar, einem Freitag, an dem es winterliche Kälte mit Schnee und Eis gab.

Die Sonne spiegelt im Geburtsbild den *Vater.* Aus der Perspektive einer Steinbocksonne erscheint mir mein Vater sehr weit weg, so daß ich ihn oft nicht erreiche. Als Kind nahm ich ihn wohl wahr als uns Kindern zugewandt, er arbeitete, spielte mit mir und meiner Schwester an den Sonntagvormittagen, wir bauten unsere heißgeliebte Eisenbahn auf. Pflichtbewußt ist er stets gewesen, ließ nicht zu, Schwächen bewußt zu zeigen, einzig seine Tränen liefen oft, ohne daß er darauf Einfluß gehabt hätte.

Ich bin von meinem Vater enttäuscht. Zur Sonne gesellt sich Saturn. Für mich ist er nie die Vaterfigur gewesen, die in mir als Wunschvorstellung und Suchbild ein ganzes Leben lang schlummerte. Liebe – so scheint es mir – habe ich nur dann erfahren, wenn ich irgend etwas erbracht, sprich, geleistet habe. Dabei mißtraue ich diesem Satz im selben Moment – war es wirklich Liebe?

Mir ist, als verlangte ich nach etwas, das es auf dieser Welt für mich niemals geben würde: die Liebe eines Vaters zu seinem Sohn. Ich gehe einen mühseligen Weg, dies nicht mehr zu verlangen, das nicht mehr zu beklagen, sondern in mir selbst zu finden, bevor ich ganz ausgedorrt bin. Darüber bin ich sehr traurig.

Denn ich bin voller Sehnsucht, ich träume von einem wunderbaren Vater. Einem, der sich zu seinem Kind ans Bett setzt, sein Kind liebt, es lobt und ermutigt, es fördert, es selbst zu sein. Ein Vater, der zu mir hält.

Mein Vater hat das nicht getan. Die größte Schmach, die mein Vater mir zeitlebens immer wieder zugefügt hat, ist die, daß er mich nicht ernstgenommen hat. Er grinste und machte alles noch einmal selbst – besser, freilich. Zu- und Vertrauen hat er mich nie wirklich spüren lassen. Wenn ich etwas von mir gab, was für mich wichtig war, dann lachte er und tat das als Spinnerei ab. Und immer waren andere Personen mit anwesend, ich fühlte mich total erniedrigt. In solchen Augenblicken hätte ich ihm am liebsten eine gescheuert. Engstirnig und kleinkariert, wie er mir immer vorkam, lachte *er* mich einfach aus.

Nie hat sich mein Vater mit mir auseinandergesetzt. Wenn es um persönliche Dinge ging, hörte er allerhöchstens zu und schwieg. Ich habe niemals einen direkten Zugang zu meinem Vater gehabt. Jegliche emotionale Regung blieb mir an ihm verborgen. Mutter teilte sein Befinden mit.

Außerdem hat er sich immer mehr dem Drängen und der Dominanz meiner Mutter untergeordnet. Wenn sie nicht das Vaterbild zumindest zum Schein hochgehalten hätte, dann hätte er überhaupt keine Autorität mehr gehabt. Ich finde das furchtbar. Wo ist der Mann, der mein Vater sein soll? Hat er überhaupt männliche Züge? Ist er nicht immer nur stur und bockig gewesen? Ein Arbeitstier. Und bin ich nicht bislang genauso feige gewesen? Wo ist meine Männlichkeit, wo ist mein Strahlen, mein Selbstbewußtsein?

Die Distanz zu ihm vergrößerte sich durch seine Art, mir nicht wirklich etwas zuzutrauen. Was ich auch anstellte, Vater sah nach, prüfte nach oder hatte Sorge, daß ich es nicht bewältigen könnte. Er untergrub mein Selbstbewußtsein. Ich kann mich nicht erinnern, daß er mich unterstützt hätte in meiner Einzigartigkeit.

Mit meiner 1987 beginnenden spirituellen Suche spürte ich, daß ich mich nach starken Armen sehne, die mich halten, die mich lieben, aber auch nach einer kritischen Auseinandersetzung mit einem Mann. Ich suche nach einer positiven männlichen Autorität, die mich anleiten kann, damit ich wachse und reife zum Mann.

Die Distanz zu meinem Vater erscheint mir wie ein Berg, den es zu erklimmen gilt, wenn ich das dahinterliegende Land von Liebe, Licht und Klarheit erreichen will. Ist mein Vater der Berg? Kommt die Distanz von ihm? Oder bin ich vielleicht der, der die Nähe nicht sucht, weil ich es ihm nicht erlaube, meiner Intimität gewahr zu werden?

Meine Vater zeigte keine Regung, also zeigte ich auch keine. Es ist alles so kalt und lebensunwürdig, karg, steinern. Und dann sehe ich den Menschen, der mein Vater ist, vor mir, wie ich ihn die letzten

Jahre immer wieder wahrgenommen habe: als hilfloses, elendes, krankes Häufchen Mensch, stets Tränen in den Augen als Ausdruck all der ungelebten und ungezeigten Emotionen, und in mir bricht nach und nach alles zusammen. Ich habe Mitgefühl mit ihm, ich weiß, daß er nicht mein Vaterbild erfüllen kann, heute weniger denn je. Heute bin ich der, um den er sich sorgt: ob ich existentiell gut versorgt bin, mit Ernährung, Wohnung, Geld – nach meinen Gefühlen und Bedürfnissen wird natürlich nicht gefragt. In seinem Bewußtsein existiert all das nicht. Und so mauert er mich – wohlmeinend – gleichzeitig wieder ein in dieses karge Gefängnis aus Vorsicht, Angst und Unbeweglichkeit.

Sein Saturn steht genau auf meiner Sonne. Als ich kam, lief er über Saturn in der Felderwanderung, und es war die Zeit seines Saturnreturns. Er wollte Verantwortung übernehmen, doch er war in sich selbst so unsicher, daß er sich mir – seinem Sohn – gegenüber einen Mantel aus Autorität umhängte, der aber gar nicht mit richtigem Leben gefüllt war. Ich – als Sonne – ließ ihn diese Unsicherheit wohl deutlich spüren, und er – als Saturn – versteifte sich noch mehr auf sein starres Vaterprogramm.

Heute bin ich jemand, der sich bedingt durch die frühen Tage zu einem körperlich behinderten, zu einem schwulen Mann entwickelt hat, mit all der großen Sehnsucht nach Vater, Gott, Liebe sowie der oft abgrundtiefen Verzweiflung und dem ewigen unablässigen Mißtrauen meiner eigenen Person gegenüber. Mein Strahlen ist sicher karg und selten, meine Schale vielleicht hart. Doch da bin *ich,* der ich diesen merkwürdigen und steilen Weg angetreten bin, und ich weiß tief in meinem Herzen: Das nimmt mir keiner mehr weg, was ich aus eigener Kraft zustande gebracht habe. Ich darf Vertrauen in mich haben. Und ich hebe mein Haupt, richte den Blick vorwärts. Und der Weg ist noch weit.

Sonne im Steinbock

Nicht das beißende Rampenlicht ist meine Bühne, sondern der pflichtbewußte Platz bei der Arbeit oder der zurückgezogene Ort der Stille, abgeschottet von den unruhigen Massen der Menschen, die nur ihren unerträglichen Frohsinn im Kopf haben. Allein fühle ich mich sicher, finde ich Klarheit.

Ich bin ernst. Ich empfinde mich in gewisser Weise als Diener, der seine ihm gestellte Aufgabe gehorsam, pflichtbewußt, verantwortungsvoll und leistungsfähig erledigt. Gleichzeitig fühle ich mich alt und steif, ohne jugendlichen Esprit, ich presche nicht spontan nach vorne.

Mir läßt die Frage nach meiner Steifheit und Verhärtung keine

Ruhe. Jahrelang habe ich mich mit den Ursachen meiner (Wirbelsäulen-)Krankheit auseinandergesetzt. Ich sehe, daß ich in diesem Leben noch keine *Auf*richtung erfahren habe. Meine Verhärtungen sind das Fazit meiner Entwicklung, weder sind sie gut noch schlecht, sondern die Form, in der ich jetzt leben muß, mit der ich mich finde – mich *aufrichte*.

Der sogenannte Spät-ent-wickler, der ich sicherlich bin, macht in der Mitte seines Lebens die Kehrtwendung zum Jüngling. In mir löst sich nach und nach die Starrheit des Bewußtseins, ich kann ein stückweit lockerer mit mir und dem Leben umgehen, weil ich mehr über mich Bescheid weiß – nach steinbockgemäßer Analyse – und mehr Distanz zu meinen Themen habe. Die Aufarbeitung der Vergangenheit richtet mich auf.

Sonne Konjunktion Saturn

Ich dachte mal, daß die Nähe zu Saturn das Steinbock-Prinzip noch mehr verdichten würde mit der Folge, daß ich schon mit Klarheit und Zielstrebigkeit meine Kindertage erlebt hätte. Doch dem ist nicht so! Denn Saturn, wo immer er auch steht im Horoskop, heißt erst einmal: Hemmnis und Schwellenangst. Also ist er eher das Gegenteil zur Sonne. Ich habe nie wirklich Klarheit empfunden. Was da als klare Entschiedenheit rüberkam, ist wohl eher Pflichtbewußtsein und das Herumtapsen auf dem sogenannten geraden (gesellschaftlich anerkannten) Weg.

Aber Saturn wollte, daß ich mich nach innen wende, um dort zu finden, was die Sonne braucht: *Feuer,* um sich für sich selbst zu begeistern durch das, was sie sich erarbeitet und erkämpft hat auf dem langen Weg nach oben.

Saturn macht es dem Selbstbewußtsein wirklich schwer. Und für ein Lob oder für Anerkennung paßte ich mich an, erbrachte Leistung – und grub das bißchen Individualität, was da war, auch noch zu. Das Nadelöhr wurde enger, bis dann der erste Saturn-Return und kurz danach mit knapp 30 Saturn-Transit auf meiner Sonne einen Faustschlag nach dem anderen herniederdonnern ließ, und ich schrie verzweifelt auf: »Ich kann nicht mehr.« Das war's im Grunde. Mehr mußte nicht geschehen, um die Richtung zu ändern, alleine die Aufarbeitung läuft noch.

Saturn gibt meiner Sonne immer mehr Halt, solange ich mir bewußt mache, daß ich mich auf ihn einzustellen habe, daß ich prüfe, was ich herausbringen möchte, und eventuell auch konsequent den Weg ändere. Angesichts von Fische-Mond/Venus tun mir Sachlichkeit und Klarheit nur gut.

Sonne im 2. Feld
Ich brauche Sicherheit – auch im materiellen Bereich. Doch materielle Dinge, wenn sie über das Maß des Notwendigen hinausgehen, empfinde ich eher als Last, und ich habe das ständige Verlangen auszusortieren, um unnötige Last abzuwerfen.

Inzwischen weiß ich, daß wirkliche Sicherheit jenseits der materiellen Erscheinungsformen liegt, und das ist spannend – dieses Bewußtsein möchte ich über Form und Struktur zum Ausdruck bringen. Das legt den Fokus auf eine bewußte, einfache Lebensführung, in der ich auf die elementaren Dinge Wert lege, in der ich erspüre, was ich brauche, was gut für mich ist, was wertvoll ist, und in der ich achtsam mit mir und meinem Körper umgehe.

Mich mit meinem Körper zu verbinden, heißt mit der Erde verbunden zu sein, Erde sehen, Erde fühlen, Erde erfahren, mit ihr zu arbeiten, z.B. im Garten, oder beim Bemalen der Wände oder beim Aufenthalt in der Natur. Stets *spüre* ich in solchen Momenten, daß ich mich sicher fühle. Erde spendet Ruhe und Kraft. *(Bernd Schnitzler, 20.01.1961, 4.20 Uhr, Rheydt)*

Ingrid Werner
Geschichte und Werden des Steinbockmondes (1983)

...bis zu meiner Geburt
Meine Eltern heirateten im November 1952, als Saturn auf dem Radixsaturn meiner Mutter stand und mein Vater über Saturn in der Felderwanderung lief. Hinweis für mich auf eine sehr saturnale Entscheidung. Beide berichteten mir auch, daß praktische und vernünftige Erwägungen bei ihrer Eheschließung eine wichtige Rolle spielten. Beide waren nicht mehr »blutjung« und hatten den Wunsch, endlich eine Familie zu gründen. Im Geburtsbild meines Vaters findet sich eine Venus/Saturn-Konjunktion im 7. Feld, zudem hatte er einen Steinbockmond. Bei meiner Mutter steht Mond im Trigon zu Saturn und Venus im Sextil zu Saturn.

Saturnal nicht nur der Beginn ihrer Ehe, sondern die Grundschwingung, die – aus meiner Sicht – ihrer Beziehung und meinem Zuhause zugrundelag. Direkt nach der Heirat müssen meine Eltern mich gezeugt haben, ich denke, es war Weihnachten, als die Mutter meines Vaters starb...

Ich glaube, daß sie sich aufrichtig und tief auf mich gefreut haben. Doch ich sehe, an welchen Konflikten meiner Mutter ich während der Schwangerschaft teilhatte: Sie hatte wegen der Ehe viel aufgegeben. Sie, die solange erfolgreich und selbständig im Beruf gearbeitet

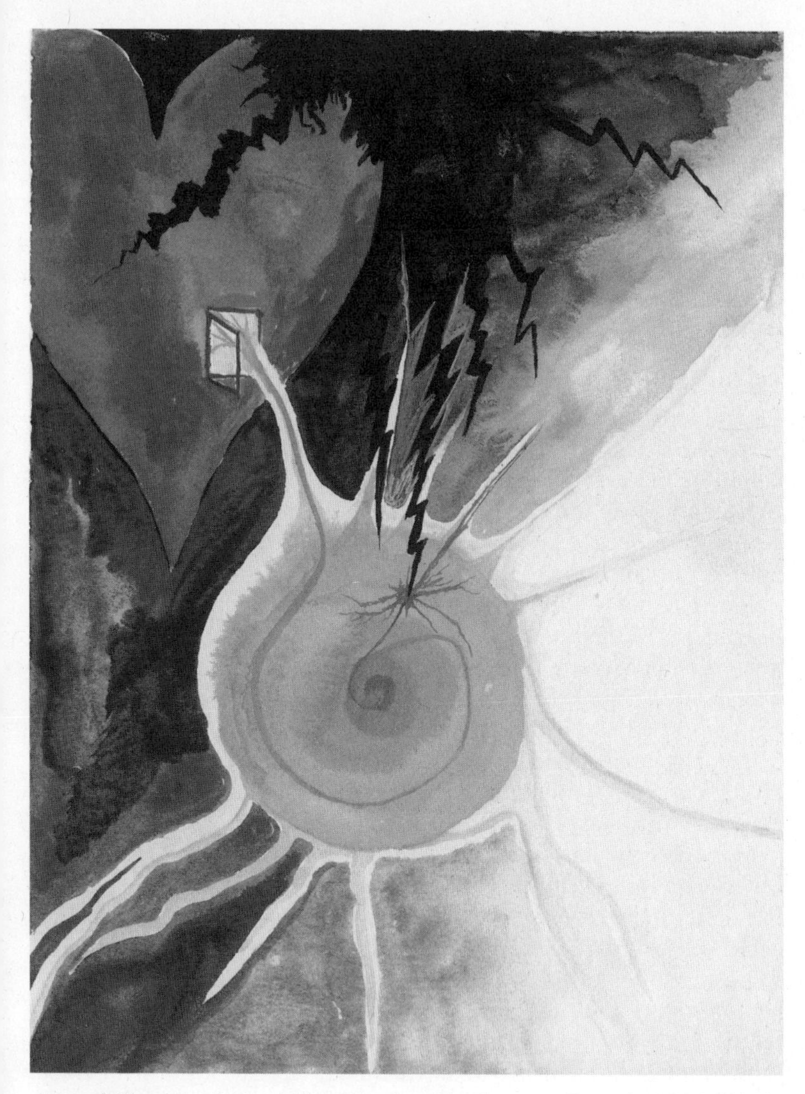

Mond-Pluto im Löwen im Quadrat zur Sonne. Gemalt 1983 (P.N.)

hatte, konnte sich nur schwer an ihre neue Rolle als Ehe- und Hausfrau gewöhnen. Sie ließ mit Eintritt in die Ehe einen wichtigen Teil ihrer bisherigen Identität hinter sich. Mit Saturn auf Saturn begann etwas völlig Neues für sie...

Die Schwangerschaft muß dennoch schön gewesen sein. Beide bereiteten sich zusammen (u.a. auch mit Übungen) auf die Geburt vor, und ich wurde nach einer damals in Deutschland neuen Methode geboren; zu Hause und im Beisein meines Vaters. Nach den Berichten meiner Eltern muß es ein Ereignis voller Freude und Dankbarkeit gewesen sein.

Nach der Geburt

Obwohl meine Mutter sagte, daß ich eine leichte Geburt gewesen sei, verrenkte sie sich dabei vor Überanstrengung einen Halswirbel, woraufhin sie mindestens sechs Wochen lang bei verschiedenen Ärzten in Behandlung war, mit der Aussicht, einen steifen Arm von der Geburt zurückzubehalten. Mama war dadurch so beeinträchtigt, daß sie mich zwar stillen, aber nicht versorgen konnte.

Meine Oma – ihre Mutter –, zu der ich später immer ein sehr reserviertes Verhältnis hatte – badete und pflegte mich. Mama stillte mich ca. drei Monate lang, und ich habe das Gefühl, daß es nicht nur wegen ihres Armes für sie unbefriedigend war. Ich muß dabei an eine Bemerkung Erich Fromms zur Mutterliebe denken, daß Mütter zwar in der Lage seien, Milch zu geben, aber nicht zwingend auch den Honig dazu, als Symbol für die Süße des Lebens. Da war eine Distanz zwischen uns.

Mama regelte das Leben. Sie hatte mich an bestimmte Fütterungszeiten gewöhnt, auf die Minute genau, wie sie mit Stolz berichtete. Ich hätte ihr aber öfters den Brei um die Ohren geschlagen. Alice Miller schreibt dazu: »Man hört manchmal Mütter mit Stolz erzählen, daß ihre Säuglinge gelernt haben, den Hunger zu unterdrücken, und, liebevoll abgelenkt, auf die Zeit der Fütterung zu warten. (...) Ich würde mir vorstellen, daß es Kinder gibt, die schon die frühesten Empfindungen, wie z.B. Unzufriedenheit, Ärger, Zorn, Schmerzen, Freude am eigenen Körper, ja sogar das Hungergefühl nicht frei haben erleben dürfen. Unzufriedenheit und Ärger weckten bei der Mutter Zweifel an sich *selber* an ihrer Rolle als Mutter, Schmerzen weckten Angst, und die ausgelassene Freude am eigenen Körper aktivierte manchmal Neid, manchmal Schamgefühle ›vor den anderen‹, oder erschütterte die Reaktionsbildung bei der Mutter. So lernte das Kind u.U. schon sehr früh, *wie* es *nicht fühlen* durfte, wollte es die Liebe der Mutter nicht aufs Spiel setzen.« (Alice Miller, *Das Drama des begabten Kindes*, S. 79 ff.

Ich war eine Frühentwicklerin, saß früh, stand früh und war ein »großes Mädchen«, als mein Bruder anderthalb Jahre (!) später geboren wurde. Mag ich auch bei seiner Geburt noch nicht eifersüchtig gewesen sein, so hätte ich ihn, als ich zwei war, am liebsten umgebracht. In der Therapie erlebte ich diesen wilden, unbezähmbaren Schmerz wieder, den ich so lange vergessen hatte und der mir doch immer wieder in Beziehungen begegnet war: stechender, wahnsinniger Schmerz. In der Felderwanderung lief ich mit zwei Jahren über Pluto in meinem 1. Feld.

Meine Eltern bezogen mich in die Babypflege gleich mit ein, so sollte Eifersucht erst gar nicht aufkommen. Ich sei »schon damals so vernünftig und verständnisvoll« gewesen und habe Mama im Haushalt geholfen. Ich nahm die Verantwortung gerne an und zog mich angesichts des neuen Babys aber auch immer mehr in mich zurück, stundenlang vertieft ins Spiel mit meiner Puppe Sarah. »Du warst dabei so still und versunken, daß ich ab und zu nach dir sah, nur um mich zu vergewissern, daß alles okay war«, erzählte mir meine Mutter. Mit zweieinhalb kam ich in den Kindergarten, auch dort zunächst still und zurückhaltend. Nach Wochen berichtete die Schwester Oberin meiner Mutter: »Die Ingrid ist so ernst, aber heute hat sie zum ersten Mal gelacht.«

Steinbockmond im 5. Feld

Gläserne Wände zwischen mir und dir; ich sehe dich – zum Greifen nah, und doch unerreichbar. Gläserne Wände, die meine zarte Seele schützen sollen vor dir und dem, was du mir antun könntest – um den Preis meiner Einsamkeit. So wurde ich gedrängt, dort hinabzusteigen, und das Gefühl der Trauer bis auf den Boden auszutrinken ... ich versinke in mir ... begegne mir ... und finde die Quellen meiner Kraft und Stärke. Wenn ich mich so finde, weicht die bleierne Schwere der Einsamkeit einem freundlichen Akzeptieren des *All-einseins.*

Steinbockmond: Die Aufforderung, Klarheit und Bewußtheit zu gewinnen über die Quellen meiner Einsamkeit und Schwere. Die Aufforderung, mich vorsichtig, kritisch und nüchtern an die verborgenen seelischen Vorgänge in mir heranzuwagen, Licht in mein Inneres zu bringen, das Chaos in mir zu klären. Je mehr ich mich auf dieses Wagnis einlasse, desto mehr kann diese im verborgenen wirkende und angstvoll umherirrende Kraft freiwerden, und ich kann sie kreativ einsetzen und ausdrücken.

Bewußtheit gewinnen über die Quellen meiner Einsamkeit, heißt ganz stark Bewußtheit gewinnen über das Verhältnis zu meiner

Mutter, über meine Erfahrungen mit ihr. Bewußtheit gewinnen über mich als Kind, meine Sehnsüchte, Kind zu sein, Mutter zu sein, um Kind sein zu dürfen...

Immer ehrlicher auf die Illusion verzichten, von meiner Mutter bekommen zu haben, was ich brauchte, das öffnet in mir den Kanal, diese nie geweinten Tränen endlich fließen zu lassen ... gibt mir meine tief in mir eingeschlossene Kraft zurück; erweckt zum Leben, was tot in mir schien, die Kraft zu leben und zu lieben ... und mich lieben zu lassen.

Doch um diese Kraft wiederzufinden, muß ich aufhören mit der Selbstverleugnung und Selbsttäuschung, nichts zu brauchen. Ich brauche dich, brauche deine Wärme, deinen Schutz, ich brauche das nährende, mütterliche, mitfühlende Prinzip des Krebses. Mich so verletzlich zu machen, löst panische Angst aus, klein bedürftig, hilflos zu sein. Ich paßte mich als kleines Mädchen meiner Mutter an, die es *brauchte*, daß ich groß war, unabhängig, vernünftig und stark. Ich fand Anerkennung im Herausstreichen meiner Vernunft, meiner Stärke, meiner Besonderheit. Meistens versuchte ich mich intellektuell hervorzutun durch verbale, rhetorische Überlegenheit (Mond Quadrat Merkur) und in dieser ewigen Anstrengung, Bewunderung und Anerkennung zu erzielen. Ich entwickelte eine wahnsinnig starke, doch kaum jemals zugestandene Eifersucht und Neid auf alle, die sich scheinbar weniger anstrengen mußten, um geliebt zu werden (wie z.B. mein Bruder). Gleichzeitig verachtete ich die Schwachen, Schwäche überhaupt.

Das mangelnde Gefühl für mein eigenes Zentrum, dafür, daß ich okay bin *so wie ich bin*, ließ mich ein Leben lang Bildern nachrennen, wie ich sein sollte, trieb mich in Konkurrenz und dazu, im *draußen* die Liebe zu suchen, die ich in mir vermißte.

Doch Steinbockmond soll Klarheit schaffen, mit den Illusionen aufräumen, wissen, was er braucht und dafür sorgen, daß er das bekommt. *In mir ist*, was ich hungrig draußen suche. Spüre ich doch, wenn ich wirklich einmal klar bin, daß sich in mir eine Kraft sammelt, die mich mit aller Trauer und allem Schmerz versöhnt und mich mit einer glühenden Liebe zum Leben entläßt, eine Kraft, die begeistert losstürmen will, den Weg zu gehen, den mein Herz mir verrät (Trigon Mars und Trigon MC).

Heute (1997) weiß ich, daß mein Steinbockmond die stärkste, stabilste und zuverlässigste Kraft in mir ist. Ja, unerschütterlich ist er bei mir, treu an meiner Seite, egal, was passiert. Ich bin ein zäher Überlebens-Typ, ausgestattet mit der Fähigkeit, aus fast nichts etwas zu machen und mich im Alleinsein zu nähren. In der freiwilligen Beschränkung auf Wesentliches finde ich Freiheit, Einfachheit, Wahrheit und Tiefe.

So ist mein Mond heute inspiriert durch die folgenden Zeilen aus dem Metta-Sutra (Lehrrede der Güte):

»Wem klargeworden, daß der Friede des Herzens
das Ziel seines Lebens ist,
der übe sich in folgender Gesinnung:
Möge ich stark sein, aufrecht und gewissenhaft
freundlich, sanft und ohne Stolz
Möge ich genügsam sein, zufrieden
nicht viel geschäftig, bedürfnislos
Mögen die Sinne zur Ruhe kommen
und der Verstand klar werden.«

Auf meine Mutter schaue ich heute mit Respekt und Dankbarkeit. Als perfekte Managerin unseres Haushalts und unserer Familie hat sie mir jederzeit einen funktionierenden und stabilen Rahmen gewährt. Im Äußeren war für alles gesorgt. Ich bin in einer gewissen Ordnung, Struktur und Regelmäßigkeit großgeworden, die mir Halt und Sicherheit und ein Rhythmusgefühl vermittelt haben. Meine Mutter wirkte immer kompetent und den Anforderungen des Lebens gewachsen.

Nachdem ich die Widerstände gegenüber meiner »gefühlsarmen« Mutter langsam abgebaut habe, weiß ich heute meine eigenen Qualitäten mehr zu schätzen: meinen Instinkt für eine heilsame Ordnung, und vor allem, die innere Stabilität, die sich einstellt, wenn ich damit aufhören kann, Gefühle allzu wichtig zu nehmen.

Wenn es auch für mich als Kind schmerzhaft war, mit meinen Gefühlen und meiner Bedürftigkeit alleingelassen zu werden, so kann ich gerade daraus – je älter ich werde – einen immer größeren Gewinn ziehen: Im Aushalten können von mir selbst, im mit mir allein sein können liegt die stärkste Kraft: die der Selbsternährung und echten Unabhängigkeit. *(Ingrid Werner, 17. 9. 1953, 2.35 Uhr, Gladbeck)*

Mond-Pluto in der Jungfrau. Gemalt von Annette Bogun 1997

Hannelore Kühl
Fischemerkur Quadrat Mond, Trigon Uranus, Trigon Aszendent (1997)

Es fällt mir schwer, Merkur »in den Griff zu bekommen«, weil er in meinem Sonnenzeichen steht. Was ist der Unterschied zwischen meinem Ich und meinem Denken?

Im Laufe der Planeten steht mein Merkur hinter der Sonne. Das äußert sich so, daß ich oft nicht – oder erst später – *verstehe,* was ich eigentlich erlebt habe. Merkur hetzt hinter Sonne her und sucht Erklärungen für das, was geschehen ist – immer einen Schritt hintendran, wo er doch klassischerweise ihr Botschafter sein sollte. Mir fällt zu spät ein, was ich in dieser oder jener Situation hätte sagen wollen.

Ansonsten verstehen sich Sonne und Merkur recht gut. Ich bin einfühlsam und kann zwischen den Zeilen lesen, Ungesagtes erspüren und es auch ausdrücken (wenn auch manchmal erst am nächsten Tag). Ich bin phantasievoll, kann Geschichten erzählen und erfinden, male Bilder mit Worten. Ich kann meiner Fischesonne Ausdruck verleihen, und zwar am allerbesten in Merkurs Domäne.

Meine Mutter sagte oft, ich hätte eine »blühende Phantasie«, was eindeutig abwertend gemeint war. Aber für mich war alles wahr, was ich sagte, wenn nicht Wort für Wort, so doch in seiner Bedeutung. Meine Geschichten drückten immer eine Wahrheit aus, sie waren oft »wahrer« als die Realität. Nur als Kind konnte ich das oft nicht sauber unterscheiden, was die Erwachsenen »Lüge« oder »Wahrheit« nannten, weil meine Phantasiewelt so mächtig war.

Wenn ich es mir recht überlege, war es mit der Wahrheit in unserer Familie auch nicht weit her. Meine Eltern hatten nach dem Krieg geheiratet, nun sollte Frieden herrschen. Niemand wollte mehr an die Schrecken, Wunden und Verluste des Krieges denken. In diesem Wunsch nach Frieden, den ich wirklich gut verstehen kann, wurden auch Alltagskonflikte unter den Teppich gekehrt. Wir waren eine »glückliche Familie« – so hatte es zu sein. Und ich sollte friedlich, lieb und still sein, ein Sonnenschein. Ich spürte schon als Kind die unausgesprochene Bedrückung meiner Eltern. Mein Merkur nahm deutlich die nicht gelebte Traurigkeit wahr. Ich versuchte, ihnen ihren Kummer abzunehmen. Auf keinen Fall wollte ich sie auch noch belasten.

Meine frühesten Kindheitserinnerungen sind: ein herrlicher, parkartiger Garten mit hohen Bäumen, eine liebevolle und geliebte Großmutter, die Märchen vorliest, ein sonnendurchfluteter Wintergarten, Treppenstufen mit hochherrschaftlichen roten Läufern bedeckt, die jeden Schritt dämpfen. Als ich mit 5 Jahren aus meiner verträumten Kinderwelt aufwachte, erlebte ich das als schweren Verlust. Die Omi war gestorben. Keiner hatte mit mir darüber gesprochen, sie war nur einfach weg. Wieder *ahnte* ich Schreckliches.

Wir zogen um. In der neuen Welt gab es viele laute, aggressive Kinder, denen ich nicht gewachsen war, erst mühsam lernte ich, mich mit ihnen auseinanderzusetzen, mich durchzusetzen.

Mond/Merkur

Noch heute spüre ich sehnsüchtig dieser Zeit nach, als ich in meiner Phantasie und meinen Gefühlen lebte (»A la recherche du temps perdu«). Diese Erinnerung hat einen wunderbaren Zauber. Ich erforsche meine Wurzeln (Merkur in 4). Ich interessiere mich für alles, was mit der Seele zu tun hat, mit dem Unterbewußten, mit Träumen, Ahnungen, Visionen, mit Spiritualität. Ich habe viel gelernt über Psychologie, über Edelsteine, Reiki, Tarot-Karten, Astrologie. Ich habe eine Ausbildung in Psychosynthese gemacht, wo viel mit inneren Bildern gearbeitet wird, mit Meditation, mit Licht und dem Höheren Selbst. Merkur hat so viel wunderbares Wissen für mich herbeigetragen, hat alles herangeschafft, was nötig ist, um einen Beruf daraus zu machen. Nur die zaghafte Fischesonne zögert, streitet mit Saturn (in Opposition), fühlt sich noch nicht gut genug. Dabei *weiß* ich schon lange, daß das mein Weg zur Selbstverwirklichung ist.

Mond Quadrat Merkur – das ist auch eine Spannung zwischen Denken und Fühlen, ein Konflikt zwischen Kopf und Bauch, den ich sehr deutlich spüre. Wie ist das möglich, wo Fischemerkur doch so nett und verständnisvoll ist? frage ich mich. Einmal ist die Qualität von Schütze (da steht mein Mond) und Fische schon sehr verschieden, wenn sie sich auch letztlich auf geistiger, spiritueller Ebene treffen können, wie ich herausgefunden habe. Schützemond ist aber viel temperamentvoller, viel hungriger nach Leben. »Ich, Ich!« scheint er zu schreien. »Ich will leben! Ich will mehr! Ich will haben!« (Mond in 2). Fischemerkur ist viel unpersönlicher, altruistischer, denkt oft erst an andere als an sich selbst, hat Verständnis, wo Mond eher wie ein schreiendes Baby seine eigenen Bedürfnisse herausbrüllt. Und er hat so viele Bedürfnisse, so einen gewaltigen Hunger! Er wurde in meiner Familie unterdrückt, er kam zu kurz. Von Anfang an wurde ihm erklärt, er solle sich nicht so wichtig nehmen und daß es auch andere Menschen gäbe, die Bedürfnisse haben. Das war zuerst mein Vater, der meine Mutter ganz für sich beanspruchte, später drei kleine Geschwister. Fische neigen dazu, sich zu opfern, sich zurückzunehmen. Sehr geeignet als fürsorgliche große Schwester! Diese Rolle wurde in meiner Familie bestätigt; die beherrsche ich gut – bis heute. Während ich noch immer darum ringe, meinen Mond, meine eigenen Bedürfnisse zu nähren.

Merkur Trigon Uranus, Trigon Aszendent
Auf dieses vollständige Trigon kann ich mich in meinem Leben mühelos verlassen. Ich zeige mich (Aszendent) gerne klug, inspiriert, voller unkonventioneller Ideen, beredt, leicht distanziert von meinen Gefühlen (Uranus), über die ich gut reden, die ich aber schlecht zeigen kann.

Nachteilig erlebe ich eine geistige Überdrehtheit, eine innere Unruhe, ein Weiterdenken bis zur Schlaflosigkeit, ein Weiterreden, immer neue Gedankenakrobatik, wenn es schon längst mehr als genug ist, wenn der andere schon längst abgesprungen ist, während ich von Beziehungsproblemen zur Befreiung der gesamten Menschheit kühne Bögen spanne, »Wahrheiten« sehe und total inspiriert bin – nur leider nicht mehr in Kontakt mit meinen Gefühlen und mit meinem Gesprächspartner.

Hilfe! Sie kommt ganz unerwartet vom Mond: Mein Liebster nimmt mich in den Arm, und ich lande wieder auf der Erde. Ich muß meine Ahnungen, meine Inspiration, meine Wahrheit *erden* (Mond in 2), in die Wirklichkeit herabholen, was nicht einfach ist mit so viel Luft und Wasser, aber genau da liegt mein Weg. Ich versuche, mein Wissen in den Griff zu bekommen, indem ich schreibe, es festhalte, bearbeite, immer konkreter werden lasse, bis es mir wirklich gehört.
(Hannelore Kühl, 9.3.1950, 21.50 Uhr, Berlin)

Bernd Schnitzler
Fischevenus (1995)

Berührungen

Ich will dich nicht überwinden
Nur dich streicheln, nicht dich binden
Mich in deiner Seele finden

Und du sollst in mir versinken
und in Zärtlichkeit ertrinken
Dich in meiner Seele finden

Berührungen

(Michael Kunze)

Das Venus-Thema ist ein sehr diffiziles Kapitel in meinem Leben, obschon es eigentlich ein Urbedürfnis darstellt, steht die Liebesgöttin doch mit meinem Mond in Fische in Konjunktion. Neptun grüßt aus einem freundlichen Trigon herüber und dem himmlischen Frieden stünde nichts im Wege, wäre da nicht Pluto im Gegenüber.

Beziehungssehnsucht, Geborgenheit, Hingabe und Beziehungsangst sind Metaphern dieser himmlisch-energetischen Konstellation. So sehr ich mir wünsche, die Venus alleingestellt betrachten zu können, so wenig ist das möglich. Dennoch möchte ich die Loslösung wagen.

Für die Fischevenus heißt das, daß sie die Begegnung zu Menschen sucht, indem sie das Vordergründige auflöst. Ihr Bestreben ist es, dahinter zu schauen, sie sucht den gemeinsamen Nenner, welcher oftmals schlicht das Leiden ist. Ihr Wunsch ist es, durch die Begegnung eine Erlösung vom Leiden – des eigenen und auch der anderen – herbeizuführen.

Fischevenus möchte das Wahre, das Göttliche im anderen finden, was ihr möglich ist, weil sie mit Liebe auf die Menschen zugeht. Sie möchte aus dem All-Einigen-Meer bewußt anschauen, was da ist und sich neu damit verbinden. Die Fischevenus liebt im Grunde jeden Menschen. Sie weiß, daß hinter dem weltlichen Schleier die göttliche Schönheit liegt in all ihrer Breite einschließlich des Leidens, der Armut und des Bösen. Dies klingt idealisiert aus saturnaler, weltlicher Sicht, weil hier die Pole Gut und Böse aufgehoben sind.

Es scheint idyllisch, ich weiß, aber es ist idyllisch aus erdiger Sicht – doch was kann Fischevenus dafür? Im Trigon zu Neptun verstärkt sich die Tendenz ganz deutlich, sich all dem Realen zu entziehen.

Nun lebt Fischevenus aber vom Tage der Geburt an in mir und ist nicht gleich spirituell orientiert. Vordergründig heißt diese Konstellation auch, daß ich mir über mein Antriebsmuster, welches eine Begegnung auslöst, nicht im klaren bin. Wie auch schon bei Fischemond treibt es mich einfach so in den Kontakt, nie bin ich – aus Venus-Sicht – der Initiator, sondern ich lasse es geschehen. Und das finde ich wunderbar: im Mondschein verliebt zu sein, so aus dem Moment heraus. Ganz bei meiner Venus frage ich mich immer wieder, warum die Menschen so wenig in der Lage sind, den Moment zu genießen oder gar zu lieben mit einem Menschen, der gerade der Stimmung entspricht. Warum all die quälenden Abklärungen: Liebt er mich? Liebt sie mich? Kann ich ihm/ihr vertrauen? – Und so bringen wir uns um die schönsten Venus-Momente im Mondlicht, am Meer, an einem Frühlings- oder Herbsttag bei einem lieblichen Wind, der ganz sanft, erotisch streichelt.

Dies ist nicht Liebe im Sinne von beständiger (erdiger) Verbundenheit, nein, das ist ein Moment der göttlichen Hingabe. Ihn erleben zu dürfen mit einer verkörperten Seele, die just in dieser Stunde sich mit mir verbindet!

Ganz tief drinnen in mir ist diese Fischevenus-Energie lebendig. Ich habe oft das Gefühl, daß ich auf der seelischen Ebene viele Menschen liebe, weil uns etwas – das Menschsein, die Menschlichkeit – verbindet. Freilich reicht das nicht für ein lange währendes Miteinander, aber das sei ein anderes Thema.

So ist meine Fischevenus-Energie oft ein einziges Sehnen nach paradiesischen Momenten, fernab jeglichen Alltags. Der Wunsch ist da, mit (einem) Menschen geistig zu verschmelzen, eins zu werden im Moment göttlicher Inspiration – traumhaft.

Venus in den Fischen sucht eine verborgene – verbotene – Liebe. Es gefällt ihr, heimlich amourös zu sein, das hält die Illusion länger lebendig.

In der Mond-Venus-Verbindung in Fische steht dieses energetische Prinzip auch dafür, daß ich meine Mutter idealisiert und gar nicht wirklich wahrgenommen habe. Auch eine Mutter, die süchtig ist oder wurde, ist hier angezeigt. Im konkreten Fall kann ich das allerdings nicht bestätigen (ihre einzige Leidenschaft ist das Reinemachen). Was hier für mich immerzu spürbar ist, das ist die unerfüllte Liebessehnsucht meiner Mutter, die ihren Traummann – Traumprinzen – nicht lieben durfte bzw. ihn nicht bekommen hat als Liebespartner. So lag ein subtiles Schwärmen ihrerseits stets in der Luft, für welches ich sehr offen war. Ich wünschte bald, daß es mir nicht so ergehen sollte…

Venus, ich merke jetzt beim Schreiben, daß ich *tatsächlich* wenig von dir weiß. Ich verliere mich, merke, wie kein Boden unter meinen Füßen ist. Von allem ist es ein bißchen. In zartem Rosa, lieblichem Fliederlila, wässrigem Grün, himmlischem Blau, in allem bist du. In der Poesie, im Lied, im Film, überall wähne ich dich, suche ich dich. Du bist wie eine Rose, königlich duftend, betörend und doch nie ganz zu erreichen. Ich liebe dich und verehre dich, Venus!

Ganz lieb ist mir deine musische Seite, die mir als kleiner Junge schon sehr lebendig nahegekommen ist, und mich seitdem nicht mehr verließ. Wenn ich dich, Muse, nicht hätte, wäre ich so oft verloren, weil du der einzige Trost in stillen, traurigen Stunden bist. In deiner Musik schwebe ich davon, träume mich in andere Zeiten, in weite, ferne Länder und zu anderen Menschen hin. Meine Zeit lebt durch deine Musik. Sie ist mir Maßstab meines Lebens geworden. Sei es die leichte Muse, die klassische, die wortreiche, egal, immer ist es deine Kunst, deine Ästhetik, die mich betört. Im Tanz zur Musik endlich löst sich mein Ich vom Boden ab, von der Welt und findet neue Sphären, mein Körper wird durchströmt von Wonne und Glückseligkeit. Wenn ich tanze, dann tanze ich ganz, bin eins mit dem Lied, dem Gesang, vergesse Raum und Zeit.

Ich wünsche von Herzen, Venus, ich könnte dir mehr von mir geben, könnte mich deinem Sein noch mehr widmen, mit deiner Lieblicheit auch andere Herzen berühren – deinetwegen.

Ein wenig Flirt, ein wenig Erotik, ein wenig geistige Verbundenheit, ein wenig Narzißmus, ein wenig Selbstlosigkeit, und es mündet am Ende, wenn es konkret wird, in einem Satz: Ich suche die perfekte, die göttliche Beziehung, frei von irdischen Belangen ... Das ewige Sehnen, ohne jemals wirklich zu erfahren, was Beziehung im konkreten Sinne bedeutet? Das macht mich traurig, eben dann, wenn ich all die Menschen im Miteinander sehe, ich spüre dann, das ist etwas, was ich nie hatte und vielleicht auch nie kennenlernen werde. Ich bin neidisch auf dieses Bißchen irdische Glück, doch ob aber die irdischen Beziehungen von dem ahnen, was ich erfahren darf, tief in meinem Herzen?

Mich interessieren Menschen, die gefühlsbetont sind, künstlerisch geneigt, inspiriert von göttlichen Gedanken, die sich bewußt mit sich auseinandersetzen, oft verbunden mit einer sozialen Haltung oder einer sozialen beruflichen oder ehrenamtlichen Tätigkeit.

Jetzt, da ich meine Venus-Gedanken zu Papier bringe, nähert sich der Transit-Saturn dieser Fischeposition und hilft mir, konkreter zu werden und – so hoffe ich – auch konsequenter meinen Wünschen und Träumen Befriedigung zu verschaffen. Vor allem, ehrlicher in Fragen der Begegnung zu werden, meine Sehnsüchte klarer zu formulieren und diese mehr Wirklichkeit werden zu lassen.
Bis dahin wähne ich Liebesglück weit oben in himmlischen Sternenwelten ...

... *somewhere over the rainbow* ...... there are happy days again ...

Ich wünsch mir, daß die Liebe ewig lebe ...

Boris Lessenich: Fischemars (1997)

Wo will ich hin?
Ich will. Dies nicht nur auszusprechen, sondern auch zu leben, ist eine meiner neueren Erfahrungen mit Fischemars. Gerade geht Pluto das dritte Mal ins Quadrat zu Mars. Und das bringt vieles ans Licht. Vieles, wo ich im Nebel stochere. Viel Unsicherheit über mein Wollen, denn so lange habe ich nicht gewollt, so lange wußte ich nicht, wie das gehen könnte, etwas zu wollen, solange hatte ich nicht mal eine Ahnung davon, daß ich überhaupt etwas wollen könnte. Ich

Meine Venus (Zwillingevenus). Gemalt 1983 (P.N.)

habe das Wollen noch nicht gelernt. Aber jetzt bin ich bereit. Denn solange ich nicht will, wollen andere für mich. Und *das* will ich nicht!

Das Nichtwollen habe ich gelernt. Nichtwollen als Aufbegehren (Mars Opposition Uranus) und Nichtwollen als Ausweichen, mich nicht festzulegen. Ich wußte meist, wie man etwas nicht macht, selten *wie* es denn geht.

Mein Selbstverständnis als Mann ist mit Fischemars auch heute noch ein anderes als das klassische Männer-Rollenbild in unserer Gesellschaft: *Mann* weiß, was er will, Mann erobert die Welt, Mann geht ran. Pfui, habe ich lange Zeit aus »Solidarität« mit dem »schwachen Geschlecht« gesagt. Nein, so wie die Männer sind, wollte ich nicht sein. Dann bin ich lieber kein Mann.

Das funktioniert natürlich nicht besonders gut, wenn's darum geht, mit einer Frau zusammenzukommen. So zog sich seit der Pubertät wie ein roter Faden durch mein Leben, daß ich mich nicht getraute. Ich hab die Mädels nicht gekriegt, weil ich sie nicht gefragt habe, obwohl jeder andere wußte, daß sie in mich verknallt waren. Oder ich liebte unerreichbare Frauen, rein platonisch, und vermied so, mich mit meiner Verunsicherung als Mann, mit meiner Unsicherheit zu konfrontieren.

So träumte ich! Und wenn ich etwas gut kann, dann ist das zu träumen. Meine Träume sind mein Lebenselixier – und manchmal sind sie einfach nur Schäume. Ich kann mich für Träume begeistern. Mit Fischemars Konjunktion Saturn will ich die Kunst des Träumens erlernen, ich will lernen, meinen Lebenstraum – ob wach oder im Schlaf – zu kontrollieren. Auch wenn ich noch oft scheitere. Aber ein Scheitern gibt es mit Fischemars eigentlich nicht. Denn was heißt schon Scheitern? Doch nur zu erkennen, daß das, was ich erreichen wollte, nicht das wirkliche Ziel war, das es zu erreichen galt. Verschlungen sind Gottes Pfade. Sie zu erkennen mache ich mich auf.

Die Weisheit von Fischemars Konjunktion Saturn ist:
»Gott gebe mir die Gelassenheit,
die Dinge hinzunehmen, die ich nicht ändern kann,
die Dinge zu ändern, die ich ändern kann,
und die Weisheit, das eine vom anderen zu unterscheiden.«

Mit Mars in 8 reizt mich immer wieder das Thema Tod im weitesten Sinne. Zu ergründen, was Tod eigentlich ist. Den Tod entmystifizieren! Ich will bei vollem Bewußtsein »auf die andere Seite« gehen. Was sind die Wege dorthin? Und wichtiger noch: Wie komme ich – ohne die übliche Prozedur des Wiedergeborenwerdens als Baby in Verbindung mit dem großen Vergessen – wieder zurück? Wie kann ich *willentlich* zwischen den Welten hin- und herwechseln?

Diesen Schritt zu lernen, zu leben, das ist im Grunde mein größter Wunsch. Das bedeutet für mich die »Freiheit des Kriegers«, der in der Formlosigkeit lebt, weil er die Fähigkeit entwickelt hat, in jede Form zu schlüpfen.

Diesen Schritt zu lernen, hat zu tun mit meiner Kraft als Mann, aber auch mit meinem Potential als Mensch (Mars Konjunktion Sonne). Dies ist der Schritt zur wirklichen Freiheit als Mensch (Uranus/Pluto Opposition Sonne/Mars).

Heute – mit 33 Jahren – und Transitpluto im Quadrat zu Mars, lerne ich, die verlorene Kraft zu mir zurückzuholen. A la recherche de la force perdue.

Ich wage mich zum ersten Mal in meinem Leben in die volle Selbständigkeit. Niemand mehr im Hintergrund, der im stillen Verantwortung tragen würde. Im guten wie im schlechten habe ich die volle Verantwortung. Es fühlt sich wirklich so an, als müßte ich *meine* Kraft *zurückstehlen.*

Dann ich sehe ganz klar: Mit jedem Schritt, den ich gehe, gewinne ich diese Kraft zurück. Durch das Tun, im Umsetzen meiner Träume erobere ich diese Kraft zurück, meine verlorengeglaubte, immer schon dagewesene Kraft. *(Boris Lessenich, 25.02.1964, 15.50 Uhr, Schleiden)*

Boris Lessenich:
Jupiter im Widder (1996)

Da gibt's was zu lernen? – »Nichts wie hin!« höre ich nur mehr aus der Ferne, denn Jupiter ist wieder einmal mit mir durchgegangen. Frei nach dem Widder-Motto »Erst schießen – dann zielen!« stürze ich mich immer wieder in neue Abenteuer, Hauptsache, sie versprechen mir Erweiterung, Lernen oder auch nur den Kick des Neuen. Das muß so sein. Wenn ich ehrlich bin, könnte ich es mir auch gar nicht anders vorstellen. Andere schütteln über so viel Unbedachtheit bzw. Naivität oft den Kopf. Ich weiß gar nicht warum. Aber genauso schüttel ich wiederum meinen Kopf, wenn ich andere Menschen zögern sehe, »abwägen«, wie sie selbst es nennen, sich das Hirn zermartern in der Hoffnung, die Erfahrungen, die sie noch gar nicht gemacht haben, schon im voraus zu verstehen. Wie soll das gehen?

Da gibt's – für mich – nur eine Lösung: Rein ins Abenteuer! Man kann nicht »ein bißchen schwimmen«. Entweder du schwimmst oder du schwimmst nicht. Genauso wie man viel Anlauf nehmen und dann alle Energie bündeln muß, wenn man über einen breiten Graben oder einen Abgrund springen will.

Aber wie dem auch sei: Im Grunde genommen ist mir das völlig wurscht, wie andere solche Dinge angehen, solange denn ihre Wege für sie besser funktionieren. Mit meiner Art komme ich jedenfalls ganz gut klar. Denn für mich gibt es keine wirklichen Niederlagen. Es gibt nur eine Reihe von Erfahrungen. Und wenn ich wieder mal – wie gerade erst mit meinem Versuch, die Millionen ranzuscheffeln – mit Volldampf gegen die Wand renne, mir ein paar blaue Flecke hole und meine Hörner ein wenig abstoße, dann bin ich darüber nicht traurig oder deprimiert, nein, warum sollte ich? Eher lache ich, denn ich habe doch gerade wieder einmal eine Gelegenheit genutzt, jede Menge über die Welt, das Leben und mich zu lernen.

Was treibt mich mit Widderjupiter immer wieder zu neuen Ufern? Ja, es ist die spontane Begeisterung für eine Idee. Wenn mich eine Idee fasziniert, dann muß ich ihr nachgehen, dann habe ich eine Fährte aufgenommen, und diese Fährte verfolge ich solange, bis ich die Beute erlegt habe. Das kann allerdings zu einem Zeitpunkt sein, da für einen Außenstehenden scheinbar nichts passiert. Aber was Wunder: Einsichten, Erkenntnisse kommen spontan und intuitiv, und ich kann sie auch selbst oft nicht logisch ableiten von irgendwelchen aktuellen Ereignissen.

Diese Art, meinen Impulsen nachzugehen, ist für mich ausgesprochen heilsam – und sie bringt mich in Harmonie mit mir selbst (Konjunktion Venus). Dadurch, daß ich meinen Impulsen folge, lerne ich, sammle ich Erfahrungen für's Leben. Und etwas ausprobiert zu haben und dabei auf die Schnauze geflogen zu sein, ist allemal lebendiger als immer nur auf der sicheren Seite zu verharren und langsam innerlich zu verkümmern. Und gleichzeitig liegt hier aber auch eine der wichtigsten Lernaufgaben von Widderjupiter: Zu erkennen, daß es zwar überall etwas zu lernen gibt, aber daß es nicht überall auch was Sinnvolles zu lernen gibt.

Und es ist auf Dauer auch nicht gerade befriedigend, wenn ich immer wieder feststelle, daß den Fehler, den ich gerade gemacht habe und aus dem ich gelernt habe, vor mir schon Hunderte andere gemacht haben, die auch schon alle dasselbe gelernt haben. Und so fange ich doch irgendwann an innezuhalten, um die Situation erst einmal abzuchecken auf eine möglicherweise lohnende Erfahrung hin. Und dann geht's Volldampf voraus!

Wenn ich – was natürlich häufiger vorkommt – wieder einmal den Stein der Weisen gefunden habe, dann lasse ich das die ganze Welt wissen. Ob sich die Welt dafür interessiert oder nicht – das interessiert mich nicht. So manches Feuer entpuppt sich dann allerdings als Strohfeuer. Auch und gerade auf beruflicher Ebene (Konjunktion MC). Acht Semester Anglistik-Romanistik-Studium auf Lehramt; dann Wechsel zum Biobauern in einem Chaos-Kollektiv-Betrieb, fünf Jahre später dann vom Biobauern zum Messerbauer mutiert. »Und als nächstes?« frage nicht nur ich mich.

»Mein Beruf muß erst noch erfunden werden«, sage ich mir dann immer wieder, in der Hoffnung, ihn eines Tages doch noch zu (er)finden. Was mich am meisten aus normalen Berufen heraustreibt, ist die Inspirationslosigkeit der Menschen, denen ich dort begegnet bin. Fast alle haben sich an irgendeinem Punkt mit den Gegebenheiten arrangiert und – für mich noch viel schlimmer – aufgegeben. Nein, so will ich nicht enden, das ist intolerabel! Wenn ich keine Hoffnung mehr hätte, daß sich die Dinge zum Besseren wenden könnten, daß ich lernfähig bin, daß das Menschheitskollektiv lernfähig ist, daß Träume sich erfüllen können (wenn man ihnen ein bißchen auf die Sprünge hilft), wenn ich keine Hoffnung mehr hätte, wozu soll ich dann leben? Genau diese Hoffnung hat mich schon aus manchem Loch herausgeholt.

Uranus im Krebs (1997)

Ich gehöre zu der Generation, die mit Uranus im Krebs geboren ist. Eine Reihe Frauen aus diesen Jahrgängen gestalteten dann als junge Erwachsene die Neue Deutsche Frauenbewegung, die in direkter Folge der Studentenbewegung entstand. Für die Studentenbewegung war ich zu jung, sie schwappte auch nur zaghaft bis in die Provinz, in der ich groß wurde, aber sogar hier waren Auswirkungen spürbar. »Politisch« wurde ich (dank meiner Schwester) mit sechzehn, lebhaft erinnere ich mich an meine erste Demonstration gegen den Vietnamkrieg. Doch all die Jahre des politischen Kampfes, die zwar ungeheuer erregend und bewegend waren, waren nichts zu dem Gefühl, in der Frauenbewegung zu landen. Hier ging es endlich auch um mich und meine Ängste, meine Befreiung, vorher war es eher die Befreiung der anderen, der ich als Bürger-Mädchen verpflichtet war: Ich hatte ja schließlich alle Privilegien. In der Frauenbewegung wurde das Ausmaß des Sexismus über alle »Klassen« hinweg deutlich, eine völlig neue Front tat sich auf. Da gab es nicht nur die Gewalt des Staates, der Ökonomie, der Militärs, es gab eine Gewalt gegen Frauen, gegen Kinder, in den Familien, die ein ungeheures Ausmaß hatte. Hier traf ich mich im Spiegel der anderen Frauen.

Mein Saturn (in Skorpion). Gemalt 1983 (P.N.)

Uranus ist der Planet, der für die Rebellion, die Emanzipation zuständig ist, mit Uranus im Krebs ist das die Befreiung von alten Rollenklischees: Weiblichkeitsbildern, Mutterbildern, Familientraditionen.

Ich bin mit Uranus in 12 geboren, er steht ein paar Grad vom Aszendenten weg. Ich spüre ihn noch deutlich als denjenigen, der in meinem gesamten Leben mitmischt. In ihrer Schwangerschaft mit mir (das 12. Feld spiegelt die Erfahrungen im Mutterbauch) stand meine Mutter unter einem riesigen Befreiungsdruck sie wußte doch schon längst, daß sie mit meinem Vater nicht glücklich werden konnte. Doch sie fühlte sich in solch abhängiger Position, daß an ein eigenes, geschiedenes Leben nicht zu denken war, das ließ auch ihre bürgerliche Moralvorstellung nicht zu. Also hielt sie tapfer aus, verdrängte alle Befreiungswünsche nach innen – und da saß ich, eins mit ihr, mit ihren Gefühlen. Sie gab mir sozusagen den Auftrag: Mach du das mit der Befreiung, ich schaff das nicht, aber sie macht es nicht offen und deutlich, das war ein Geheimauftrag. Nach außen vertrat sie die Ehe, die Familie, das Kinderkriegen, für mich völlig unverständlich, sah ich doch, wie unglücklich sie war. Mit Uranus im Krebs lebte ich dann lange Jahre in Wohngemeinschaften, was auch nicht gerade einfach war, schließlich waren wir alle von der Kleinfamilie geschädigt, aber wir gaben unser Bestes, und muteten uns oft einfach zuviel zu.

Das uranische Ideal im Krebs ist die Wahlverwandtschaft, eine Familie zu bilden aus Freiwilligkeit, in der sich die einzelnen Mitglieder auf ihren jeweiligen Wegen unterstützen statt sie für sich zu benützen. Mutter bin ich auch geworden, aber natürlich ohne zu heiraten.

Glücklicherweise lernte ich den Feminismus kennen, bevor ich zur Astrologie und zum Buddhismus kam, denn sonst wäre mir gar nicht aufgefallen – und es war so schon nicht leicht –, daß hier auch patriarchalische Ideologie verbreitet wird. So aber blieb ein Auge immer wachsam, ließ mich kritisch und rebellisch bleiben, egal, wo ich war, egal wie sehr ich mich auch zu Hause fühlte. Ein Teil dachte sich seine eigenen Gedanken dazu. Weil der Uranus aber im 12. Feld steht, bin ich keine Kämpferin an der vordersten Front. Ich arbeite eher im Hintergrund, aus etwas abgesetzter Position. Aus unserer Familie wußte ich ja auch, daß, wer zu sehr aus der Reihe tanzt, nicht geduldet wird, so wie meine große Schwester uns verlassen mußte, als ich noch ganz klein war.

Uranus will keinerlei Verwicklung! Er will Weite und Freiheit und keinen Zwang. Mit Uranus im Krebs geht es um die Revolution im Gefühlsbereich: Es geht darum, frei zu werden von den gefühlsmäßigen Konditionierungen, Mustern und seelischen Zwängen – letztlich vom Zwang der Wiedergeburt – etwas, was mich mit solcher Begeisterung die Biografiearbeit machen läßt: im Rahmen von Astrologie und Buddhismus, die beide ungeheuer viel Raum geben. Über beide finde ich mich in der Weite, ich finde den Himmel, das Universum. Über den Buddhismus finde ich darüber hinaus den Mut zur Bezugslosigkeit, jenseits der Konzepte die Freiheit des Geistes finden.

Ich hatte das große Glück, einen Astrologielehrer und einen buddhistischen Meister zu finden, die beide außerordentlich humorvoll sind. Das genau ist meine größte Sehnsucht: Humor in allen Lebenslagen. Schallendes Gelächter, wenn ich mal wieder auf mich reingefallen bin, mich mal wieder verwickelt habe, mal wieder alles zu ernst genommen habe, mal wieder vergessen habe, daß doch alles ein großer Traum ist: »Und Buddha lachte!«

Uranus hat in meinem Geburtsbild auch noch ein Quadrat zu Neptun, was die Bedeutung einer befreienden Religion, eines befreienden spirituellen Weges anzeigt. Was mich immer schon am Buddhismus begeisterte, war die Regellosigkeit mit dem Schwerpunkt des eigenen Verstehens, eben kein Schäfchen in einer Herde zu sein, sondern jede/n als eine/n potentielle/n Buddha zu sehen. Was mich natürlich auch begeisterte (bei aller Kritik), waren spirituelle Kämpfer wie Mahatma Gandhi und Martin Luther King.

Besonders dankbar bin ich meinem Uranus, daß er sich in ein Sextil zu (Stier)Sonne/Merkur stellte. Das macht meine ansonsten träge und faule Stiermasse schneller und lebendig. Hier finde ich den unkonventionellen Geist meines Vaters, die Aufgeschlossenheit und Weltinteressiertheit, die meine gesamte Familie hat: Wir alle haben Uranus im Aspekt zu Merkur: Alle hatten ihren eigenen Kopf. *(P.N.)*

Neptun in der Waage (1997)

Ich gehöre zu all denen, die mit Waage–Neptun (Oktober 42–Oktober 56) geboren wurden. Wir traten mit dem großen Traum an, daß es die Liebe sei, die Erlösung bringt. Ich erlebte als relativ Spätgeborene den Waage–Neptun-Rausch als Jugendliche in den Jahren der Hippie-Bewegung mit Love & Peace, »Make Love not War!«, Flowerpower und Musik, Musik, Musik, mit einer überwältigenden Friedenssehnsucht, erschüttert vom 2. Weltkrieg, dem Vietnamkrieg und all den Kriegen, die danach kamen.

Nun habe ich diesen Neptun im 4. Feld zu stehen. Nicht nur, daß ich alles, was meine Familie betrifft, sofort nachdem ich es erfahren habe, wieder vergesse – so daß ich alles pingelig aufschreiben muß, nicht nur, daß ich, bevor ich ans Biografieschreiben ging, völlig blank war in bezug auf meine Geschichte, erst recht zu schweigen von der Geschichte der Sippe. Da war nichts! Mühsam hatte ich Schleier um Schleier um Schleier zu lüften. In meiner Sippe wurde gelogen, man machte sich gegenseitig etwas vor, was nicht war, man träumte und trank sich weg. Und ich lernte das Lügen von kleinauf.

Die Friedenssuche führte mich zu mir. Über die Kriege im Außen, all den Streit in meiner Familie kam ich immer mehr zu mir mit der Frage: Und wo ist Frieden in dir? Es erschien mir bald nicht mehr glaubwürdig, voller Aggressivität und Haß für den Frieden auf die Straße zu gehen. Als ich bei den Friedensmärschen (Saturn und Jupiter liefen in dieser Zeit durch die Waage) auf japanische Mönche traf, die nach dem Bombenabwurf auf Hiroshima und Nagasaki gelobten, solange durch die Welt zu ziehen, ihre Trommeln zu schlagen und ihr Mantra zu singen, bis auf der Welt Frieden ist, bewunderte ich ihre Ruhe und innere Stärke. Ich ging in ihrer Nähe, laß mich mittragen, spürte, daß da etwas zu entwickeln ist *in* mir. Ich verstand, daß Frieden für mich nur eine Idee war, die ich nicht leben konnte, die ich nicht aushalten konnte. Ich sah, daß es Angst und Streß waren, die ich brauchte und suchte, und von denen ich nur mühsam ablassen konnte. Ich hatte keine Angst vor dem Kämpfen, ich hatte Angst vor dem Frieden. War ich denn besser, wenn ich meinem Freund messerscharfe Worte ins Herz jagte? War ich denn besser, wenn ich meinen Vater haßte wie die Pest? Ich fühlte immer mehr, daß die Kriege da draußen meine Kriege waren, auch wenn ich nichts tat. Daß da draußen jemand an meiner Stelle kämpfte und bekämpft wurde, nicht an meinem Körper, aber in meinem Geist.

Ja – wie sehne ich mich nach Frieden! Ich fühle die Welt wie einen Organismus, wie einen großen Körper, in dem es Krisenherde und befreites Gebiet gibt – so wie in mir, und ich bete für eine weitere Befriedung.

Und am Anfang der Schmerzen liegt eine Lüge, liegt eine Illusion (Neptun), liegt ein Gedanke, daß wir etwas tun müssen, um glücklich zu sein, daß wir im Außen suchen müssen, um vollständig zu sein. Dabei sind wir ganz und heil. Bei einer meiner ersten buddhistischen Belehrungen (Zuflucht nahm ich, als der Transit-Saturn auf meinem Neptun war) war die Rede von Buddhaschaft, davon, daß wir alle potentielle Buddhas sind, daß wir im Kern perfekt sind, zeitlos, – und ich konnte nicht aufhören zu weinen. Alles Kämpfen fiel runter, aller Makel fiel ab, alle Zweifel dahin: Alles ist gut.

Natürlich kamen die Zweifel wieder, geht die Befriedung weiter, aber einen Keim spüre ich in mir. Von diesem Keim aus kann ich mich mit den Schmerzen der anderen verbinden – der Kämpfer wie der Bekämpften, der Täter und Opfer –, kann sie zu mir nehmen, als wären es meine. Von hier aus verstehe ich, wenn es bei Neptun heißt: Wir sind alle eins.

Mit Neptun in 4 finde ich mein Zuhause in mir, ich nehme voller Mitgefühl und Dankbarkeit wahr, wer alles daran beteiligt war, daß ich bin, daß ich so bin, wie ich bin – und das sind unendlich viele. Und ich verbinde mich immer mehr mit dem heilen Kern in mir, aus ihm heraus will ich sein. *(P.N.)*

Pluto im Löwen (1997)

Das macht mich schon ziemlich sprachlos. Über *meinen* Pluto im Löwen zu schreiben, wo doch Pluto 19 Jahre lang im Löwen stand, in den er 1938 eintrat.

Doch ich bin eine Deutsche und weiß um das plutonische Erbe eines Nachkriegskindes: den Faschismus, ein System, das voller Terror und Menschenverachtung die Menschenwürde mit Füßen trat.

Menschenwürde, da wird Pluto im *Löwen* hellhörig. Ja – für die gilt es sich einzusetzen, und gegen jegliche Macht, gegen jegliche Autorität, die mit Entwürdigung und Erniedrigung arbeitet! Eine ganze Reihe der Kriegs- und Nachkriegskinder stellten ihre Eltern in Frage: Was habt ihr gemacht, als in Deutschland das Grauen herrschte? Der unverarbeitete Faschismus stand dann später Pate für die Studentenbewegung, als die Löwepluto-Kinder groß geworden waren. In meiner Familie spürte ich den unverdauten Faschismus in meiner Mutter. Ganz direkt, intrauterin. Ich bin mit einer Mond/Pluto-Konjunktion geboren. Als ich ein Bild malte zum Thema »Was hat mich genährt im Mutterbauch«, kamen aus dem Mutterkuchen meiner Mutter vier Bömbchen mitgeschwommen, die mich zwangsläufig verletzen würden (siehe Bild S. 51). Nach viel Zuspruch wagte ich im Laufe der Jahre, eine Bombe nach der anderen zu »entschärfen«, zu öffnen und neue Bilder dazu zu malen. Eins der Bilder war das Grauen des Faschismus. Meine Mutter war heftig infiziert gewesen vom reaktionären Geist des Dritten Reiches, gleichzeitig verlor sie durch den Krieg ihren Liebsten, der sich unbedingt an die Front werfen mußte, obwohl ihn niemand gezwungen hat. Sie war identifiziert mit dem Verlust, sie litt daran den Rest ihres Lebens. Aber richtig gesprochen wurde nicht über diese Zeit. Das blieb im wahrsten Sinne des Wortes ein dunkles Kapitel. Mein Vater war auch nicht gerade antifaschistisch, er kämpfte zwar nicht mit der Waffe, war in der kriegswichtigen Industrie. Die Firma, in der er später arbeitete, hatte im Krieg dick abgesahnt. Wir Töchter hinterfragten und bekamen keine befriedigende Antwort. Also blieb es bei uns, mit dem Faschismus fertigzuwerden.

Mit Pluto im Löwen geht es ganz extrem um das Thema Individualität (Löwe), sozusagen die massenhafte Individualisierung. Im Faschismus galt das Individuum nichts, und vor allem galten alle diejenigen nichts, die anders waren. Ich spüre, wie der Löwepluto in mir mich treibt und treibt, mich zwingt, *Ich selbst* zu sein, ich selbst zu werden (er hängt zudem an meiner Sonne). Gnadenlos treibt er mich voran, bis ich dereinst dastehe in meiner vollen Würde. Auf dem Weg erlebte ich Phasen der Entwürdigung, Phasen der Ohnmacht, Phasen der Angst – immer wieder Angst. Und auch die Frage, was ich denn getan hätte im Dritten Reich? Und ich sehe den langen Weg zum Aufrechten, den langen Weg zum Herzen, den langen Weg zur Liebe.

Glücklicherweise habe ich Pluto am Mond und an der Sonne hängen. Ich habe gar keine andere Wahl, als mich meinen und den Schmerzen und dem Leiden der Welt zu stellen. Ich erlebe diese Berührbarkeit, mein blutendes Herz, nicht als Verdienst und nicht als Fluch. Sie ist einfach nur Motor, trotz allem und mit allem Vertrauen zu finden, meinen Weg – einen geistigen (Löwe) Weg zu gehen.

Mein Pluto steht im 2. Feld. Hier finde ich die qualvolle Erschütterung meines Selbstwertes. Immer wieder mußte ich zurück auf Null, immer wieder hatte ich das Gefühl, ein Nichts zu sein oder weniger als das. Immer wieder hatte ich das Gefühl, keinen Boden unter meinen Füßen zu haben, sondern allenfalls voller Existenzangst zwischen zwei Löchern herumtasten zu können. Durch die Identifizierung mit meiner Mutter (Mond/Pluto in 2), trat ich in ihre Spuren, ging ihren Leidensweg, der sie in den Selbstmord führte und mich von Schwarzloch zu Schwarzloch. Erst durch das Wissen um sie – um ihre Qualen – schließen sich die Löcher der Übergriffe und des seelischen Mißbrauchs, erst jetzt finde ich Boden, Halt, Sicherheit. Erst langsam komme ich überhaupt in meinem Körper an, der mir von ihren Schmerzen durchdrungen erschien. Ich kannte keine Abwehr gegen Schmerz, ich konnte nur aushalten.

Weil die Planeten, die im 2. Feld stehen, uns aber auch viel wert sind – egal wie neurotisch sich das dann gestaltet – ist mir der Pluto extrem viel wert. Das Leiden war mir etwas wert, das war schließlich tiefe Gewohnheit und identitätsstiftend. Ich bin immer noch dabei, die Extraportion Leid, die ich mir zumute, zurückzuweisen, noch habe ich die Türen nicht völlig verschlossen. Pluto ist mir aber auch in seiner positiven Radikalität etwas wert: in diesem wilden, rasenden Glück, wenn ich aus der Gewohnheit heraustrete, wenn ich die Erde unter meinen Füßen spüre, auf ihr tanze, stampfe, stehe, die Kraft der Erde durch mich strömen fühle in ihrer Stärke und Unbeugsamkeit. Dann bin ich durchdrungen von ihrem Reichtum und ihrer Schönheit. *(P.N.)*

Die Elemente

Bring dein Geburtsbild dann am Ende herunter auf die Ebene der Elemente, damit schließlich alles einfach wird.

Dies ist auch eine Gelegenheit für diejenigen, die Bücher immer hinten anfangen, gleich in die Arbeit einzusteigen.

Wie steht es um dich auf der Elementenebene? Es gibt verschiedene Methoden, eine Elementenverteilung zu errechnen. Wie auch immer du das machst, beachte, daß deine Planeten im Tierkreis *als Anlage* stehen und im Felderkreis *als Aufgabe.*

Eine Stiersonne ist *Erde,* eine Stiersonne im 11. Feld will immer *luft*iger werden. Gehe so deine Planeten durch. Ein Löwemond z.B. ist *Feuer,* im 2. Feld will er *erd*ig werden. Nimm dann noch die Energie von Aszendent und MC zur Hälfte in der Anlage und in der Aufgabe hinzu.

Dann siehst du, wie deine Elemente bestückt sind. Ich z.B. habe die meisten Faktoren im Wasser (Krebs-Aszendent, Fische-MC, Skorpionsaturn, Krebsuranus), dicht gefolgt von Erde (Stiersonne/-merkur, Steinbockmars), dann kommt Luft (Zwillingevenus/-jupiter, Waageneptun), und das Schlußlicht bietet Feuer (Löwemond/-pluto). Beim Feuer ist auch nichts weiter zu holen. Kein Feuerfeld ist besetzt (nur Saturn steht auf der Schwelle zum 5. Feld). Am meisten steht in Wasserfeldern (wieder sind Krebs-Aszendent und Fische-MC beteiligt, Neptun und Saturn stehen in 4, Jupiter und Uranus in 12). Dann kommt die Luft (Sonne, Merkur, Venus in 11), gleichauf mit Erde (Mond und Pluto in 2, Mars in 6).

Am stärksten ist bei mir das Wasser (in Anlage und Aufgabe), dann kommen Erde, Luft, und Schlußlicht ist das Feuer. Schau dir dann die Elemente noch einmal inhaltlich an, besonders die Elementenneurosen. Aus deiner Lebensgeschichte kennst du deine wunden Punkte. Sie lassen sich auf Elementenebene wiederfinden. Male deine Elemente, beschreibe die Erde in dir, das Wasser, das Feuer und die Luft – achte dabei immer auch auf das Raumelement, den Raum, der alles umgibt, der sich in allem finden läßt.

Erde

Das Erdelement ist das schwerste, das unterste, massivste. Es ist die Erde, auf der wir stehen, die Materie, Form, Körperlichkeit. Das Erdelement ist das Beständige und Zuverlässige. In uns ist das Erdelement alles Feste, Verhärtete, Harte wie Zähne und Knochen, Nägel und Haare, das feste Fleisch und das Bindegewebe. Das Erdelement gibt uns eine Grenze in Form von Haut. Mit seiner Hilfe kommen wir in unsere Grenzen, spüren sie, spüren die Grenzen unserer Belastbarkeit, spüren auch die Grenzen der anderen. Das Erdelement separiert, vereinzelt. Durch das Erdelement haben wir das Gefühl und das Bewußtsein, ein Einzelwesen zu sein. Jede/r ein Körper – jede/r eine eigene Welt.

Mit dem Erdelement werden wir stabil, wir erden uns, wir sind treu und verbindlich, wir bewahren das, was sich zu bewahren lohnt. Mit dem Erdelement haben wir ein Wertbewußtsein, finden zu einem Selbstwert, erlangen einen Bezug zu dem, was Qualität ausmacht. Wir werden sicher. Und wir werden reich, ernten die Früchte der Erde, die Früchte unserer Arbeit. Wir werden nicht nur reich, sondern wir sind reich: Alles ist potentiell vorhanden.

Das neurotische Erdelement

Erde erstickt aber auch. Wir ersticken unter dem Material, das wir ansammeln, unter den Verpflichtungen, die wir eingehen. Erde ist die Anhaftung an unseren Körper, Anhaftung an Materielles überhaupt. Wir verhärten angesichts der Schwere des Lebens, werden müde, lustlos und depressiv. Erde macht uns schlimmstenfalls hart und engstirnig, hart-näckig, stur, unbeweglich und steif, wir fühlen uns in nicht endenwollenden Gewohnheiten gefangen.

Das Erdelement spornt uns zu Leistung an, es scheint doch, als gäben uns Dinge, Werte und Geld Sicherheit, also arbeiten wir, kämpfen um einen Status, um Ansehen, um unser eigenes Reich, in dem wir scheinbar die Kontrolle haben. Es scheint dann, als hätten wir gesiegt, die Unwägbarkeit des Lebens überlistet, wir haben etwas Dauerhaftes, Solides geschaffen, wenn auch eigentlich nichts wirklich von Dauer ist.

Die Neurose der Erde ist *Stolz, Selbstgerechtigkeit* und *Geiz*. Qualvoll ist beim neurotischen Erdelement die Armutsmentalität, die uns immer in der Defensive, in Existenzangst hält. Quelle dieser Neurose ist *Angst*. Durch das Greifen im Außen soll unsere scheinbare innere Armut besiegt werden. Hier ist das Erdelement gefordert, eine Wendung nach innen zu nehmen, den inneren Reichtum freizulegen, herauszufinden, was wirklich Sicherheit gibt, wo doch nichts beständig ist, man täglich sterben, abstürzen und alles verlieren kann.

Erde ermöglicht und fordert, daß wir unsere inneren Schätze erschließen und geben. Es gibt immer etwas, was wir geben, verschenken und verteilen können – das muß nichts Materielles sein. Das Geben macht uns dann reich.

Doch um unser Erdelement kennenzulernen, brauchen wir Zeit für uns, wir brauchen ein Training an Achtsamkeit, ein Training im *Spüren.* Erst durch die Achtsamkeit und die Ausgerichtetheit in unserem Geist werden wir stabil. Erde ist das unterste Element, und damit die Basis: Ein Baby nimmt sinnlich wahr, spürt zunächst nur. Die Fähigkeit zu spüren, ist vielen von uns schon lange verlorengegangen und will erst wiederentdeckt, wieder höher geschätzt werden.

Wenn wir also über viel Erde verfügen, müssen wir uns mit unserer Armutsmentalität und mit unserem Stolz auseinandersetzen, spürsam, einfach und stabil werden. Die Weisheit des Erdelements ist dann *Gleichmut.*

Wasser

Auf der Erde fließt das Wasser, jeder Fluß hat ein Bett, auch das tiefste Meer einen Grund. Von der Quelle bis zum Meer fließen die Wasser in den verschiedensten Formen: mal leise plätschernd, mal donnernd und tosend. Wasser treibt ungeheure Turbinen an oder regnet sanft auf uns herab. Wasser befeuchtet erst die Erde, sorgt für den Zusammenhalt der Erdbröckchen, macht die Erde fruchtbar. Wasser ist alles Flüssige, Fließende in uns und auf der Erde: alles, was einen Kreislauf beinhaltet. Aus dem Meer, aus dem Wasser ist alles geboren, alle Wasser strömen dem Meer entgegen.

Mit dem Wasserelement in uns sind wir flüssig, im Fluß mit den Dingen, mit dem Leben. Wir vertrauen. Irgend etwas wird sich finden, um ein Problem zu lösen.

Wasser macht anpassungsfähig, es fließt immer um die Widerstände herum, es umspült, unterspült. Das Wasserelement zeigt etwas über unsere emotionale Befindlichkeit. Das Erdelement schleppt die Dinge heran, mit dem Wasserelement haben wir ein Gefühl dazu, finden wir sie wohltuend oder gräßlich, erleben wir Anziehung oder Abstoßung. Das Wasserelement ist unsere instinktive Seite, die uns überleben läßt, die uns in ihrem Bemühen des Selbstschutzes auch zu Anpassung, Tarnung, Manipulation und Lüge greifen läßt. Mit dem Wasser können wir eben gut mitschwimmen – voll im Trend sein.

Wasser ist noch weit unten: Die Wasser sammeln sich immer am tiefsten Punkt, es ist unbewußt, reaktiv und ziemlich dunkel. Wasser schäumt aber auch, donnert an die Küste, rast durch einen Kanal, spritzt hoch, was sich bei uns als Zorn zeigt. Unser Ärger kann schnell und heftig hochkommen und wieder verfliegen, oder er kommt als kalte Wut, als alter Haß daher. Am tiefsten Punkt in uns hat sich das Wasser in Form alter verletzter Gefühle versammelt, die wir auf die Welt projizieren, an ihr wieder und wieder erleben, bis der Quell des Schmerzes ausgemacht ist, an der Wurzel erkannt.

Das neurotische Wasserelement

Die Neurose des Wasserelements ist diese extreme persönliche Sichtweise der Dinge, eine maßlose Subjektivität – in ihrer verschärften Form als *Haß* erfahrbar.

Aus dem Bauch zu reagieren, ist keine Qualität an sich, es kommt immer darauf an, was in diesem Bauch los ist. Der größte Schmerz des Wassers liegt im messerscharfen Haß, dem Haß der Mißbrauchten, der Gekränkten, dem Haß der Opfer, der Täter schafft. Der ist für wasserbetonte Menschen ein Thema, das bearbeitet werden muß. Mit Krebsaszendent z.B. sehne ich mich nach Sanftmut, ich weiß aber, daß ich dort nur lande, wenn ich mich der Negativität, der Abwehr und dem Haß in mir stelle, meinen (vertrauten) Dämonen. Ist man an die Hölle gewöhnt, ist auch diese identitätsstiftend und reproduziert sich. Hier lehrt das Wasser, alles was um uns ist, als *Spiegel* zu sehen und vom Außen abzulassen, von aller Sehnsucht nach Rache, Rechtfertigung und Niedertracht, den Blick nach innen zu wenden. Uns wird gespiegelt, was in uns ist, das auszuhalten und nicht zuzuschlagen, ist erster Schritt. Die Weisheit des Wasserelements ist die spiegelgleiche Weisheit.

Feuer

Nun kommt Wärme ins Spiel. Die läßt in der befeuchteten Erde etwas gedeihen. Ohne die Wärme der Sonne, die Wärme in unserem Körper könnten wir nicht sein. Endlich gibt es auch Licht, wir können sehen, nicht mehr nur ertasten (Erde) und erahnen (Wasser). Nun können wir bewußt wahrnehmen. Wir sind Körper (Erde), Gefühle/Seele (Wasser) und Geist (Feuer). In uns ist Wärme und Hitze, wir brennen für etwas, sind begeistert oder sind genauso begeistert gegen etwas, zeigen das, demonstrieren das: voller Leidenschaft.

Das Feuer braucht Futter, es verbrennt, womit wir es füttern, halten wir es nicht im Zaum, rast es gierig und zerstört, womit es in Berühung kommt und hält nicht eher inne, bis der Brennstoff verbraucht ist. Ein Feuer ist faszinierend. Wir alle kennen das, am Feuer zu sitzen, beeindruckt und hypnotisiert von dem Spiel der Flammen, dem Züngeln, Funkenstieben, Hochlodern und Herunterbrennen zur Asche.

Feuer ist impulsiv, gefräßig und unberechenbar. So kann das Feuer in uns auch rasen und uns ausbrennen, zerstören. Das Exzessive hat hier seinen Ursprung, die Leidenschaft, die mit Eifer sucht, was Leiden schafft.

Ohne Feuer hätten wir keine Lust. Lust auf was Neues, was anderes, die anderen. Im Körper ist das Feuer das Adrenalin, was uns anfackelt und hochbringt. Feuer macht uns großzügig, weitherzig, schenkt uns Initiativkraft. Wir hätten keine Lust auf Erkenntnis, auf Abenteuer, keinen Lebenshunger. Feuer erst macht, daß das Leben so aufregend ist, daß wir uns fühlen wie Heldinnen und Helden auf einer Reise, die zu einem großen Ziel führt, mit Drachenkämpfen, Liebesszenen, heißem Sex, Hochzeit und allem Drum und Dran.

Das neurotische Feuerelement

Die neurotische Seite des Feuers liegt in der *Gier,* im Exzess – darin, niemals zufrieden zu sein, weil ja noch nicht alles weggebrannt, gekannt ist, was immer wegzieht von dem, wo wir gerade sind.

Wer viel Feuer hat, wird wahrscheinlich die Erfahrung machen, sich auszubrennen, sich selbst zu verletzen bei der eigenen getriebenen Suche, immer ein Stück weit außer sich zu sein. Da draußen vermuten wir das Glück und verzehren uns endlos, sterben dafür.

Hier ist ein Innehalten nötig, eine Wendung nach innen, ein Wachwerden. Janosch hat es in »Oh wie schön ist Panama« beschrieben, dieses Aufbrechen zur Weltreise, um dann letztlich bei sich selbst zu landen. Das Feuer schenkt uns Licht, in diesem Licht können wir sehen, können wir *unterscheiden,* herausfinden, was für uns okay ist und was nicht, was Sinn macht und was nicht. Mit dem Feuer finden wir uns in unserem Herzen. Dort ist die Liebe, das Mitgefühl und die Wärme. In diesem Moment – in uns – ist alles da, was gesucht wurde, intuitiv wissen wir das nun. Wir landen im Hier und Jetzt, in der Fülle des Moments. Das Feuerelement beinhaltet die Weisheit der Unterscheidung.

Luft

Die Erde schleppt die Dinge heran, Wasser fühlt sich mit ihnen wohl oder unwohl, Feuer engagiert sich daraus folgend für oder gegen sie und die Luft schließlich gibt uns die Fähigkeit, das Erlebte zu relativieren: Vielleicht war das ja ganz anders gedacht? Luft gibt uns eine weite Perspektive, die Sicht von oben, den Vogelflug, der erst eine Gesamtübersicht ermöglicht. Luft kann uns helfen, auch das größte Drama wieder in Luft aufzulösen.

Luft ist aber auch der nie enden wollende Fluß der Gedanken, der so dieselbe Maschinerie von oben her anstößt: Ein an sich kühler Gedanke trifft auf das begeisterungsbereite Feuer, das ihn erhitzt, auflädt und idealisiert. Das Wasser verbindet sich gefühlsmäßig mit dieser Idee, bindet sich an sie, liebt sie, leidet für sie und macht, daß etwas daraus wird, daß etwas manifest wird: Erde.

Das Luftelement ist also zweifältig bedeutsam: Es löst aus Verwicklung durch seine Fähigkeit zu relativieren, durch sein Wissen, sein Verständnis, durch seine Perspektivwechsel. Aber es gibt den Anstoß zur Verwicklung durch seine unablässige Gedankenproduktion, der wir kaum untätig zusehen können. Von manchen Gedanken lassen wir uns dann wegreißen und verführen – und schon wieder dreht sich das Rad.

Luft ist neugierig, klug, kontaktfreudig, interessiert, immer in Bewegung – ruhelos. In uns ist die Luft unser Nervensystem und unsere Intelligenz, mit der Luft können wir uns von den anderen Elementen entbinden, freier werden. Wir verstehen immer mehr, daß wir jede Situation befreien können, wenn wir unsere Bezugspunkte, unsere Sichtweise loslassen. Dann kommen wir in den Moment, vereinigen uns mit ihm, das Benennen mit Hilfe des diskursiven Geistes hört auf.

Unser Intellekt benennt aber leidenschaftlich gerne, und es dauert, bis er sich erschöpft. Luft bewegt sich ja mühelos von einem Punkt zum anderen und vergleicht dabei: Das ist größer als jenes, dies ist höher als das, und ich bin besser als du – oder schlechter, oder klüger, oder?!

Das neurotische Luftelement

Aus dieser Fähigkeit zu vergleichen, ergibt sich auch die Qual des Luftelements: der *Neid* mit dem eifersüchtigen Auf- und Abwerten der anderen, unserer selbst. Am liebsten wollen wir nur von denen umgeben sein, mit denen wir etwas anfangen können, aber dann leiden wir auch, weil die ja vielleicht mehr wissen als wir selbst. Wir können uns also endlos sorgen, überaktiv im Geist, nervös und unruhig sein.

Auch hier ist ein Innehalten nötig, Mitgefühl mit uns selbst und Mitfreude mit den anderen will sich entwickeln. Das Luftelement möchte uns ausrichten. Der Wind bläst in einem Moment eben nur in eine Richtung und macht dort den Weg frei, macht uns spontan und angemessen handlungsfähig, präsent im Moment tun wir, was zu tun ist, jung und frisch – vorurteilsfrei – wir machen den nächsten Schritt.

Raum

Das 5. Element ist der *Raum,* der alles umgibt, in dem wir uns bewegen, in dem sich alles bewegt, entsteht und vergeht – ein unendlicher, anfangsloser, bezugsloser Raum, der nicht nur um uns ist in Form des Universums, sondern auch in uns. Da ist so viel mehr Raum, als wir denken. Auf das Blatt unseres Geburtsbildes bezogen sehen wir, daß neben den Zeichen, zwischen den Zeichen überall Raum ist. Den Raum des Blattes sehen wir um so deutlicher, je weniger wir uns mit dem identifizieren, was auf dem Blatt steht.

Literatur

Biografisches Arbeiten

Dr. med. Dr. phil. Klaus Thomas: *Selbstanalyse – Die heilende Biographie, ihre Abfassung und ihre Auswirkung.* TRIAS, Thieme Hippokrates Enke, Stuttgart 4. Aufl. 1992

Herbert Gudjons, Marianne Pieper, Birgit Wagener: *Auf meinen Spuren – Das Entdecken der eigenen Lebensgeschichte, Vorschläge und Übungen für pädagogische Arbeit und Selbsterfahrung.* Bergmann + Helbig Verlag, Hamburg 3. Aufl. 1994

Aus anthroposophischer Sicht

Georg und Gisela O'Neill: *Der Lebenslauf.* Verlag Freies Geistesleben, Stuttgart 1994

Bernhard Lievegoed: *Der Mensch an der Schwelle, Biographische Krisen und Entwicklungsmöglichkeiten.* Verlag Freies Geistesleben, Stuttgart 1985

Gudrun Burkhard: *Das Leben in die Hand nehmen.* Verlag Freies Geistesleben, Stuttgart 5. Aufl. 1995

Gudrun Burkhard: *Schlüsselfragen zur Biographie.* Verlag Freies Geistesleben, Stuttgart 2. Aufl. 1995

Schreiben und Schreibtherapie

Gabriele Rico: *Garantiert schreiben lernen.* Rowohlt Verlag, Reinbek 1984

Lutz von Werder: *Schreiben als Therapie.* Verlag J. Pfeiffer, München 1988

Hilarion Petzold, Ilse Orth (Hrsg.): *Poesie und Therapie.* Junfermann Verlag, Paderborn 1985

Familie

Bert Hellinger: *Ordnungen der Liebe.* Carl Auer Systeme, Heidelberg 1995

Schwangerschaft

Stanislav Grof: *Topografie des Unbewußten.* Klett-Cotta, Stuttgart 1985

Marianne Krüll: *Die Geburt ist nicht der Anfang.* Klett-Cotta, Stuttgart 1990

Lennart Nilsson: *Ein Kind entsteht.* Mosaik, München 1990

1. Feld

Daniel Stern: *Tagebuch eines Babys.* Serie Piper, München 1991

Klein sein, groß werden, Thema: Kinderpsychologie, Psychologie Heute. Taschenbuch, Beltz Verlag, Weinheim und Basel 1987

D.W. Winnicott: *Vom Spiel zur Kreativität.* Klett-Cotta, Stuttgart 1979

D.W. Winnicott: *Familie und individuelle Entwicklung.* Kindler, München 1978

M. Davies und D. Wallbridge: *Eine Einführung in das Werk von D.W. Winnicott.* Klett-Cotta, Stuttgart 1983

Louise J. Kaplan: *Die zweite Geburt.* Serie Piper, München 1983

Alice Miller: *Das Drama des begabten Kindes.* Suhrkamp Verlag, Frankfurt/M. 1978

2. Feld

Rita Kohnstamm: *Praktische Psychologie des Schulkindes.* Verlag Hans Huber, Bern/Göttingen/Toronto/Seattle, 2. Aufl. 1994

D.W. Winnicott: *Reifungsprozesse und fördernde Umwelt.* Kindler, München 1974

Hans Müller-Wiedemann: *Mitte der Kindheit (das 9.–12. Lebensjahr).* Verlag Freies Geistesleben, Stuttgart 1973

Emily Hancock: *Tief unter unserer Haut.* Econ, Düsseldorf 1993

3. Feld

Karin Flaake, Vera King (Hg.): *Weibliche Adoleszenz – Zur Sozialisation junger Frauen.* Campus Verlag, Frankfurt/M. 1992

Lothar Böhnisch, Reinhard Winter: *Männliche Sozialisation – Bewältigungsprobleme männlicher Geschlechtsidentität im Lebenslauf.* Juventa, Weinheim und München 1993

Cornelia Helffrich: *Jugend – Körper und Geschlecht – Die Suche nach sexueller Identität.* Leske + Budrich, Opladen 1994

Heinz Krebs, Annelinde Eggert Schmid-Noerr (Hrsg.): *Lebensphase Adoleszenz – Junge Frauen und Männer verstehen.* Matthias Grünewald Verlag, Mainz 1997

Carol Gilligan: *Die andere Stimme, Lebenskonflikte und Moral der Frau.* Serie Piper, München 1984

5. Feld

Lewis Yablonsky: *Du bist ich – Die unendliche Vater-Sohn-Beziehung.* Edition Humanistische Psychologie, Köln 1991

8. Feld

Julia Onken: *Feuerzeichenfrau – Ein Bericht über die Wechseljahre.* Verlag C.H. Beck, München 1988

Gail Sheehy: *In der Mitte des Lebens – Die Bewältigung vorhersehbarer Krisen.* Kindler Verlag, München 1976

9. Feld

Colette Dowling: *Frauen im Aufwind – Mit 50 beginnt ein neues Leben.* S. Fischer, Frankfurt am Main 1995

10. Feld

Ian Stuart-Hamilton: *Die Psychologie des Alterns.* Rororo Sachbuch, Reinbek 1994

Astrologische Techniken

Robert Hand: *Das Buch der Transite. Kailash Buch* – Hugendubel, München 1984

Stephen Arroyo: *Astrologie, Karma und Transformation.* Hugendubel, München 1982 *(Transite, Direktionen, Progressionen)*

Frauke Rindermann und Max Baltin: *Astrobits.* Verlag Petra Niehaus, Aachen 1984 (zu beziehen über Verlag Simon und Leutner Berlin) *(Felderrhythmik)*

Robert Hand: *Planeten im Composit.* Papyrus, Hamburg 1982

Babs Kirby/Janey Stubbs: *Solare und Lunare.* Verlag Hier und Jetzt, Hamburg 1993

Martin Freeman: *Astrologische Prognosemethoden.* Edition Astrodata, Wettswil 1982

Mona Riegger: *Handbuch der Combin- und Composit-Deutung.* Ebertin Verlag, Freiburg 1997

H. Freiherr von Klöckler: *Kursus der Astrologie, Band 3: Solarhoroskop.* Astra Verlag, Leipzig 1929

Alexander Ruperti: *Kosmische Zyklen.* Verlag Hier & Jetzt, Hamburg 1990

Louise und Bruno Huber: *Lebensuhr im Horoskop, Altersprogression.* Verlag Astrologisch-Psychologisches Institut, CH-Adliswil, Zürich 1980

Gele Alsterdorf: *Lernplan Leben, Solarziel und Tierkreis.* Urania Verlag, CH-Neuhausen 1988

Marion D. March/Joan McEvers: *Lehrbuch der astrologischen Prognose.* Ebertin Verlag, Freiburg/Br. 1993
Lianella Livaldi-Laun: *Jahresthemen im Horoskop. Das Solar in Sieben Schritten.* Chiron-Verlag, Mössingen 1996

Erfahrbare Astrologie, Astrodrama

Stefan Bischof: *Astrologie mit allen Sinnen.* Verlag Simon und Leutner, Berlin 1994
Barbara Schermer: *Astrologie Live!* Verlag Petra Niehaus, Aachen 1991 (zu beziehen über Verlag Simon und Leutner, Berlin)

Planeten- und Tierkreis-Energien

Hans-Hinrich Taeger: *Astroenergetik.* Knaur Verlag, München 1989
Petra Niehaus: *Astrokalender Sternenlichter.* Verlag Simon und Leutner, Berlin, jährlich seit 1985

Astrologie für AnfängerInnen

Markus Jehle: *Wenn der Mond im siebten Hause steht.* Ebertin Verlag, Freiburg/Br. 1996

Elemente

Chögyam Trungpa: *Feuer trinken, Erde atmen (Das Kapitel über die fünf Buddhafamilien).* Eugen Diedrichs Verlag, Köln 1982
Ngakpa Chögyam: *Der fünffarbige Regenbogen.* Verlag Hermann Bauer, Freiburg/Br. 1988 (esotera Taschenbücherei)

Zur Arbeit an unserem Geist

Akong Rinpoche: *Den Tiger zähmen, Anleitung zur Selbstheilung aus der Weisheit Tibets.* Theseus Verlag, Berlin 1993

Übersicht über die Übungen

(A) = spezifisch astrologische Übungen

Die Lebensgeschichte rückwärts schreiben

Einen Tag erinnern (gedanklich den gestrigen Tag durchgehen und chronologisch aufschreiben) 33

Cluster bilden – nach Gabriele Rico – (Assoziationsketten zu bestimmten Themen und Fragestellungen bilden, die die Schreibarbeit anregen und erleichtern) 36

Übungen zur rückwärtsgerichteten Erinnerungsarbeit

Kleiner werden (Phantasiereise durch die eigene Geschichte zurück zum Anfang) 39

Lebenskurve (die Lebensjahre nach Befindlichkeit bewerten und zu einer »Fieberkurve« verbinden) 41

Lebenslinie (Modifizierung zur »Lebenskurve« mit zwei unterschiedlich laufenden Schnüren) 42

Mein Lebensraum (Phantasiereise zu verschiedenen Lebensphasen, die wie Räume aufgesucht werden)
– inspiriert von »Auf meinen Spuren«, siehe Literaturliste) – 42

Seekarte (eine kreative Arbeit, um sich einen Überblick über das gesamte bisherige Leben zu verschaffen) 44

Die Lebensgeschichte vorwärts schreiben

Empfängnis und Geburt (Phantasiereise und Erinnerungsarbeit) 49

Die Eltern als Liebespaar (eine Malübung) 50

Die Nährung im Mutterleib (eine Malübung)
– Übung aus dem Tara-Rokpa-Prozeß – 51

Das Setting, in das wir geboren wurden (uns an alle wichtigen Personen um die Geburt herum erinnern) 52

Geburtsvideo, Begrüßung zu Hause, Taufe (Phantasiereise zum Beginn unseres Lebens) 53

Die Geburt (eine Malübung) 54

Das Familiensystem (die bei der Geburt beteiligten Personen in Ton formen), ihre Haltung zueinander und zu uns unter-

suchen, feststellen, wer aus unserer Sippe welchen Planeten in unserem Geburtsbild verkörpert hat, hören, was diese Menschen uns mit auf den Weg gegeben haben.
– inspiriert durch die systemische Familientherapie – 54

Unsere Eltern

Ein Symbol für die Mutter/den Vater finden (eine Gruppenübung) 64
Ein Brief an die Mutter/den Vater 65
Schuldzuweisungen an die Mutter/den Vater klären
– aus dem Tara-Rokpa-Prozeß – 66
(A) Das Geburtsbild unserer Mutter/unseres Vaters (eine Astroanalyse erstellen) 66
(A) Was sagt das Geburtsbild unserer Mutter/unseres Vaters über sie/ihn als Mutter/Vater? 66
(A) Was sagt das Geburtsbild unserer Mutter über sie als Frau, das unseres Vaters über ihn als Mann? (astroanalytische Untersuchungen) 67
(A) Die Transite unserer Mutter/unseres Vaters während der Schwangerschaft (heraussuchen und untersuchen) 67
Ein Portrait der Mutter/des Vaters erstellen (eine Collage machen) 67
Dank an die Mutter/den Vater (eine Dyadenarbeit, Gruppenübung) 68
(A) Vater und Mutter (Synastrie ihrer Geburtsbilder und Analyse ihres Combins) 71
(A) Mutter/Vater und du (Synastrie deines und ihrer Geburtsbilder und Analyse des Combins mit Mutter/Vater) 76

Die astrologischen Techniken zur Bearbeitung der Geschichte

Die Lebensjahre malen (eine längerfristige, chronologische Malübung, die alle bisherigen Lebensjahre umfaßt) 83
(A) Transite und Progressionen eines Jahres auf einen Blick (eine Liste erstellen) 85
(A) Transite verzeichnen, 7 Jahre auf einen Blick (eine Grafik erstellen) 91
(A) Die Transite des bisherigen Lebens auf einen Blick (eine Grafik erstellen) 91
(A) Der Weg des Saturn (eine analytische Erforschung anhand der Lebensgeschichte) 93
(A) Transite spielen (eine Inszenierung, Gruppenübung)
– die Inszenierungen sind inspiriert von Ingrid Werner – .. 94

(A) Transite als Begegnung (eine Phantasiereise zur Erfahrung aktueller Transitkonstellationen) 96
(A) Die Direktionen der Sonne (eine Übersicht erstellen und reflektieren) 107
(A) Sonnenbogendirektionen spielen (eine Inszenierung, Gruppenübung) 108
(A) Der progressive Mond in den Feldern (eine Übersicht erstellen und reflektieren) 111
(A) Die Aspekte des progressiven Mondes (eine Übersicht erstellen und reflektieren) 111
(A) Der Umlauf des progressiven Mondes durch das Geburtsbild (eine Inszenierung, Gruppenübung) 112
(A) Alle Solare erfassen (Listen erstellen) 117
(A) Die Kette der Solar-MCs (Listen erstellen, die periodisch wechselnden Solar-Ziele reflektieren, einzelne Solarphasen untersuchen, Untersuchungen anhand der Solare machen) 120
(A) Ein Solar beschreiben 123

Der Weg durch die Geschichte

1. Feld: Kinderspiele (eine Gruppenübung zur Erfahrung des Kleinkindalters) 153
Elternbotschaften zum 1. Feld (Gruppenübung) – diese Übung ist inspiriert von Ingrid Werner – 155
(A) Beschreibung des 1. Feldes (eine astroanalytische Untersuchung der ersten sechs Lebensjahre) 157
2. Feld: Kindergeburtstag (eine Gruppenübung zur Erfahrung der Kinderzeit) 168
Elternbotschaften zum 2. Feld (Gruppenübung) 170
3. Feld: Eine Party feiern (eine Gruppenübung zur Erfahrung der Teenagerzeit) 177
Die Geschwisterreihe (eine Gruppenübung zur Erfahrung von Geschwisterkonstellationen und -konflikten) – inspiriert von »Auf meinen Spuren« – 178
(A) Die Geburtsbilder der Geschwister (Astroanalyse, Synastrie, Combin) 179
Elternbotschaften zum 3. Feld (Gruppenübung) 179
4. Feld: Einen Stammbaum erstellen (eine Grafik nach den Lebensdaten der Familie erstellen) 183
Einen emotionalen Stammbaum erstellen (die Beziehungen im Stammbaum verdeutlichen) 184
(A) Einen astrologischen Stammbaum erstellen 186
Elternbotschaften zum 4. Feld (Gruppenübung) 186
5. Feld: Elternbotschaften zum 5. Feld (Gruppenübung) 191

(A) Eine Liebesbeziehung (astroanalytische Untersuchung einer Liebesbeziehung mit Hilfe von Composit oder Combin) 191
(A) Kinder (astroanalytische Untersuchung der Geburtsbilder deiner Kinder, Erstellung eines Combins) 196
6. Feld: Eine Krankengeschichte erstellen (Auflistung all deiner (chronischen) Krankheiten, Unfälle und Symptome, Erfassung der dazugehörigen Transite und Progressionen, Deutung des 6. Feldes) 203
Elternbotschaften zum 6. Feld (Gruppenübung) 204
7. Feld: Die liebsten Feinde (Konfrontation mit all denjenigen, die wir nicht leiden können, Paarübung) 209
Eine Beziehungsgeschichte erstellen (Chronologische Erfassung unserer Beziehungen, Beziehungsmuster herausschälen, Deutung des 7. Feldes) 210
Elternbotschaften zum 7. Feld (Gruppenübung) 211
8. Feld: Im Angesicht des Todes (Phantasiereise zum Todesmoment und Paarübung) 217
Elternbotschaften zum 8. Feld (Gruppenübung) 218
9. Feld: Reisefreuden (ein Diaabend in der Gruppe) 223
Elternbotschaften zum 9. Feld (Gruppenübung) 223
10. Feld: Den Rucksack, der unsere Belastungen enthält, auspacken (eine Phantasiereise) 227
Elternbotschaften zum 10. Feld (Gruppenübung) 228
11. Feld: Alle meine Gesichter, unsere Vielgesichtigkeit, Vielfältigkeit (eine Collage herstellen, Gruppenübung) 231
Elternbotschaften zum 11. Feld (Gruppenübung) 231
12. Feld: Meditation, sich auflösen (Gruppenübung) 233
Elternbotschaften zum 12. Feld (Gruppenübung) 235

Kurse in astrologischer Biografiearbeit gibt es zur Zeit in Berlin im

Astrologie Zentrum Berlin
Möckernstraße 68, Aufgang A
10965 Berlin
Tel. u. Fax 030/7858459

Sie werden geleitet von Petra Niehaus und Uller Gscheidel, der ebenfalls Schüler von H.H. Taeger war und den Tara-Rokpa-Prozeß durchläuft.

In Aachen ist die Biografiearbeit integrierter Teil einer 4jährigen berufsbegleitenden Astrologie-Ausbildung (3. und 4. Jahr).

Wenn ihr in eurer Stadt ca. 15 Menschen seid, die zusammen ihre Biografien bearbeiten wollen, könnt ihr uns gerne zur Anleitung und Unterstützung anfordern.

Petra Niehaus
Vaalser Straße 146
52054 Aachen
Tel. 0241/872453
Fax 0241/876441

Uller Gscheidel
Markgrafenstraße 5
10969 Berlin
Tel. 030/2518092
Fax 030/25299462

Beide bieten auch astrologische Biografiearbeit für Einzelpersonen an.